JAKOB CHRIST
ULRIKE HOFFMANN-RICHTER

Therapie in der Gemeinschaft

Gruppenarbeit, Gruppentherapie
und Gruppenpsychotherapie im
psychiatrischen Alltag

W0066482

Psychiatrie-Verlag

Die Deutsche Bibliothek – CIP-Einheitsaufnahme

Christ, Jakob:

Therapie in der Gemeinschaft : Gruppenarbeit, Gruppentherapie und Gruppen-
psychotherapie im psychiatrischen Alltag / Jakob Christ und Ulrike Hoffmann-Richter.
– Bonn: Psychiatrie-Verl., 1997
ISBN 3-88414-203-8
NE: Hoffmann-Richter, Ulrike:

© 1. Aufl., Psychiatrie-Verlag, Bonn 1997
Umschlaggestaltung: Juliane von Orlikowski / bild-werk, Dortmund
Satz: Graphische Werkstätten Lehne, Grevenbroich
Druck und Bindung: Clausen & Bosse, Leck

Inhalt

Geleitwort

Die Gruppenpsychotherapie, wie auch immer sie in den einzelnen Zentren bezeichnet werde, hat, wie die Autoren zu Recht ausführen, eine große Verbreitung in der stationären und der ambulanten Psychiatrie gefunden, so daß sie zur Selbstverständlichkeit in Institutionen und Privatpraxen geworden ist. Verdienstvoll ist das Bestreben der Autoren, durch Definitionen das Wesen der Gruppentherapie zu erfassen. Sehr instruktiv wird geschildert, wie dem Hilfesuchenden klar wird, daß nicht nur die Therapeutin/der Therapeut, sondern auch die Mitkranken in der therapeutischen Gruppe Unterstützung sowie Erklärungs- und Lösungsmodelle anbieten. Viele praktische Hinweise, zum Beispiel, wie die Gruppen zusammengestellt werden sollen, wie die Termine festzulegen sind, was die günstige Anzahl der Mitglieder einer Gruppe ist, lassen das Buch insbesondere für Anfänger sehr nützlich sein. Auch wird darauf hingewiesen, wie sehr das geistige und professionelle Klima einer Institution die Gruppenpsychotherapie fördern oder unter Umständen behindern kann. Ausführlich wird auf die notwendige Entstehung einer Kohäsion in der Gruppe eingegangen, aus der dann im Verlauf der Therapie die einzelnen ihre je besondere Eigenart entwickeln und pflegen können. Wenn das interpersonelle Lernen in einer Gruppe betont wird, so ist damit Grundlegendes der Gruppentherapie angetönt. Sehr nützlich ist, daß die Probleme, die mit der Doppelleitung einer Gruppe entstehen können, wie die Rivalität zwischen den beiden Therapeuten oder das Wiederaufleben der Vater-Sohn-Beziehung, eingehend erörtert werden. Es wird ebenso auf die verschiedenen Methoden der Gruppenpsychotherapie eingegangen, die meist in der individuellen Psychotherapie ihren Ursprung haben: die analytische Gruppenpsychotherapie, die verhaltensorientierte Gruppenpsychotherapie, die Gestalttherapie, die Methode der Themenzentrierten Interaktion oder die Transaktionsanalyse. Auch die häufige Erwartung der Patienten, möglichst lange an einer therapeutischen Gruppe oder an einer Selbsthilfegruppe teilnehmen zu können, finden zurecht Beachtung, wobei daneben die bei spezieller Indikation gegebene Nützlichkeit einer Kurzgruppenpsychotherapie erwähnt wird. Die Supervision, auch die Teamsupervision des Personals von stationären oder ambulanten Einrichtungen wird besprochen und, wo notwendig, kritisch hinterfragt. Der Wert von Selbsterfahrungsgruppen für die menschliche und fachliche Ausbildung wird als wesentliche Bereicherung des Ausbildungsgangs für Psychiater, Psychologen, Krankenschwestern und -pfleger, Sozialarbeiter, Ergotherapeuten und andere, die sich mit Patienten in psychischen Krisen und Not befassen, geschildert. Das Buch stellt außerdem ein bemerkenswertes Plädoyer für die Offenheit der Therapeuten für die Eigenart ihrer Patienten in den Behandlungsgruppen dar. Das vielseitige und von grosser Erfahrung zeugende Werk ist angehenden Gruppentherapeuten und an sozio- und psychodynamischen Prozessen in Gruppen Interessierten nachhaltig zu empfehlen.

Raymond Battegay
Basel im Januar 1997

Vorwort

Das vorliegende Buch richtet sich an alle Berufsgruppen auf dem Gebiet der Psychiatrie, der Psychotherapie, der Pflege, der Sozialarbeit und der Rehabilitation. Es soll anregen und zu eigenen Erfahrungen mit Gruppentherapien ermuntern. Kern des Buches ist die *Praxis* der Gruppentherapien, wie sie sich in verschiedenartigen Settings abspielt. Wir werden nicht spezifische Psychotherapierichtungen beschreiben oder propagieren, vielmehr geht es uns um das, *was allen Gruppen gemeinsam ist*, also gewissermaßen das Handwerkliche an der Gruppentherapie. Wir konzentrieren uns auf unsere eigene Erfahrung als Gruppentherapeut, -supervisor und Gruppensupervisorin und -therapeutin in Europa (J.C. und U.H.R.) und in den USA (J.C.).

Der Aufbau des Buches ist einfach. Es soll die Therapeutin bei der Planung ihrer Gruppe begleiten, über die ersten Schwierigkeiten hinweg verhelfen und zur Sicherheit bei der Gruppentherapie, Sozialtherapie oder Begleitung schwierigerer Patienten führen. Die ersten fünf Kapitel beziehen sich ausschließlich auf das Gemeinsame aller Arten von Gruppen. Kapitel 6 bis 10 sind vor allem auf die Gruppenpsychotherapie ausgerichtet. Kapitel 11 und 12 beschreiben die Anwendungen der Gruppentherapien in den mannigfachen Settings der Psychotherapie und der Sozialpsychiatrie. Der Autor und die Autorin schließen mit Bemerkungen zu ihren eigenen Wertvorstellungen und ihrer Sicht der Gruppentherapie. Wiederholungen lassen sich nicht ganz vermeiden. Denn die Gruppentherapien sind ein weites Feld. Im besonderen nimmt das erste Kapitel über Planung einiges vorweg, was wir später mehr im Detail betrachten. Der Leser oder die Leserin wird also hin und wieder Bekanntem begegnen und es vielleicht in einem neuen Zusammenhang besser verstehen.

Die Praxis der Gruppentherapie hat sich in den letzten 20 Jahren überaus fruchtbar entwickelt und diversifiziert. Sie ist aus der Klinikpsychiatrie nicht mehr wegzudenken, wie eine aktuelle Erhebung der deutschen Kliniken zeigt (MATTKE u. a. 1996). Sie ist beheimatet in der Rehabilitation der Langzeitbehinderten, der Behandlung der Randgruppen und der Substanzabhängigen. Auch Kinder und Halbwüchsige sind in Gruppentherapie, sowie die ganze Palette von ambulanten Patienten, die an Neurosen, Psychosen oder Persönlichkeitsstörungen leiden.

Gruppentherapie ist zugleich aber in der einen Form (der gezielten Nutzung natürlicher Gruppenprozesse) so selbstverständlich geworden und in der anderen Form (als Psychotherapieverfahren) so anspruchsvoll und durch spezifische Theorien überfrachtet, daß darüber das in den letzten Jahrzehnten entwickelte Wissen und Können vergessen zu werden droht. Unser Anliegen ist deshalb, theoretische Grundlagen und handwerkliches Können zu vermitteln, wie sie für jedwede Gruppenarbeit nützlich sind.

Für ein ausgedehnteres Studium der Gruppentherapie möchten wir schon zu Beginn auf ein Fachbuch verweisen, das die Grundlagen der Gruppentherapie ausführlicher darstellt, das Lehrbuch von Irvin D. YALOM »Theorie und Praxis der Gruppenpsychotherapie« (4., übersetzte Auflage, Verlag Pfeiffer, München 1996).

Als Autor und Autorin haben wir uns bemüht, Frauen nicht weiterhin in einem Sternchen und einer Fußnote mitzumeinen. Wir haben die Anregungen für einen kreativen Umgang mit der Sprache beherzigt und sowohl vom »Binnen-I«, als auch von der ständigen Wiederholung der jeweils weiblichen und männlichen Form Abstand genommen. Zuweilen ist deshalb auch die Kreativität der Leserin gefordert, oder der Leser muß sich einer projektiven Identifizierung befleißigen, wenn er zur Abwechslung in einem weiblichen Plural mitgemeint ist.

Jakob Christ und Ulrike Hoffmann-Richter
Basel im Januar 1997

Allgemeine Literaturhinweise

ARGELANDER, H. (1972): Gruppenprozesse: Wege zur Anwendung der Psychoanalyse in Behandlung, Lehre und Forschung. Rowohlt, Reinbek

BATTEGAY, R. (1973-78): Der Mensch in der Gruppe. Hans Huber Verlag, Bern, Stuttgart, Wien, 5. Aufl. 3 Bände

ETTIN, M. (1992): Foundation and applications of Group Psychotherapy. Allyn & Bacon, Boston, London, Toronto

HEIGL-EVERS, A. (1978): Konzepte der analytischen Gruppenpsychotherapie. Vandenhoeck &. Ruprecht, Göttingen, 2. Aufl.

HEIGL-EVERS, A., HEIGL, F. und OTT, J. (1995): Zur Theorie und Praxis der psychoanalytisch-interaktionellen Gruppentherapie. In: HEIGL-EVERS, A. und OTT, J.: Die psychoanalytisch-interaktionelle Methode. Theorie und Praxis. Vandenhoeck & Ruprecht, Göttingen, Zürich, 2. Aufl., 226-264

KAPLAN, H.J. und SADOCK, B.J. (1993): Comprehensive Group Psychotherapy. Williams & Wilkins, Baltimore, 3. Aufl.

KÖNIG, K. und LINDNER, W.V. (1991): Psychoanalytische Gruppentherapie. Vandenhoeck & Ruprecht, Göttingen

MATTKE, J., TSCHUSCHKE, V., GREVE, W., RUDWITZKI, G. und WOLPERT, E. (1996): Gruppenpsychotherapie in der Psychiatrie – Ergebnisse einer Pilotstudie und Perspektiven. Psychiatrische Praxis 23, 126-131

SANDNER, D. (Hrsg.) (1986): Analytische Gruppentherapie mit Schizophrenen. Vandenhoeck & Ruprecht, Göttingen

YALOM, I.D. (1996): Theorie und Praxis der Gruppentherapie – ein Lehrbuch. Verlag J. Pfeiffer, München, 4. Aufl.

1. Einführung

Was ist Gruppentherapie?

Die Behandlung psychisch kranker oder problembeladener Menschen
hat sich von jeher nicht nur in der Abgeschlossenheit eines ärztlichen
oder therapeutischen Sprechzimmers abgespielt, sondern in einem *Umfeld*, das z. B. als Spital den Kontakt mit vielen anderen Menschen mit
einschließt. Wir alle leben meistens in einer Gruppe von Menschen, sei
es in der Familie, am Arbeitsplatz oder bei unseren Freizeitaktivitäten.
Wir haben ein natürliches Umfeld. Für die Behandlung psychischer
Schwierigkeiten ist ein Verständnis dieses Umfeldes wichtig. Dies gilt
besonders für schwerer erkrankte Personen. In der Gruppentherapie
kann ein Mensch in einem natürlichen oder speziell geschaffenen Umfeld beobachtet und behandelt werden. Die Behandlung dient der Bearbeitung von Problemen in den *zwischenmenschlichen Beziehungen*.
Sehr viele hilfesuchende Menschen haben gerade dort ihre größten
Schwierigkeiten.

Die wissenschaftlich fundierte Arbeit mit der Nutzung von Gruppenprozessen in der Psychiatrie ist relativ neuen Datums. Es gibt zwar
Vorläufer, die schon früh erkannt hatten, daß das Zusammensein in der
Gruppe bei der Genesung von psychischen Erkrankungen hilfreich sein
kann (PINEL 1809), jedoch wurden solche Erkenntnisse bis in die neue-
ste Zeit nicht systematisch umgesetzt. Als Vater der neueren Gruppentherapie gilt Joseph PRATT, ein Tuberkulosearzt aus Boston in den
USA. Er hörte seinen chronischen Patienten im Warteraum der Poliklinik zu und organisierte Gruppengespräche mit ihnen. Er bildete damit
natürliche Gruppen und beobachtete, daß Patienten die regelmäßig
teilnahmen, sich gesundheitlich besser entwickelten als die anderen
(PRATT 1905). In den zwanziger Jahren dieses Jahrhunderts begann
MORENO, das Psychodrama zu entwickeln. SLAVSON arbeitete mit der
Kleingruppentherapie. Beide gingen von psychoanalytischen Grundsätzen aus und arbeiteten mit ihren Patienten in Richtung einer einsichtsorientierten Behandlung (SLAVSON 1956, MORENO 1959). Mit der

Gruppenpsychotherapie wird ein künstliches Umfeld geschaffen, in dem die Patientin sich mitteilen kann, und mit dem sie sich auseinandersetzen muß. Ist die Gruppe therapeutisch geleitet, bietet sie einen ausgezeichneten Rahmen für Psychotherapie. Sie kann eine Reihe von neurotischen und charakterlichen Problemen angehen. Der Aufbau einer Gruppe in der Absicht, für die Teilnehmer »therapeutisch« zu wirken, bedeutet, das »Instrument« für die stattfindende Psychotherapie zu schaffen. Der Aufbau einer Gruppe ist deshalb ein wichtiger Teil der Gruppentherapie, der im folgenden ausführlich zur Sprache kommen wird; ein anderer ist die Durchführung der Therapie selbst. Gruppenprozesse wahrzunehmen und mit Gruppen psychotherapeutisch zu arbeiten, ist ein wichtiger Bestandteil jeder Psychotherapieausbildung.

Mit der Entwicklung der Sozialpsychiatrie nach dem zweiten Weltkrieg veränderte sich das gesamte Gebiet der Psychiatrie wie der Rehabilitation. Gruppentherapeutische Anwendungsmöglichkeiten waren ein wesentlicher Teil dieses Prozesses. Die Erkenntnis, daß nicht nur psychische Krankheiten, sondern vor allem *die Isolation* der Kranken ihre Beschwerden verstärkten oder verlängerten, hatte Folgen. Man begann die Kontaktfähigkeit der Patienten zu fördern, indem man ein therapeutisches Milieu auf der Abteilung schaffte. (HEIM 1985) Dieses beinhaltete vor allem Gruppengespräche mit allen Anwesenden, Patienten wie Mitarbeiterinnen. Gruppen wurden auch in der ambulanten Behandlung und der Rehabilitation früherer Spitalpatientinnen angewandt. Sie dienten vor allem der Wiedereingliederung. Seit Maxwell JONES' Arbeiten (JONES 1953, deutsch 1976) werden auch Angehörige in die Gruppengespräche einbezogen. Freiwillige Helferinnen in der Gemeindepsychiatrie bilden Gruppen. Selbst Patientinnen und Patienten, die an verschiedenen schweren körperlichen Krankheiten leiden, haben sich zu Gruppen zusammengeschlossen, die oft als Selbsthilfegruppen funktionieren können. Die wohl größte und weltweite Selbsthilfegruppe ist die der anonymen Alkoholiker. Viele Selbsthilfegruppen im Bereich der psychiatrischen Hilfsangebote brauchen zuweilen Information und manchmal Anleitung von Professionellen. Im Vordergrund steht aber die gegenseitige Unterstützung der Mitglieder.

Alle diese von der Sozialpsychiatrie inspirierten Gruppen arbeiten zumindest im Anfangsstadium anders als die einsichtsorientierten Psychotherapiegruppen. Erstere sollen vor allem die *Unterstützung* fördern, die von der Teilnahme an einer gemeinsamen Arbeit ausgeht und damit die Isolation des einzelnen durchbrechen, der glaubt der einzige zu sein, der mit derart schwierigen Problemen zu kämpfen hat. In der Folge werden wir diese Gruppen als *natürliche Gruppen* von den für Psychotherapie bestimmten spezifischen Gruppen unterscheiden. Natürliche Gruppen kommen durch äußere Umstände zusammen. Alle Mitglieder sind z. B. auf der gleichen Spitalabteilung, oder alle haben mit denselben Problemen in der Anpassung oder Rehabilitation zu kämpfen, wie in den Nachsorgegruppen, den Suchtgruppen, Angehörigengruppen oder anderen Selbsthilfegruppen.

Wie unterscheidet sich Gruppentherapie von der Einzeltherapie?

Die Art der *Beziehung* ist eine ganz unterschiedliche. Die Einzelbeziehung Ärztin-Patient oder Therapeut-Klientin besteht zwar auch in der Gruppe, aber daneben sind die Beziehungen der Teilnehmer untereinander wichtig, sowie die Beziehung der Therapeutin und der Mitglieder zur Gruppe als Ganzem. Der Inhalt der Äußerungen mag zunächst dem sehr ähnlich sein, was in einem Einzelgespräch verbalisiert wird. Die Anwesenheit der Gruppe wird aber früher oder später einen großen Einfluß ausüben. Dieser kann zunächst negativ sein, indem die Patientin einen Nachteil darin sieht, den Therapeuten nicht für sich allein zu haben. Später aber wird sie erleben, daß die Gruppe selbst ihr, oft weit über das hinaus was der Therapeut leisten kann, Hilfe bietet.

Zu Beginn der Gruppentherapie liegt es nahe, daß sich viele Menschen weigern, ihre Probleme nicht nur mit dem Arzt oder der Therapeutin allein, sondern auch mit »Zuhörern« zu besprechen. Schwerer gestörte Patienten, wie etwa psychotisch Kranke auf einer Spitalabteilung, haben oft besonders viel Angst vor persönlicher Nähe und weigern sich zuweilen, an Gruppensitzungen teilzunehmen.

In jedem Falle haben solche Verweigerungen mit der Angst zu tun, die eigene Identität zugunsten eines Gruppenzusammenseins wenigstens teilweise aufzugeben. Jede Gruppensituation fordert ein Stück der eigenen Identität. Menschen mit schwachem oder sehr gestörtem Selbstwertgefühl fürchten sich, das »letzte Stück« ihres eigenen Selbst zu verlieren. Doch ist es gerade für diese Menschen wichtig, daß sie glaubhafte Zusicherungen erhalten, die Gruppe werde ihnen nichts wegnehmen, sondern ihnen im Gegenteil sehr viel geben. Manche sehr isolierte chronisch Psychosekranke sind mit der Zeit in der Lage, in einer niederschwelligen Gruppe z. B. in einem Gemeindetreffpunkt,

Halt zu finden, auch wenn sie sonst nirgends menschliche Kontakte pflegen. Sie werden meistens in der Gruppe wenig sprechen, stabilisieren sich aber. Sie erleiden weniger Rückfälle. Die *Teilnahme selbst* scheint das Wichtigste zu sein, nicht das Gespräch.

Die Technik der Therapeutin ist entsprechend anders als in der individuellen Therapie. Die Therapeutin muß *das Ganze der Gruppe* im Auge behalten. Läßt sie sich zu sehr auf die Probleme eines einzelnen ein (wie sie es von ihrer individuellen Arbeit gewohnt ist) verlieren die anderen das Interesse. Die Gruppe hat keinen Zusammenhalt mehr und bricht auseinander. Die einzelnen meinen, daß sie keinen Gewinn davontragen. Im Interesse des Gruppenzusammenhaltes, der Kohäsion, müssen alle dabei sein, zum Zug kommen und mitarbeiten.

Wir können in der Gruppentherapie von einer horizontalen Orientierung sprechen und diese kontrastieren mit dem »vertikalen« Erforschen des Individuums in die Tiefe, das bei Einzeltherapien oft angestrebt wird. Daraus folgt, daß die Interaktionen unter den Gruppenmitgliedern *im Hier und Jetzt* eher Thema sind, als die Vergangenheit der einzelnen. Besonders wichtig ist dies in der Aufbauphase der Gruppentherapie, die bestimmt ist durch das Zusammenkommen und Sich-Kennen-Lernen der Gruppe. Erst mit der Zeit und nach mehreren »horizontal-orientierten« Sitzungen, ergibt sich ein *Zusammenhalt*, eine Kohäsion der Gruppenmitglieder untereinander und mit der Therapeutin. Erst der Zusammenhalt gibt der Gruppenteilnahme Sinn und gewinnt die Bedeutung einer therapeutischen Allianz, die in der Gruppentherapie alle Teilnehmer umfassen muß.

Wenn die Gruppe einen soliden Zusammenhalt erreicht hat, können auch einzelne Individuen ihre persönlichen Probleme angehen. Jetzt tun sie dies nicht in Isolation, sondern im Gruppenzusammenhalt. Gruppenpsychotherapie kann sich allmählich abzeichnen. Bei langfristigen Gruppenpsychotherapien können sich Übertragungen sowohl auf den Therapeuten wie auf andere Gruppenmitglieder entwickeln. Mit der Zeit kann auch die psychische Entwicklung der einzelnen thematisiert werden. Heilung wie Einsicht in die Vergangenheit findet in Analogie zur psychodynamischen Einzelpsychotherapie oder Psychoanalyse statt.

Zusammenfassend:

Gruppentherapien lassen sich in zwei große Hauptanwendungsbereiche aufteilen, (1) als Teil der sozialpsychiatrischen Arbeit, die vor allem auf Behebung der schweren Beziehungslosigkeit und damit der Einsamkeit der meisten psychotischen oder früher psychotischen Patienten hinzielt. Wir denken hier an die sogenannten »natürlichen Gruppen«. Die Sozialpsychiatrie kann, mittels geplanter gruppentherapieähnlicher Techniken auch weitere Kreise der Gemeinschaft in die Behandlung psychisch Kranker oder Behinderter einbeziehen und damit eine bessere Koordination der gemeindepsychiatrischen Hilfe bewirken. (2) Nachdem die Kohäsion der Gruppe zustandegekommen ist, dient Gruppentherapie, ähnlich der individuellen Psychotherapie, dem Erleben, Beobachten, Klären und Durcharbeiten individueller Probleme, seien diese nun interpersoneller oder persönlicher Art.

Damit wenden wir uns der Gruppentherapie selbst zu, die mit der *Planung* beginnen soll!

Literatur

HEIM, E. (1985): Praxis der Milieutherapie. Springer, Berlin

JONES, M. (1976): Prinzipien der therapeutischen Gemeinschaft. Hans Huber, Bern, Stuttgart, Wien

MORENO, J.L. (1959): Gruppenpsychotherpie und Psychodrama. Thieme, Stuttgart, 4. Aufl. 1993

SLAVSON, S. R. (1956): Einführung in die Gruppentherapie. Hubert, Göttingen

PINEL, P. (1809): Traité médico-philosophique sur l'aliénation mentale. J.A. Brosson, Paris 1809 (der angeführte Abschnitt ist übersetzt und abgedruckt in: H.G. PREUSS (Hrsg.) (1966): Analytische Gruppentherapie.Grundlagen und Praxis. Urban & Schwarzenberg, München, Berlin, Wien, 159-160; ebenfalls (1972): RoRoRo Taschenbuch, Rowohlt, Hamburg

2. Planung der Gruppentherapie

Eine Gruppentherapie beginnt nicht mit der ersten Sitzung. Schon lange vorher zeichnen sich Ideen ab, nach denen der angehende Gruppentherapeut handeln wird. Die Ideen können durch die Aufgaben der Institution, an der der Therapeut arbeitet, gegeben sein. In den meisten Fällen ist diese eine Ausbildungseinrichtung für Psychiaterinnen, Psychologen, Sozialarbeiterinnen und Pfleger oder Schwestern, eine Klinik, eine Ambulanz oder ein sozialpsychiatrischer Dienst. Neben den Ideen aus der Institution wirken auf angehende Gruppen Fachwissen und das persönliche Interesse der Leitung. Von seiten des zukünftigen Therapeuten bestehen gewisse Erwartungen. Sie sind mehr oder weniger klar formuliert und enthalten auch persönliche Wünsche und Idealvorstellungen, die nicht immer bewußt und direkt zugänglich sind.

Die vielfältigen Möglichkeiten, wie die Gruppe zustandekommt, sollten vor der ersten Sitzung in der Planungsphase wenigstens teilweise geklärt werden: Welche Rolle spielen Einflüsse der Patientinnen, des institutionellen Umfeldes und welche persönliche Wünsche des Therapeuten? Selbstverständlich bedarf es zur Gruppentherapie auch einer guten Dosis Improvisationsvermögen und vor allem etwas Begeisterung für die für viele neue Behandlungsmethode. Eine vorherige Abklärung der ganzen Situation ist nichtsdestoweniger hilfreich und erspart spätere unliebsame Überraschungen.

Die Klärung wird am besten durch die sorgfältige Beantwortung zweier Hauptfragen herbeigeführt, die für die weitere Entwicklung der Gruppe grundlegend sein werden:
1. Was soll die Gruppe tun? Aus Sicht der Gruppe: Wofür sind wir zusammen? Es geht hier um *Ziel und Zweck der Gruppe*.
2. Was wird die Gruppe zusammenhalten? Aus Sicht der Gruppe: Warum gerade wir? Was haben wir gemeinsam? Es geht hier um das Verbindende, die sogenannte *Kohäsion*.

Was soll die Gruppe tun? Zweck und Ziel der Gruppe

Dies ist eine Grundfrage, die unweigerlich in der einen oder anderen Form in der ersten Sitzung zur Sprache kommen wird. Die angehende Therapeutin sollte sich deshalb vorher Klarheit darüber verschaffen, was ihre eigenen, bewußten Ziele sind und was etwa die Ziele und Wünsche der zu behandelnden Patientinnen und Patienten sein könnten. Ein naheliegendes Ideal der Therapeutin mag sein, daß sie durch die Gruppe für eine größere Anzahl Menschen heilsam wirken kann. Möglicherweise erwartet sie sich auch Bestätigung für ihr therapeutisches Selbstbewußtsein. Mit bescheideneren Ansprüchen will sie eine nützliche Dienstleistung erbringen.

In der realen Situation gibt es eine Reihe von Antworten auf die Frage nach dem Ziel der Gruppe, die sowohl für Therapeuten wie auch für Patientinnen und kritische Außenseiter stimmig sind. Der Therapeut tut gut daran, seine eigenen Ziele so zu setzen, daß er seine zukünftigen Patientinnen nicht überfordert.

Die Pflege natürlicher Gruppen (Sozialisierung)

Für sehr isolierte Menschen (z.B: psychisch Kranke oder Behinderte) ist das Zusammenkommen der Gruppe an sich schon eine Herausforderung, da sie große Angst vor menschlichem Kontakt haben. Wenn die Gruppe sich findet, kann sie für die Betroffenen zu einer großen Stütze werden. Für manche Gruppen dieser Art, zu denen etwa Abteilungsgruppen im psychiatrischen Spital gehören, ist dies vielleicht das einzig sinnvolle Ziel, das erreicht werden kann. Wir sprechen hier von Gruppen, die schon »natürlicherweise« zusammen sind. Es geht darum, die Routine, in der die einzelnen nebeneinander, aber nicht miteinander ihre Zeit zubringen, zu durchbrechen. Die therapeutische Gemeinschaft fördert in erster Linie Kontakte der Betroffenen untereinander.

Nach der Entlassung können sich Patienten in der Nachsorge treffen, entweder in von Professionellen geleiteten Gruppen oder in Selbsthilfegruppen. Patiententreffpunkte, die durch die gemeindenahe Psychiatrie gefördert werden, sind meist informell gestaltet, bilden aber durch ihre Sozialisationsmöglichkeiten für manche die einzige »Brücke« zur Gesellschaft. Die Sozialpsychiatrie beschäftigt sich im besonderen mit dieser Art Gruppen, die vor allem die Isolation der Patienten beheben und damit Stabilität bieten. Wichtig für die angehende Gruppenleiterin ist, die Anwesenden nicht zu überfordern und die Bedeutung der entstehenden Kontakte nicht gering zu achten.

Im Zuge der Psychiatriereform wurden anfänglich alle aus der Klinik entlassenen chronischen Patienten in Nachsorgegruppen des ambulanten Dienstes untergebracht. Viele Menschen, die Jahre im Spital verbracht hatten oder viele wiederholte Hospitalisationen hinter sich hatten, konnten sich in der Gemeinschaft stabilisieren und mußten nicht mehr zurück ins Spital. Sie wurden regelmäßige Besucher der Gemeindetreffpunkte oder der Nachsorgegruppen.

Die Rolle gemeinsamer Aktivitäten. Innerhalb der »natürlichen« sozialisierenden Gruppen können Aktivitäten der einen oder anderen Art eingeschaltet werden. Die Gruppe fragt sich zu Anfang oft »Was tun?«. Die Idee einer kreativen oder auch ökonomisch nutzbringenden Arbeit beantwortet die Frage »was tun?« zumindest zeitweilig. Aktivitäten können auch dazu dienen, motorische Energie konstruktiv auszuleben. Man denke etwa an Kinder- oder Adoleszentengruppen, bei denen ein reiner Gesprächsansatz nicht viel versprechen kann. Die Aktivität selber ist aber meistens nicht Hauptzweck dieser Form von Gruppentherapie. Soziales Lernen findet in Aktivitätsgruppen statt. Im besten Fall ist die Aktivitätsgruppe ein Mittel zur Förderung des Verständnisses für sich und die anderen. Kreative Aktivitäten, wie etwa eine Theatergruppe oder Malgruppe, in denen man sich gemeinsam Fähigkeiten aneignen kann, können auch bei schwer gestörten Patienten sehr viel Selbstvertrauen schaffen und haben, in psychoanalytischer Sprache, eine »Ich-bildende« Kraft.

Psychotherapie-Gruppen *(Gesprächstherapie)*

Die Gruppenpsychotherapie ist das Ziel der psychoanalytisch oder psychotherapeutisch orientierten Gruppenleiter. Sie ist ausgerichtet auf freie Mitteilung innerer Gefühle und zwischenmenschlicher Probleme, ähnlich etwa der individuellen Psychotherapie. Teilnehmerinnen und Teilnehmer sollen sich frei und vertrauensvoll aussprechen. Die eigens für Psychotherapie strukturierte Gruppe schafft das Erlebnis einer besonderen Gemeinschaft und führt zu Verständnis und Einsicht in zwischenmenschliche Beziehungen und dadurch schließlich in das eigene Innenleben.

Solche Gruppen können für bestimmte Probleme oder Diagnosen der Teilnehmer *homogen strukturiert* werden. Das heißt, die Teilnehmerinnen werden vorausgewählt, so daß alle etwas Auffälliges gemeinsam haben (z. B. Ehepaarprobleme, bestimmte, wie etwa psychosomatische

Krankheiten). Auch Gruppen für Alkoholiker oder Substanzabhängige fallen in diese Kategorie. Psychotherapiegruppen können aber auch *unstrukturiert* beginnen. Es findet keine Vorauswahl statt. Die Grundannahme besteht darin, daß jeder für sein eigenes Problem in eine *heterogene* Gruppe kommt, für das der Leiter und die anderen Hilfe bieten. Für die heterogenen Gruppen gibt es keine besonderen Selektionskriterien. Sie stellen mehr Ansprüche an die Patientin und die Therapeutin: Die Sozialisation ist nicht »natürlich« gegeben. Sie muß für die Psychotherapie erst geschaffen werden.

Offene, halb-offene und geschlossene Gruppen werden unterschieden. Sozialisierungsgruppen aller Art sind typischerweise offen. Sie sind niederschwellig, d. h. allen zugänglich. Jeder Neuankommende wird freundlich aufgenommen. Länger dauernde Gruppenpsychotherapien setzen meist eine gewisse Selektion voraus. Die Gruppe ist zu Beginn offen, bis sich genug Mitglieder gefunden haben. Später ist nur noch Platz für Neue in der Gruppe, wenn ein Mitglied aussteigt, z. B. weil es die Therapie beendet hat. Dies ist die sogenannte »slow-open group«, die sich langsam öffnende oder halb-offene Gruppe. Sie stellt die häufigste Form der längerdauernden Psychotherapiegruppen in Polikliniken oder einer Praxis dar. Für kurzfristige, auf bestimmte Themen beschränkte Gruppen wird oft der geschlossene Rahmen bevorzugt, sonst müßten immer wieder neue Mitglieder eingeführt und informiert werden. Das gesteckte Ziel könnte in der gegebenen Zeit nicht erreicht werden.

Oft sind Gruppentherapien *leiterzentriert*. Die Hauptrolle spielt der Therapeut. Er ermutigt die Mitglieder der Gruppe, frei zu sprechen. Er benennt und deutet individuelle und Gruppenzusammenhänge, er informiert und nimmt sich selbst zuweilen als Beispiel dafür, wie zwischenmenschliche Beziehungen verlaufen. Die moderneren Techniken der Gruppentherapie fallen hauptsächlich in diese Kategorie. Die vornehmlich aus psychoanalytischer Richtung kommenden *gruppenzentrierten* Gruppen beruhen auf der Identifikation der Mitglieder untereinander (FREUD 1920). Sie fördern und deuten auch Übertragungsphänomene auf die Leiterin und auf die Mitglieder untereinander. S. R. SLAVSON (deutsch 1956) und seine Schule in New York, die den Kern der American Group Psychotherapy Association bildeten, arbeiten nach wie vor gruppenzentriert. Das Extrem vertritt W.R. BION (1961) aus der Tavistock Clinic in London mit seiner Schule, in der die *Gruppe als Ganzes* gesehen und behandelt wird. Die Leiterin richtet sich nie an einzelne Mitglieder, sondern nur an die Gesamtgruppe. Sie beschränkt ihre Tätigkeit auf Gesamtdeutungen ohne Unterstützung, Information oder andere Interaktionsangebote. Ihre Techniken eignen sich für Selbsterfahrungsgruppen, weniger für Therapiegruppen mit Patienten. Sie haben aber eine wichtige theoretische Bedeutung, da Gesamtgruppenphänomene oder *Gruppenprozesse* allgegenwärtig sind und erkannt werden müssen. Dann können sie therapeutisch genutzt werden. Anderenfalls mischen sich gruppendynamische Prozesse nicht selten störend in das Geschehen ein (s. Kap. 7).

Verschiedene Formen der Gruppentherapien

Die zwei angeführten Beispiele der Sozialisierungsgruppen und der längerdauernden Psychotherapiegruppen sind nur zwei von vielen Möglichkeiten, durch Gruppenbildung Hilfe anzubieten. Sie sind die häufigsten und am besten beschriebenen. Sie stehen für die zwei Hauptformen der Gruppentherapie, die spezifischen Psychotherapiegruppen und die sogenannten natürlichen Gruppen. Es gibt beliebige Übergangsformen, z. B. Gruppen, die für besondere Situationen oder besondere Patienten geplant werden. Über die vielfältige Anwendung von Gruppen in der Sozialpsychiatrie geben Kapitel 12 und 13 Auskunft. Hier konzentrieren wir uns auf die Grundtatsachen.

Wir halten fest, daß alle Gruppenpsychotherapien die anderen, sozialisierenden Modalitäten in sich einbeziehen. Sozialisation ist die Voraussetzung für eine Gruppenpsychotherapie. Die gemeinsame Aktivität wurde von STOCK-WHITAKER und LIEBERMAN (1964) definiert als »Problemlösen« in der Gruppe. Soziales Lernen, als »Aktivität«, gilt als das wesentliche produktive Ergebnis der Gruppentherapie für den einzelnen (YALOM 1996). Die freie Diskussion wird in der Psychotherapiegruppe nach Möglichkeit gefördert. Sie hat in psychoanalytischer Sprache die Bedeutung der freien Assoziation. Wie die freie Assoziation durch das Unbewußte bestimmt ist und deshalb Aufschluß gibt, so ist die freie Diskussion in der Gruppe durch den Gruppenprozeß bestimmt, der den Teilnehmerinnen meistens nicht bewußt ist, aber durch einen verständnisvollen Therapeuten geklärt und gedeutet werden kann.

Die sozialisierenden Gruppen sind das, was in sozialpsychiatrischen Settings angestrebt und realistischerweise erreicht werden kann. Die Erfahrung zeigt allerdings, daß jede auch noch so einfache Gruppe die

Tendenz hat, mit der Zeit zu einer eigentlichen Psychotherapiegruppe zu werden, zumindest wenn der Leiter es zulassen kann.

Der angehende Leiter muß im eigenen Interesse und in dem seiner Patientinnen wählen, ob er eine Sozialisationsgruppe, eine Aktivitätsgruppe oder eine Psychotherapiegruppe führen will.

Er muß ferner entscheiden, ob seine Gruppe offen, halboffen oder geschlossen sein soll, ob er homogene, d. h. gleichartige Patientinnen zuläßt oder eine gemischte Gruppe einlädt.

Im weiteren wird er sehen müssen, ob er leiterzentriert, nach einer gegebenen Psychotherapierichtung vorgehen will, oder ob er auf den Gruppenprozeß setzen will, der die Gruppe zu einem selbständigen Organismus macht und seine eigenen Gesetzmäßigkeiten entwickelt.

Was wird die Gruppe zusammenhalten?
Welches sind die Kräfte der Kohäsion?

Diese zweite Grundfrage für die Planung wird vom angehenden Therapeuten häufig nicht klar gestellt, noch seltener beantwortet. Er nimmt es als selbstverständlich, daß er die Gruppe zusammenhalten kann. Das theoretische Bild des allmächtigen Leiters, der eine Masse in seiner Hand hält, wie es FREUD in »Massenpsychologie und Ich Analyse« beschrieb, kann in der Praxis der Kleingruppe natürlich nicht aufgehen. Wir unterscheiden deshalb, nicht vom Leiter, sondern von der Gruppe her gesehen, Gruppen, die durch *äußere Umstände* geschaffen und zusammengehalten, und solche, die durch *Eigenmotivation der Teilnehmer* zusammengehalten werden.

Gruppen, die durch äußere Umstände geschaffen und zusammengehalten werden

Die bekanntesten Beispiele dafür sind Milieugruppen im Spital, die als Sozialisierungsgruppen funktionieren. Die Teilnehmerschaft in der Gruppe ist zufällig. Alle, die sich gerade auf der Abteilung befinden, gehören dazu. Die einzelnen bleiben in der Regel nicht lange in der Gruppe, denn diejenigen, die sich schnell erholen, verlassen das Klinikmilieu und damit die Gruppe bald. Die Interaktion in der Gruppe muß strukturiert werden. Den Patientinnen und Patienten widerstrebt es oft, an dieser von der Institution verordneten, sozialisierenden Einrichtung teilzunehmen. Die »Motivation von außen« sollte aber nicht sofort als erzwungen und deshalb nicht hilfreich abgelehnt werden, denn die

Erfahrung zeigt, daß sowohl vom Spital verordnete Milieugruppen wie auch z. B. vom Gericht angeordnete Wohngemeinschaftsaufenthalte für Drogenabhängige sehr gute Erfolge zeitigen können. Gerichtlich verordnete Therapien für jugendliche und andere Delinquente haben erfahrungsgemäß in der Gruppe mehr Erfolg als in der Einzeltherapie.

Auch andere äußere Sachzwänge – wie etwa die regelmäßige Tabletten- oder Neuroleptika-Depotspritzenabgabe im zweiwöchigen Abstand während der Nachbehandlung ehemals schizophren Erkrankter – können zur Gruppenbildung genutzt werden. Sogenannte Depotgruppen können gebildet werden. Zunächst wird neben dem notwendigen Medikament die Sozialisation in der Gruppe angeboten. Mit der Zeit kann sich daraus eine unterstützende Psychotherapiegruppe entwickeln.

Die Eigenmotivation als Faktor des Zusammenhalts

Hilfesuchende, die sich zu einer Psychotherapie im Gruppenverband bereit erklären, tragen erst dann produktiv zur Kohäsion bei, wenn sie davon überzeugt sind, daß nicht nur die Ärztin oder der Therapeut helfen kann, sondern auch die anderen Leidenden. Der Gedanke der Selbsthilfe muß bis zu einem gewissen Grade bei den Mitgliedern angekommen sein. Menschen, die an die Autorität der Medizin wie die der Ärztinnen und Ärzte glauben wollen und z. B. zugleich unter funktionellen Störungen leiden, können sich nicht in eine Gruppe integrieren. Sie richten sich ausschließlich an die Expertin und wollen von den anderen nichts wissen. Erst wenn sie ihr Leiden auch in seiner zwischenmenschlichen Bedeutung erfassen können, beispielsweise durch ihre bisherige Isolation, wird die Gruppe für sie hilfreich.

Das folgende Schema gibt eine Übersicht über die verschiedenen Gruppen, die sich nach Zweck und Ziel der Gruppe (Frage 1) und in der Motivation (Frage 2) unterscheiden. Auf der linken Seite stehen die Gruppen, die von außen motiviert sind und zusammengehalten werden. Rechts stehen die Gruppen, die durch Eigenmotivation der Mitglieder zusammenkommen. Bei den von außen motivierten Gruppen hat der Leiter die Schlüsselfunktion, die Interaktion in Gang zu bringen. Die Gruppe bleibt aber meistens eine Veranstaltung der Institution und entwickelt sich nicht zur autonomen, neuen und besonderen Einheit. Leiter solcher Gruppen können wechseln.

Die selbstmotivierten Gruppen können sich freier entwickeln. Sie finden nicht selten zu einem als einmalig erlebten Eigenleben, das für die Mitglieder sehr bedeutungsvoll wird. Prinzipiell können sich Gruppen, die zunächst fremdmotiviert sind, zu »freiwilligen« und eigenmotivierten Gruppen entwickeln, wenn die Mitglieder nach dem ursprünglichen »Anstoß« von außen Zugang zueinander gefunden haben. Sozialisationsgruppen können, wenn sie über längere Zeit bestehen, zu eigentlichen Gesprächsgruppen werden und ihre psychotherapeutischen Möglichkeiten voll ausschöpfen.

Schematische Darstellung verschiedener Gruppen

	fremdmotivierte Gruppe	Gruppe mit Eigenmotivation
a) Sozialisierende Gruppen, allgemein Beziehung schaffend	Spital- & Milieugruppe	Freizeitclubs, Treffpunkte
Aktivitätsgruppen	Gruppen in der Ergotherapie, Kinder und Jugendlichengruppen	Diverse Vereine, Freiwillige Helfergruppen
Strukturierte oder freie Diskussionsgruppen, problemorientiert	Angehörigengruppen, gerichtlich angeordnete Behandlung, Gruppen in Eingliederungsstellen	Alle zeitlich begrenzten Gruppen, Aktionsgruppen, Selbsthilfegruppen (z. B. Anonyme Alkoholiker)
b) Therapiegruppen Ausgerichtet auf Mitteilung von Problemen und Gefühlen und auf das Schaffen, Erleben und Verstehen von Beziehungen	langfristige Milieutherapie Gruppen in therapeutischen Gemeinschaften, Supervisionsgruppen in Institutionen	GRUPPENPSYCHOTHERAPIE Variationen: Selbsterfahrungsgruppen, Gruppenpsychotherapie für spezielle Situationen, z. B. Ehepaargruppen

Die angehende Leiterin wird häufig versuchen, eine »freiwillige« Gruppe zu leiten, zu der die Mitglieder selbst motiviert sind, eine gewisse Einsicht mitbringen, daß sie Hilfe brauchen, und daß sie diese in der Gruppe auch erhalten können. Sehr oft, im besonderen im Umgang mit den schwierigeren Patienten in der Sozialpsychiatrie, ist diese Motivation nicht, oder anfänglich nicht vorhanden. Äußere Anlässe für den Gruppenzusammenhalt, die Kohäsion, sollte sie deshalb nicht von vornherein ablehnen, sondern sie so gut wie möglich nutzen, um Patienten zur Interaktion miteinander zu bewegen und damit den ersten Schritt in Richtung Psychotherapie zu gehen.

Die obige Übersicht ist mit Absicht breit angelegt. Denn die Charakteristiken der Fragen nach Ziel und Zweck des Zusammenseins sowie des verbindenden Elementes sind nicht auf Therapiegruppen beschränkt. Sie sind für alle Gruppierungen grundlegend. Weitere Grundbedingungen der Gruppen, die Elemente der sogenannten »Kleingruppendynamik« werden wir im folgenden Abschnitt vorstellen.

Grundbedingungen für Gruppen

Zwei Hauptabschnitte müssen hier besprochen werden.

1. **Das sogenannte »Setting«:** Der Einfluß der äußeren Umstände – Ort und Zeit des Gruppentreffens und die Anzahl der Teilnehmerinnen und Teilnehmer –, eventuell der Gruppe übergeordnete Autoritäten (z. B. Institutionen).

2. **Die eigentliche »Leitung«.** Die Absichten des Leiters, seine »offene« wie seine »innere Agenda«, die zur Deckung gebracht werden müssen mit den Bedürfnissen der Patientinnen und den äußeren Umständen. Dazu gehört auch, wie viele potentielle Mitglieder wann und unter welchen Bedingungen an der Gruppe teilnehmen können.

Zu den äußeren Einflüssen: Das Setting

Über den *Ort* der Gruppentherapie ist nicht viel zu sagen. Therapeuten in der Privatpraxis richten sich meist einen »Gruppenraum« ein, der genug Platz bietet für einen Kreis von bequemen Stühlen. In den hohen Zeiten der Begegnungsgruppen und der sogenannten »aktiven« Gruppentherapien in den 60er und 70er Jahren in den USA war es Mode, auf dem Boden zu sitzen. Die Therapeutin mußte sich mit genügend Kissen eindecken, um darauf zu sitzen, aber auch um sie gegebenenfalls als harmlose Wurfgeschosse gebraucht zu sehen.

In Institutionen findet sich meistens ein geeigneter Raum mit mehr oder weniger bequemen Stühlen. Die *Größe des Raumes* kann problematisch sein: zu wenig Platz oder zu viel Platz. Ein engerer Raum hat den Vorteil, mit der körperlichen Nähe persönliche Themen und Konflikte früher hervorzulocken. Ein zu großer Raum weckt ein Gefühl von Verlorenheit. Die Gruppe empfindet sich als schwach und klein. Sie kann den Platz nicht ausfüllen. Die Mitte der Gruppe ist meistens frei. Tische verbergen die untere Hälfte des Körpers. Sie wecken Erinnerungen an die Atmosphäre der Schule oder einer sachbezogenen Sitzung. Für schwer gestörte Patienten, die sehr viel Angst vor Nähe haben, kann ein Tisch manchmal wohltuend wirken. Dieser sollte dann niedrig und klein sein.

Der *Termin* der Gruppensitzungen ist so anzusetzen, daß er den meisten Teilnehmerinnen und Teilnehmern und dem Therapeuten gelegen kommt. Zu Anfang der Gruppe erleben alle Mitglieder die Teilnahme als ein gewisses Opfer. Berufstätige wünschen sich meist einen Termin am späten Nachmittag oder Abend. Nicht Berufstätige, z. B. psychisch schwer Behinderte, können auch tagsüber einen Termin wahrnehmen. Finden Gruppen in Institutionen statt, müssen die institutionellen Realitäten berücksichtigt werden. Eine Patientin wird schwerlich zur Gruppentherapie zu überreden sein, wenn sie dadurch das Abendessen versäumt oder es später nur kalt bekommt.

Die Länge der Gruppensitzungen variiert stark: sie kann sich von kurzen milieutherapeutischen Sitzungen von etwa einer halben Stunde, über die einstündige oder anderthalbstündige Standardsitzung bis zu ganzen Nachmittagen oder sogar den sogenannten »Marathons« erstrecken. Zweck einer sehr langen Sitzung, besonders zu Beginn einer Therapie ist, mehr Nähe und Zusammenhalt zu schaffen und dem einzelnen eine wirklich intensive Gruppenerfahrung zu bieten. Dabei sind Marathons eher für Ausbildungszwecke geeignet als für Patientinnen mit psychiatrischen Problemen. Für die Privatpraxis wie für die Klinik oder Poliklinik ist die Standardzeit – zwischen einer und anderthalb Stunden die Woche – wohl die beste Zeiteinteilung.

Die ideale *Anzahl* der Gruppentherapiemitglieder wird oft mit acht angegeben. Die Gruppe ist dann groß genug, um wirklich als Gruppe zu funktionieren und klein genug, damit jede und jeder genug Aufmerksamkeit erhält. Dies ist zwar eine etwas einfache oder schlichte Auffassung der Gruppeninteraktion. Für niedergelassene Ärzte und Therapeutinnen ist es jedoch wichtig zu wissen, daß Gruppen mit mehr als acht Teilnehmerinnen verdächtig sind, dem Therapeuten zu viel Gewinn zu bringen. Die Krankenkassen in der Schweiz z. B. zahlen für Gruppentherapien nur bis und mit acht Mitgliedern. In der Praxis ist es natürlich oft nicht möglich, mit genau acht Mitgliedern zu arbeiten. Es sind nicht immer acht Patienten auf einer Warteliste, und Gruppen haben anfänglich oft »Drop-outs«, d. h. Interessenten, die nach einer bis vier Sitzungen nicht mehr kommen wollen. Man sollte also mit mehr Teilnehmerinnen beginnen als der dauerhaft erwarteten Anzahl von Mitgliedern. Andererseits ist es oft besser, nicht zu warten, bis sich acht Personen zusammengefunden haben, sondern einfach mit denen zu beginnen, die kommen wollen. Wartet die angehende Therapeutin zu lange, schwindet die Begeisterung für die Gruppe oder womöglich für Therapie überhaupt. Erfahrungsgemäß sind Wartelisten nach drei Monaten Warten ungültig.

Die Größe der Gruppe hat großen Einfluß auf den Verlauf der Therapie. Eine zu kleine Gruppe ist zu Beginn der Therapie sehr schwierig. Die Gruppe sollte also groß genug sein für den Anfang, wenn das möglich ist. Die gruppendynamischen Phänomene, die allen Gruppen gemeinsam sind, sind bei größeren Gruppen viel deutlicher zu sehen und zu verstehen. Die individuellen Verschiedenheiten der Mitglieder fallen nicht so sehr ins Gewicht. Die individuellen und tiefenpsychologisch ergründbaren Probleme werden erst in einer späteren Phase der Gruppe Thema. Zunächst müssen die Mitglieder Vertrauen zueinander finden und lernen, mit der Zeit und der gegenseitigen Aufmerksamkeit umzugehen.

Eine minimale Gruppe besteht aus fünf Mitgliedern. Vier entsprechen zwei Paaren, drei sind »zwei gegen eins« und zwei sind ein Paar. Paare sind keine Gruppen. Am anderen Ende der Skala stehen Milieugruppen im Spital. Hier sind selbstverständlich mehr Personen anwesend, je nach der Größe der Abteilung. Doch Versammlungen von bis zu dreißig Personen sind wenig produktiv, und die meisten Milieutherapeuten teilen heute die Abteilungsgruppe in zwei oder drei Kleingruppen, die dann acht bis zwölf Mitglieder haben. Aktivitätsgruppen oder Seminare sind zum Teil größer als die ideale Anzahl von acht. Je größer die Gruppe ist, desto mehr geht die Tendenz zu einem Vortrag oder Vorlesung der Leiterin. Diskussionen im Plenum sind bekanntermaßen schwerfällig und zeigen unliebsame Gruppenprozesse, wie etwa Profilierungsneigung unter den Anwesenden, peinlichst auf.

Was also ist zu tun um das »richtige Setting« zu erreichen? Es lohnt sich nicht, nach dem Idealen zu streben. Machbar ist das unter den Umständen Mögliche.

Im Rahmen eines Projektes über Gruppentherapie in den USA wurde demonstriert, daß die Therapien in einer psychiatrischen Poliklinik beinahe ausschließlich in Gruppen durchführbar waren. Die Patientinnen und Patienten wurden der Reihe nach zu zwölft in Gruppen versammelt. Das dauerte nicht sehr lange, da die Poliklinik viel besucht war. Diesen zwölf wurde dann ein Therapeut zugeordnet. Dann kamen die nächsten zwölf und so weiter. Die Gruppen waren alle auf längere Zeit angelegt. Nach einiger Zeit hatten sie eine unterschiedliche Größe, aber alle machten gute Fortschritte. Gruppentherapie alleine konnte also durchaus auch für nicht ausgelesene Patienten als Behandlungsform dienen.

Als äußerer Einfluß ist schließlich auch das jeweils bestehende geistige und professionelle Klima in der Institution, der Stadt und dem Land zu berücksichtigen. Der Therapeut hat dem Rechnung zu tragen. Wir denken hier vor allem an das Ausmaß der *Aktivität*, in dem die Therapeutin in das Geschehen eingreift und auf der anderen Seite die Selbständigkeit, die sie der Gruppe zumutet. In der Blütezeit der Psychoanalyse war es üblich, daß der Gruppentherapeut nur minimal in den Gruppenprozeß eingriff. Mit dem Aufkommen neuerer aktiver Methoden erwarteten die Gruppenmitglieder, daß die Therapeutin mehr »von sich selbst gibt« und transparenter ist (englisch: »self-disclosure« = Selbstoffenbarung). Die Therapien werden also auch von gesellschaftlichen Vorstellungen mitgestaltet.

Ein anderer klimatischer Faktor der Gegenwart ist die *Vielfalt der Ideologien* oder Vorstellungen davon, was in der Gruppentherapie wirklich hilft. Patienten suchen sich die Theorie oder Richtung aus, nach der sie behandelt werden wollen. Es gibt inzwischen viele Angebote und auch qualifizierte Ausbildungsgänge in verschiedenen Techniken der Psychotherapie. Zum Teil sind sie aber einseitig und doktrinär (vgl. Kap. 11). Irvin YALOM (1972) und seine Mitarbeiter haben hier Klarheit geschaffen. Wir werden auf seine Forschungen im fünften Kapitel hinweisen. Modeströmungen, die die eine oder andere Therapierichtung als besonders erfolgreich anpreisen, können die Gruppentherapeutin nachhaltig beeinflussen. Es geht hier aber nicht darum, die eine oder andere dieser Strömungen zu vertreten, sondern die »Allgemeinpraxis« der Gruppentherapie zu besprechen oder, anders gesagt, die *Grundlagen einer jeden Gruppentherapie* zu erforschen.

Die Leitung: Die innere Agenda des Therapeuten

Die Motive der Therapeutin eine Gruppe zu leiten, statt Einzeltherapie zu betreiben, sind vielfältig. Gruppenbehandlung kann *aus der Not* erwachsen. Im zweiten Weltkrieg hatte die amerikanische Armee in Nordafrika und Europa nicht damit gerechnet, daß fast die Hälfte der auftretenden Notfälle psychiatrischer Art sein würden. Mit den wenigen Psychiatern, die zur Verfügung standen, mußten so viele Soldaten wie möglich behandelt werden. Gruppentherapie drängte sich auf. Notlösungen durch Gruppentherapie beschränken sich aber nicht auf Kriegszustände. In vielen Polikliniken oder Behandlungsstellen ist nicht ausreichend Personal vorhanden, um dem Andrang der Patientinnen, die Behandlung suchen, gerecht zu werden. Das Motiv des Therapeuten könnte in diesen Situationen beschrieben werden als Bereitschaft, *für eine größere Anzahl* von Personen, die anders keine Hilfe bekämen, zur Verfügung zu stehen.

Hinzu kommt, daß viele Patienten in Polikliniken und anderen Zentren als »psychotherapieunfähig« oder »uneinsichtig« eingestuft werden. Sie bekommen keine wirksame Hilfe. Versuche mit Gruppentherapie haben für solche abgewiesenen Patienten erstaunliche Resultate gebracht (s. z. B. Battegay/Yilmaz 1996; im Druck. Von den Autoren stammt auch das folgende Beispiel).

> In einer Poliklinik wurden zwei Gruppen für türkische Einwanderer angeboten, eine Frauen- und eine Männergruppe. Alle litten unter der kulturellen Entwurzelung, die sich meist in einem depressiven Bild mit gleichzeitigen schweren, unbehandelbaren Schmerzsymptomen manifestierte. Die Gruppen wurden in türkischer Sprache durchgeführt. Schon allein durch die Zusammenkunft erwachte für die Teilnehmerinnen und Teilnehmer die heimatliche Kultur zu neuem Leben. Wo für die einzelnen, in der Fremde, kein Erfolg erzielt werden konnte, wuchs zumindest in der geschützten Gruppe Vertrauen. Probleme konnten wirksam angegangen werden.

Das Interesse an der Arbeit mit einer größeren Anzahl von Menschen führt zwangsläufig zu dem Versuch, ein zwischenmenschliches *System* zu errichten, d. h. ein Kollektiv zu entwickeln, dem der Leiter dann vorsteht und das er über längere Zeit führen kann. Der klassische tiefenpsychologisch orientierte Therapeut, wie etwa der Psychoanalytiker, interessiert sich weniger für zwischenmenschliche Gebilde, mit

Ausnahme der Übertragung auf ihn selbst. Ihm geht es um das vertiefte Verständnis der einzelnen in ihrem Innenleben. Demgegenüber gibt es in allen Berufen Leitfiguren, z. B. Unternehmer, die Gruppen gründen und lange Zeit leiten. *In der Medizin wie in* der Psychologie oder Sozialarbeit finden systemisch denkende Therapeutinnen ein Betätigungsfeld. Ihren Neigungen entspricht die *schöpferische* Arbeit des Gründens und Leitens einer besonderen Gemeinschaft, deren Ziel die Therapie ihrer Mitglieder ist.

Damit die Gruppe nicht nur ein gutes Team wird, wie etwa ein Arbeitsteam, sondern auch therapeutisch wirkt, muß die Therapeutin eine Kombination von Interessen mitbringen: (1) Sie muß die Gruppe als therapeutisches Instrument entwickeln und leiten wollen; (2) Das einmal geschaffene Instrument sollte sie zur Psychotherapie der Mitglieder und nicht für irgendwelche anderen Zwecke gebrauchen. Aus der oft konfliktreichen Interessenkombination der Entwicklung eines Gruppengebildes und Psychotherapie können sich vielerlei unbeabsichtigte Folgen ergeben. Sie sind meistens auf unbewußte, unbedachte, »geheime« oder »versteckte« Motive der Therapeutin zurückzuführen. Wie in jeder längerdauernden Psychotherapie entwickeln sich auch in der Gruppentherapie Übertragungs- und Gegenübertragungsprozesse, d. h. Wunschphantasien über andere Menschen, die dem Gegenüber nicht entsprechen. In der Gruppentherapie deuten die Gegenübertragungen des Therapeuten nicht in erster Linie auf aggressive oder sexuelle Beziehungswünsche gegenüber einem Individuum (obschon diese natürlich auch vorkommen können), sondern entsprechend der gehobenen Stellung auf *narzißtische Wünsche.* Kritiker der Gruppentherapie haben vorgebracht, sie sei nichts als ein »Ego-Trip« und diene der Selbstvergrößerung des Leiters. Angehende Gruppentherapeuten müßten sich also zunächst fragen, ob sie nicht eigentlich von einer größeren Anzahl Menschen geliebt, verehrt und bewundert werden und durch ihre gute Leistung sich selber ein Denkmal setzen wollen. Wer Gruppen geleitet hat, weiß um die Mühen und wird dergleichen Argumente nicht weiter vertreten. Im allgemeinen werden Gruppen die Therapeutin wenig verehren, ihr aber einen Spiegel vorhalten, in dem sie sich anders sieht als erhofft. Nicht nur unter den Anfängern, sondern leider auch unter den Großen unseres Faches sind narzißtische Verirrungen zu finden, die in Richtung des sogenannten »charismatischen Leiters« gehen. Einige von ihnen haben das Therapiehandwerk aufgegeben und »Bewegungen« oder »neue Richtungen« gegründet. Dabei suchen sie vor allem Verehrer und Getreue, die die Bewegung fördern.

Weitere größere oder kleinere Verirrungen beim Aufbau und Leiten von Gruppen ließen sich aufzählen. Ein kleines Beispiel soll hier genügen.

Ein junger Assistent hatte sich vorgenommen, einen älteren und produktiv-paranoiden Patienten in seine Gruppe aufzunehmen, da er ihn von seiner Abteilung her schon einigermaßen kannte. Er erhoffte sich, im älteren Manne einen Freund zu finden, der ihm bei der beschwerlichen Arbeit der Gruppenleitung helfen würde. Natürlich wurde er schwer enttäuscht und mußte sich damit abfinden, statt einem Freund einen starken Gegner in der Gruppe zu haben.

Damit wäre das Feld abgesteckt: die äußeren Einflüsse, das Setting, sowie die zum Teil bewußten persönlichen Motive des angehenden Therapeuten sind besprochen. Die nächste Phase der Gruppenbildung umfaßt die Auswahl der Patientinnen und Patienten. Damit sind zugleich Fragen nach Indikationen und Kontraindikationen der Gruppentherapie aufgeworfen.

Literatur

Bion, W.R. (1990): Erfahrungen in Gruppen und andere Schriften. Fischer, Frankfurt (Englisch: Tavistock Publ. London 1961)

Battegay, R.; Yilmaz, A. T. (1996): Therapeutic Groups with Male and Female Patients after Migration. The International Forum of Group Psychotherapy 5, 3–5

Battegay, R.; Yilmaz, A. T. (1996, im Druck): Group Psychotherapy with Immigrants from Turkey living in Switzerland. Group Analysis

Freud, S. (1982): Massenpsychologie und Ich-Analyse. Studienausgabe, S. Fischer Verlag, Frankfurt a.M.; Studienausgabe Ex-Libris, Zürich Bd. 9, 61–143

Slavson S. R. (1956): Einführung in die Gruppentherapie. Hubert, Göttingen

Stock-Whitaker, D. und Lieberman, M. (1964):Therapy through the Group Process. Atherton Press, New York

Yalom, I. (1996): Theorie und Praxis der Gruppentherapie – ein Lehrbuch. Verlag J. Pfeiffer, München, 4. Aufl.

3. Die »Indikation« zur Gruppentherapie

Die Frage nach der Auswahl der Patienten oder die Frage nach der »Indikation« zur Gruppentherapie ist aus der Perspektive der Einzeltherapie erwachsen. Aus ihr erscheint Gruppentherapie als eine andere, zuweilen minderbewertete Technik der Behandlung. Die Gruppe, und im besonderen die Gruppe als ganzes mit ihrem Eigenleben wirkt fremd. Die Furcht kommt auf, daß die Gruppentherapeutin einen Sack voller Probleme zu tragen hat, nämlich alle Probleme der einzelnen Patienten. Das ist natürlich nicht der Fall. Die individuellen Probleme verschwinden nämlich zunächst hinter dem großen Problem, die Gruppe zustandezubringen. Nach der Bewältigung dieser Aufgabe nimmt es die Gruppe selbst in die Hand, die individuellen Probleme anzugehen und soweit möglich zu lösen. Gruppentherapie ist nicht einfach eine andere Technik der Psychotherapie für bestimmte Fälle, sondern eine ganz andere Art, Psychotherapie zu betreiben, nämlich dadurch, daß die Interaktion zwischen den Teilnehmern gefördert wird. Der Gruppenzusammenhalt und die Gruppe als Ganzes, nicht die Therapeutin allein, wird zur therapeutisch Handelnden.

Die Sozialpsychiatrie hat von Beginn an einen der traditionellen individuellen Therapie entgegengesetzten Standpunkt vertreten, nämlich den, daß die Teilnahme an der Gruppe selbst schon das wichtigste Element jeder psychiatrischen Behandlung sei, während das Gegenteil, Isolation, den Schaden verursache. Diese Annahme erwuchs vor allem aus der Praxis der therapeutischen Gemeinschaften und der Kliniken, in denen die Isolation der psychisch oder sozial schwerer Kranken beseitigt oder wenigstens gemildert werden muß. Die sozialpsychiatrische Lehre, daß Gruppenteilnahme an sich schon hilfreich sei, hält auch der ambulanten Praxis mit weniger schwer gestörten Patienten stand. Die Aussagen mancher auf ihre Behandlung zurückblickender Neurosekranker zeigen, daß Gruppen, welcher Art und welcher Ideologie auch immer verpflichtet, mehr als erwartet geholfen haben. Demgegenüber wurde wiederholt festgestellt, daß längere Einzel-Psychotherapie oder Psychoanalyse leicht zu einer gewissen Isolation der Patientin führt. Wir denken z. B. an Ehepaare, von denen ein Partner in Psychotherapie oder Psychoanalyse ist, in deren Gefolge sich Entfremdung breit macht oder Konflikte auftreten.

Zum Thema Isolation und Gruppentherapie führen wir die Untersuchung einer zwölf Monate dauernden Suizidepidemie in einem größeren psychiatrischen Privatspital an. Sie zeigt, daß Gruppentherapie als Suizidprophylaxe dienen kann. Im Spital waren im Jahre der Epidemie etwa die Hälfte der Patienten in Gruppentherapie, die anderen nicht. Beinahe alle Patienten hatten daneben gemäß der Behandlungsideologie des Spitals Einzeltherapie. Überraschenderweise waren alle Suizidanten (es waren 15) aus derjenigen Hälfte der Patienten, die nicht an einer Gruppentherapie teilnahm.

Aus dem sozialpsychiatischen Ansatz, daß Isolation schädlich ist, erscheint die Indikation als ein kleineres Problem. Fast allen Patientinnen könnte Gruppentherapie empfohlen werden. Wenn es in erster Linie darum geht, die Isolation zu durchbrechen (was bei Suizidgefahr wohl das wichtigste ist), kommen fast alle Patientinnenen für Gruppentherapie in Frage. Wichtig ist, eine geeignete Gruppe zustande zu bringen. Die Zugehörigkeit zu einer Gemeinschaft ist schon im Alltag die wichtigste Hilfe für die einzelnen, mit Beziehungsproblemen zurechtzukommen. Wir fragen deshalb: Welche Patientinnen haben gar keine Probleme mit sozialen Beziehungen?

Die Indikation zur Gruppentherapie *ist also sehr weit zu stellen.* Eigentlich müßten wir eher fragen: »In welche Art Gruppe wird dieser Patient passen?«

»Eignung« zur Gruppentherapie

In der psychotherapeutisch orientierten Gruppenliteratur, im besonderen bei SLAVSON (1955), ist viel von Patienten die Rede, die nicht für Gruppentherapie geeignet seien. Damit waren ursprünglich vor allem Psychosekranke gemeint, aber auch Patientinnen mit schweren Persönlichkeitsstörungen. Die Ironie der Sache liegt darin, daß immer wieder jemand gegen die Regel verstieß und gerade diejenigen Patienten und Patientinnen in Gruppen erfolgreich behandelte, die dafür nicht in Frage kommen sollten. In den 60er Jahren fanden viele heiße Diskussionen um die Eignung zur Gruppentherapie statt. Viele junge Gruppentherapeuten hatten begonnen, mit Psychosekranken oder sozial schwer Gestörten, wie etwa Delinquenten, Gruppensitzungen abzuhalten. Verwirrend wurde die Suche nach klaren Indikationen und Kontraindikationen. Die Indikationsfrage wurde zur Scheinfrage. Als entscheidend erwies sich die Frage: »Was für eine Gruppe soll ich mit meinen Patienten bilden?« Die Therapeutin mußte sich fragen: »Was für eine Gruppe soll es werden und was soll sie tun?« Dieser Frage sind wir bei der Planung (Kap. 2) schon begegnet. Die Antwort der Therapeutin wird ihre Auswahl der Patienten bestimmen.

Im klinischen Alltag kann die angehende Therapeutin die Patienten selten auswählen. Meistens geht es darum, welche Patienten gerade erreichbar sind, wo sie sie findet und was für eine Art Gruppe sie anbieten will. In Polikliniken werden von jungen Psychotherapeuten häufig die sogenannten »therapiefähigen« Patientinnen ausgesucht, besonders wenn sie attraktiv und intelligent sind. Diese werden individuell behandelt. Die weniger interessanten oder schwierigeren Patientinnen kommen vielleicht in eine Gruppe, gewissermaßen als unerwünschte Personen. Unselektierte Gruppen von »Übriggebliebenen« werden oft mit gutem Erfolg zur produktiven Gruppentherapie angeregt.

> Im erwähnten Demonstrationsprojekt, das an einer Poliklinik Gruppentherapie als hauptsächliche Behandlungsform eingeführt hatte, wurden alle Patienten nacheinander ohne Auswahl in Gruppen mit zu Anfang je zwölf Patienten aufgenommen. Da die Universitätsstadt, zu der die Poliklinik gehörte, sozial und ökonomisch zweigeteilt war, fanden sich in den Gruppen Intellektuelle verschiedener Schattierungen, dazu Frauen und Männer der einfachen Industriebevölkerung – Arbeiter, überlastete Hausfrauen und Menschen von der Straße. Diese deutlich heterogenen Gruppen waren zwar anfänglich nicht einfach zu führen, da die Verschiedenheit der Miglieder den Zusammenhalt der Gruppe erschwerte. Sie verliefen aber produktiv, gerade weil ihre Vielseitigkeit mancherlei Möglichkeiten zu Übertragungen der Mitglieder aufeinander erlaubte. Für die tiefenpsychologisch fundierten Therapieanteile war dies sehr wertvoll.

Dazu eine Beobachtung aus der Klinik:

> Als das Gruppentherapieprogramm, das so gut als Suizidprophylaxe gewirkt hatte, eine gewisses Ausmaß erreicht hatte, war es möglich, mit der Auswahl der Patientinnen zu experimentieren. Die Assistenzärzte, die als Teil ihrer Ausbildung Gruppentherapie durchführen mußten, fanden ihre

Patientinnen zum Teil selbst, zum Teil kamen sie aus den Klinikstationen, wenn ihre Ärzte der Gruppentherapie zugestimmt hatten. Zuweilen fanden sich die Gruppen fast von allein, zuweilen oblag es dem erfahrenen Gruppensupervisor, die Gruppen so zusammenzustellen, daß sie nach den damals gängigen Vorschriften wohlausgewogen waren. Die Resultate waren enttäuschend: die überlegt zusammengesetzten Gruppen, die als ganze der Assistentin zugewiesen wurden, wirkten blaß gegenüber denen, bei denen der unerfahrene Assistent die Mitglieder selber zusammengestellt hatte, trotz den Fehlentscheidungen, die dabei vorkamen. Wir schließen daraus, daß die gute Auswahl des erfahrenen Supervisors gegenüber dem schöpferischen der neuen Gruppenleiterin weniger ins Gewicht fällt.

Allem Anschein nach gibt ein Einzelgespräch mit dem zukünftigen Gruppenmitglied wenig Auskunft über seine spätere Fähigkeit in der Gruppe. Da die Gruppe ein ganz anderes Setting bietet als die Zweiersituation, kommen andere Charakteristiken des Patienten zum Tragen.

In einem Weiterbildungsprogramm für Lehrer, zu dem unter anderem Selbsterfahrungsgruppen gehörten, sollte nach einem individuellen Gespräch vorausgesagt werden, wie die einzelnen sich in der Gruppe verhalten würden. Für schwerer neurotische Mitglieder wurde eine schlechtere Mitarbeit angenommen als für die offensichtlich gesunden. Das Gespräch unmittelbar nach der Gruppe zeigte jedoch andere Resultate. Während einige der »Normalen« Schwierigkeiten hatten, sich mit der Gruppenerfahrung zurechtzufinden, kamen einzelne schwerer Gestörte offensichtlich glänzend zurecht.

Es gibt einen Weg, das Auswahlverfahren zur Gruppentherapie zu erleichtern, nämlich durch die Entscheidung der potentiellen Mitglieder selbst. An einigen großen Polikliniken in den USA gibt es sogenannte *offene Aufnahmegruppen* (s. Kap. 13). Voraussetzung sind viele Neuaufnahmen. Alle neuen Patientinnen und Patienten werden bei der Aufnahme eingeladen, zur Aufnahmegruppe zu kommen, ohne jede Verpflichtung zu bleiben, wenn sie ihnen nicht zusagt. Wer möchte, kann zur nächsten Stunde wiederkommen. So versammeln sich nach und nach genügend Mitglieder, die bleiben wollen. Die Gruppe erreicht in dieser Art eine gewisse Kohärenz und kann sich zur Therapiegruppe weiterentwickeln, z. B. unter Leitung der bis dahin anwesenden Ko-Therapeutin, die die Gruppe inzwischen einigermaßen kennt. Danach beginnt die nächste offene Gruppe. Viele Ausfälle und Absagen, die den angehenden Therapeutinnen oft so zusetzen, werden dadurch vermieden.

Während das individuelle Gespräch für die Auswahl zur Gruppentherapie ungeeignet ist, hilft die individuelle Entscheidung des zukünftigen Mitglieds, eine gute Gruppe aufzubauen. Mit anderen Worten, die eigene Anschauung und positive Entscheidung für die Gruppe ist das wesentliche Kriterium.

Homogene und heterogene Gruppen

Ein wichtiges Element der Gruppenzusammenstellung hat dem Test der Zeit standgehalten: nicht die Diagnose der Patienten und nicht ihr Verhalten, sondern die Planung des Therapeuten; die Entscheidung für eine *homogene* oder *heterogene* Gruppe.

Gruppen, die sehr viele Gemeinsamkeiten haben, finden natürlich leichter zusammen als heterogene Gruppen. Die Identifikation der Gruppenmitglieder untereinander (s. Kap. 5) ist bei homogenen Gruppen um vieles leichter. In kürzerer Zeit entsteht größere emotionale Nähe. Beispiele sind Gruppen von Alkoholkranken oder Gruppen von depressiven Frauen in den 40er Jahren. Ihre Stärke ist die gegenseitige Unterstützung; das »Sich-Ausweinen«. Aber tiefenpsychologisch orientierte Therapeutinnen sagen, homogene Gruppen hätten weniger Möglichkeiten, tiefergehende emotionale Probleme anzugehen oder gar Konflikte aufzuarbeiten. Anscheinend müssen die Mitglieder verschieden genug sein, um eine gewisse Spannung in die Gruppe zu bringen und die Konflikte auf Grund der Unterschiede zu erleben.

Das heißt nicht, daß homogene Gruppen wertlos oder zweitklassig seien, es heißt nur, sich darüber klar zu werden, was die Leiterin von der Gruppe erwartet. Soll die Gruppe schnell zusammenfinden und viel Unterstützung bieten oder kann sie es sich leisten, daß die Verschiedenheit der Mitglieder es zunächst schwierig macht herauszufinden, warum sie überhaupt zusammen sind? Die Therapeutin bleibt bei heterogenen Gruppen notwendigerweise die Antwort auf diese Frage schuldig, denn die Mitglieder sind zufällig zusammen, weil sie gerade da waren. Gemeinsamkeit kann aber erarbeitet werden, indem die Gemeinsamkeit menschlichen Leidens an sich selbst und aneinander zum Vorschein kommt. Durch die Existenz der Gruppe werden die einzelnen gewissermaßen »schicksalhaft« miteinander verbunden. Es ist einfacher, in einer homogenen Gruppe die Gemeinschaft zu erleben. Das Gespräch über das Symptom ist leichter, wenn alle dasselbe haben.

Die folgende Liste stellt die wesentlichen Charakteristiken der beiden Arten von Gruppen einander gegenüber:

Homogene Gruppen	Heterogene Gruppen
Leichter Anfang; Begeisterung	Schwieriger Anfang; Angst und Skepsis
Sofortige Identifikationen, Verständnis und Unterstützung	Längere Beobachtung und Distanz, Gefahr des Ausscherens
Selbsthilfe steht im Vordergrund	Hilfe wird nur von der Therapeutin erwartet
Viel Zusammenhalt, emotionale Äußerungen liegen nahe	Zusammenhalt muß erarbeitet werden, Konkurrenzdenken ist häufig
Langsam werden auch Verschiedenheiten deutlich, was zunächst als bedrohlich erlebt wird	Offenbarwerden der zwischenmenschlichen Beziehungen und Übertragungen; Lernen; Agieren und Durcharbeiten
Verschiedenheiten werden akzeptiert, das Rollenverständnis wird besser	Tieferes menschliches Interesse füreinander; »Schicksalsgemeinschaft«
Intensivierung der therapeutischen Arbeit	Dauerhafte Verpflichtung zum inneren Wachstum; Strukturelle Veränderung

Homogene Gruppen werden oft geschlossen und für begrenzte Zeit geführt, zur unmittelbaren Unterstützung der Patientinnen. Sie können sich aber durchaus in eine dauerhafte Psychotherapiegruppe weiterentwickeln. Heterogene Gruppen werden in Analogie zur Psychoanalyse auf unbestimmte Zeit geführt. Sie führen zu Behandlungserfolgen, die mit denen der Psychoanalyse vergleichbar sind.

Zusammenfassend:

Die Indikation zur Gruppentherapie in Form einer technischen Anweisung ist unmöglich, es sei denn in einem sehr allgemeinen Sinne, daß Patienten und Patientinnen mit zwischenmenschlichen Problemen aller Art profitieren können. Gruppentherapie ist deshalb einem sehr weiten Kreis von Patienten zu empfehlen. Im besonderen sind Patientinnen mit schweren Persönlichkeitsstörungen und Psychosen in der

Lage, in der Gruppe deutliche Fortschritte zu machen. Beim Aufbau der Gruppe geht es um die Frage, was für die Gruppe geplant ist, und wer zu ihr paßt.

Die Eignung zur Gruppentherapie ist eine Scheinfrage. Statt dessen ist die Beschaffenheit der Gruppe zu hinterfragen: ein großer Teil der Patienten ist für die Gruppe »geeignet«, wenn sie nach ihren Bedürfnissen ausgerichtet ist.

Die Planung einer homogenen oder heterogenen Gruppe ist eine wichtige Vorentscheidung. Homogene Gruppen kommen leichter zustande und können viel von gegenseitiger Unterstützung der Mitglieder profitieren. Heterogene Gruppen stellen höhere Anforderungen an die Teilnehmerinnen, ihre Gemeinsamkeiten zu entdecken. Sie werden vor allem im Sinne einer tiefenpsychologisch orientierten Langzeittherapie angewandt.

Literatur

PLOEGER, A. (1972): Die therapeutische Gemeinschaft in der Psychotherapie und Sozialpsychiatrie. G. Thieme Verlag, Stuttgart

SLAVSON, S. R. (1955): Criteria for selection and rejection of patients for various types of group psychotherapy. Int. Journ. of Group Psychotherapy, Vol. 5, 3-30

YALOM, I.(1996): Theorie und Praxis der Gruppentherapie – ein Lehrbuch. Verlag J. Pfeiffer, München, 4. Aufl.

4. Die erste Sitzung

Die angehende Therapeutin hat während der Planung und der Auswahl der Patientinnen und Patienten mit Bangen diesem großen Ereignis entgegengesehen. Sie hat ihre Patienten kurz gesprochen, um sie kennen zu lernen und sie über die geplante Gruppe zu informieren. Sie hat ihre Probleme nicht ausführlich erforscht, denn je mehr sie individuell mit ihnen spricht, desto größer wird der Widerstand gegen die Gruppe. Trotz guter Vorbereitung fürchtet sie in ihrem Innersten, daß die Patientinnen wie ein Rudel Wölfe über sie herfallen und sie zerfetzen könnten. – Bekanntermaßen tritt das Gegenteil ein. Aggressionen scheinen nicht zu existieren. Alle sind verlegen, sie wissen nicht, was geschehen soll. Es herrscht betretenes Schweigen. Gruppe und Therapeut sind gemeinsam hilflos. Jede Struktur fehlt.

Die Gruppe als Ganzes

W.R. BION (deutsch 1990) hat in seinem bahnbrechenden Werk über »Erfahrungen in Gruppen« eine derartige Anfangssitzung beschrieben. BIONS Modell war keine Therapiegruppe, sondern eine Ausbildungsgruppe aus Therapeutinnen und Therapeuten. Es ist im übrigen nicht ratsam, Patientengruppen in dieser Weise zu führen. BIONS Technik entspricht nicht der Behandlungspraxis. Sie hat lediglich *theoretische* Bedeutung. Diese ist für alle Gruppenaktivitäten nützlich, besonders für diejenigen, die emotionale Zusammenhänge erforschen. BIONS kreative Idee bestand darin, die *Gruppe als Ganzes* einer psychoanalytischen Betrachtung zu unterziehen. Er unterließ dabei jegliche Strukturierung, d. h. er gab keine Orientierung über Ziel und Zweck der Gruppe, wie wir sie uns in der Planung vorgestellt haben. Er wollte der Gruppe als ganzem die größtmögliche Freiheit lassen, sich selbst zu strukturieren. Er lehnte es ab, die Gruppe zu »leiten«. Bei dieser Vorgehensweise kommt der »*Gruppenprozeß*« zum Vorschein, d. h. das, was innerhalb der Gruppe vor sich geht, aber im normalen Ablauf nicht zur Sprache kommt; die eigentliche *Interaktion* der Teilnehmerinnen untereinander. Gruppenprozesse finden dauernd statt, auch in Gruppen, die nicht darauf achten, wie etwa Arbeitsteams. Sie werden aber meistens nicht sichtbar. Da sie als gewichtige therapeutische oder antitherapeutische Elemente berücksichtigt werden müssen, ist ihr Verständnis in jeder Gruppe unabdingbar.

So begann die erste, nicht strukturierte Sitzung in Bions Gruppe:

> Zur festgesetzten Zeit finden sich die Teilnehmer einer nach dem andern ein. Einzelne wechseln ein paar Worte miteinander, und dann, wenn eine gewisse Anzahl beisammen ist, wird es still in der Gruppe. Nach einer Weile bricht wieder sprunghaftes Geplauder aus, dann wird es abermals still. Es wird mir klar, daß die Aufmerksamkeit der Gruppe irgendwie auf mich gerichtet ist. Überdies empfinde ich mit einem gewissen Unbehagen, daß man irgend etwas von mir erwartet. An dieser Stelle vertraue ich der Gruppe meine Besorgnisse an. Meine Einstellung möge zwar falsch sein, sage ich, aber das seien jedenfalls meine Empfindungen.
>
> Ich stelle bald fest, daß meine Mitteilung keine sehr freundliche Aufnahme findet. Man ist geradezu entrüstet darüber, daß ich solche Gedanken zum Ausdruck gebracht habe, anscheinend ohne mir darüber im klaren zu sein, daß die Gruppe das Recht habe, etwas von mir zu erwarten. Ich bestreite das nicht, begnüge mich aber mit dem Hinweis, offenbar bekomme die Gruppe von mir nicht, was sie mit Fug und Recht glaube erwarten zu dürfen. Ich frage mich, was für Erwartungen das sind und wodurch sie hervorgerufen worden seien.

Was passiert hier? Offensichtlich stoßen zwei Interessen aufeinander: das der Gruppe nach der Leitung, eine Struktur erkennen zu können, etwas zu bekommen, einschließlich der dringenden Antwort auf die Fragen: »Was tun wir hier?«, »Was bringt uns hier zusammen?« Auf der anderen Seite steht die Haltung des Therapeuten, Gruppenverhalten »in natura« zu erforschen, um die Teilnehmer zu lehren, was eine Gruppe sei. Dieses Lehren geschieht hier durch die bloße Deutung der Gruppenprozesse. Das Mißverständnis ist sofort klar: Die Gruppe weiß, daß sie eine Selbst- und Gruppenerfahrungsgruppe ist, sie bekommt keine Anweisungen, was zu tun sei. Der Therapeut schweigt zumeist und wenn er etwas sagt, klingt es orakelhaft. Es scheint nicht der Sache zu dienen – die Sache der Gruppe wäre, eine Struktur zu finden, zu wissen, woran sie ist.

Im günstigsten Falle wird die Geduld der Gruppe mit dem Leiter auf eine harte Probe gestellt; im ungünstigen wird er als sehr unfreundlich, ja sogar provokativ erlebt und womöglich auf die Seite geschoben. Zuweilen werden Selbsterfahrungsgruppen in eben diesem Stil begonnen; wie wir inzwischen wissen, nicht unbedingt mit guten Resultaten.

Der Autor machte in einer zweitägigen Weiterbildungsgruppe mit jungen Therapeuten und interessierten anderen eine ähnliche Erfahrung. Ohne die Absicht, die Gruppe zu provozieren, sprach er die Hoffnung aus, daß die Gruppe hier etwas lernen würde. Zusammen mit seiner Herkunft aus einer Universität, war das Grund genug, daß die Gruppe ihn kaltstellte. Die Gruppe wollte offenbar nicht lernen. Die Mitglieder wollten vor allem emotional untereinander und mit dem Leiter verschmelzen. Es geschah, was auch in Bions Gruppe geschehen war: die Gruppe begann, sich über den Leiter hinwegzusetzen. Ein offenbar kompetentes Mitglied übernahm die Leiterrolle und leitete die Gruppe im Sinne ihrer eigenen Erwartungen. Erst viel später wurde der Leiter wieder »zugelassen«.

Der erste klar feststellbare Gruppenprozeß ist der der *Abhängigkeit von der Leiterin* und von der Enttäuschung, daß sie nicht alles oder nicht das geben kann, was von ihr erwartet wird. Der zweite besteht in der Bestimmung eines neuen Leiters aus der Gruppe. Damit entsteht eine Konkurrenzsituation.

Diese Prozesse finden nicht immer in der ersten Sitzung statt. Wenn die Leiterin sich in Patientengruppen weniger »verweigert«, sondern beginnt, die Gruppe zu strukturieren und damit etwas anzubieten, verläuft die Interaktion besser. Dennoch kommt der Prozeß der Enttäuschung an der Leiterin früher oder später. Dies ist das wichtige an Bions Befunden. Die Leiterin aus der Gruppe taucht ebenso folgerichtig auf. Die Szene für Konkurrenzverhalten ist gesetzt.

Ein Vorschlag, wie die erste Sitzung einer Gruppentherapie ohne zu großes Risiko beginnen kann, ist der folgende: der Leiter setzt sich in die Runde der Anwesenden, spricht ein paar wenige Begrüßungsworte über die beginnende Gruppentherapie, gibt Zeit und Ort der Sitzungen nochmals bekannt und eröffnet eine Vorstellungsrunde. In ihr sollte jeder und jede Gelegenheit haben, etwas über sich zu sagen. Probleme werden bald auftauchen, aber auch Gemeinsamkeiten einzelner Mitglieder miteinander werden durch Kopfnicken oder Äußerungen deutlich. Der Leiter tut gut daran, sich nicht nur auf die jeweils Sprechenden zu konzentrieren, sondern nebenbei die Reaktion der anderen Gruppenmitglieder zu beobachten und nötigenfalls aufzugreifen. Dies kann die Vorstellungsrunde zwar verzögern, aber schon auf wichtige

Gemeinsamkeiten hindeuten und damit die Gruppe zusammenbringen.

Wichtig ist, daß wirklich alle an die Reihe kommen. Wie lange die Eingangsrunde dauert, ist nicht entscheidend. Manche Therapeutinnen beginnen jede Sitzung mit einer Eingangsrunde, mit der Zeit wird sie zur Befindlichkeitsrunde. Sie erleichtert den Beginn der Sitzung. Auf die Dauer entwickelt die Gruppe ein eigenes Anfangsritual. Es kann sein, daß sich ein Mitglied die Aufgabe, die Stunde zu beginnen, zu eigen macht. Das Phänomen wird oft dann erst beachtet, wenn diejenige nicht anwesend ist und die Gruppe ratlos zu sein scheint. Bei der Technik der sogenannten themenzentrierten Interaktion (TZI nach Ruth Cohn 1976) gibt die Leiterin ein Diskussionsthema vor und hilft damit der Gruppe, den Einstieg zu finden.

Wir wenden uns jetzt der vordergründigen und für Gruppentherapie dringlichen Frage zu: »Was will die Gruppe zu Beginn?« Worauf hat sie ein gewisses Anrecht, im besonderen wenn sie eine Therapiegruppe mit der Notwendigkeit der Kohäsion werden soll?

Grundfragen der beginnenden Gruppe

Die folgenden Gesichtspunkte stammen weder aus der Gruppentherapie noch aus der Psychoanalyse, sondern aus der *Kleingruppendynamik*, d. h. der Wissenschaft über die Beschaffenheit von Gruppen aller Art. - Sie kommen aus dem Kreis von Kurt Lewin und seinen Schülern, allen voran R. Freed Bales (Hare, Borgatta und Bales 1955 und 1965) von der Harvard Universität. Fünf deskriptive Hauptcharakteristiken von Gruppen seien hier aufgeführt:

1. Damit die Gruppe eine Gruppe werden kann, muß *Interaktion* stattfinden. Eine Anzahl von Leuten, die an einer Tram- oder Autobushaltestelle stehen und schweigend warten, sind keine Gruppe. Sie sind eine Ansammlung von Menschen, oder, in einem Fachbegriff, prägruppal. Sollte aber etwas Unerwartetes geschehen, während die Leute warten, wie etwa ein Unfall, wird die Ansammlung zur Gruppe. Ein Gespräch kommt auf, Gefühle werden gezeigt, einzelne versuchen zu helfen etc. Interaktion ist in der Therapiegruppe eine selbstverständliche Gegebenheit. Die Kommunikation ist aber oft behindert, verlangsamt, verzerrt oder auf andere Weise gestört. Sie kann aber nicht mehr unterbunden werden, wenn sie einmal begonnen hat. In der einmal etablierten Gruppe kann man nicht mehr

»nicht kommunizieren«. Auch das Schweigen in der Gruppe wird zur Aussage.

2. *Ziel und Zweck* der Gruppe müssen schon bei der Planung durchdacht und in der ersten Sitzung in der einen oder anderen Weise klargestellt werden. Der Leiter hat sich schon lange vorher überlegt, was seine Gruppe tun soll. Die Gruppe muß erfahren, was der Zweck des Zusammenseins ist – Therapie oder allgemeine Unterstützung und Hilfe für die Teilnehmerin. Zu den Äußerungen des Leiters fällt dem einen eine Schulklasse ein; der anderen eine Arbeitssitzung mit Traktanden, dem dritten eine Stammtischdiskussion, alles oberflächliche Vergleiche. Erst viel später wird klar, daß die Gruppe keinem äußeren Zweck dient. Der Therapeut ist weder der Lehrer noch der Chef. Die Gruppe ist allein auf sich selbst und die inneren Abläufe der Teilnehmerinnen und Teilnehmer gerichtet.

3. *Grenzen und Normen* der Gruppe sind ebenso brennende Fragen. Wer gehört dazu? Wer nicht? Werden weitere Mitglieder hinzustoßen? Können Freunde mitkommen etc.? Was hält uns zusammen, warum gerade wir? Wie müssen wir uns hier aufführen? Ist Rauchen erlaubt; sich Verspäten oder frühzeitig Weggehen? Meistens wird nur ein Bruchteil der Regeln zu Anfang angesprochen. Nichtsdestoweniger werden Richtlinien von der Leiterin in den ersten Sitzungen festgelegt. Ihr Verhalten entscheidet dabei mehr als ihre Worte. Nach einiger Zeit hat jede Gruppe einen relativ ausführlichen, eigenen Gruppenkanon, d. h. Verhaltensregeln und Wertvorstellungen, die in der Gruppe gelten, und auf die man sich mit Worten oder stillschweigend geeinigt hat.

4. *Die Rollenstruktur* zeichnet sich unmittelbar ab. Da jede Gruppe gewisse Funktionen benötigt, wird den Teilnehmerinnen beinahe automatisch die eine oder andere Rolle zugeschrieben. Die Gruppe braucht zum Beispiel denjenigen, der den Mut hat, die Sitzung zu eröffnen. Am Anfang tritt oft der sogenannte Monopolist auf, der die Sitzung an sich reißt und alle Aufmerksamkeit für sich selber beansprucht. Er braucht einen Gegenspieler, der sich auf einen Kampf mit ihm einläßt. Der Sündenbock, wird für alles haftbar gemacht und kann im Notfall ausgestoßen werden. Andere Rollen sind z. B. das liebe Kind des Leiters, die Chronistin der Gruppe, die sich an alles erinnert; der Stänkerer oder Oppositionelle; die Leidende, der Zukurzgekommene etc. etc. Die verschiedenen Gruppenrollen werden wir ausführlicher im nächsten Kapitel über die frühe

Phase der Gruppe besprechen (S. Kap. 5). In Selbsterfahrungsgruppen wird vornehmlich das Rollenverhalten gedeutet. Die individuelle Vorgeschichte der einzelnen ist nicht Thema. Die Mitglieder erleben sich in ihren sozialen Rollen. Diese waren ihnen vorher nicht bewußt, oder zu wenig beachtet.

5. Zwischen Leiter und Gruppenmitgliedern, wie auch unter den Mitgliedern, wachsen *zwischenmenschliche Beziehungen.* Die Erforschung der entstehenden Beziehungen in der Gruppe ist die Hauptaufgabe der Gruppenpsychotherapie, wenn die Gruppe als Psychotherapiegruppe gedacht und geplant ist. Beziehungen zwischen Mitgliedern und Leiterin können real gegeben sein, sie können aber auch aus früheren wichtigen Beziehungen erwachsen und mit der Person der Leiterin nur mittelbar verknüpft sein. Solche *Übertragungsbeziehungen* sind nicht immer bewußt. Die Gruppe bietet sich für vielfache Übertragungsphantasien an. Mit kundiger Anleitung können sie beobachtet, gedeutet und vom Patienten durchgearbeitet werden.

Wir halten fest, daß diese fünf Charakteristiken für alle Gruppen gelten. Interaktion, Zweck und Ziel, Normen und Grenzen, Rollenstruktur und persönliche Beziehungen begleiten durchgängig jede Gruppe, wenn auch in unterschiedlichem Maße und auf verschiedene Weise. Wie auch immer die Zusammensetzung, der Inhalt, das Niveau und die Komplexität der Gruppe geartet sein mag, Aufmerksamkeit und Verständnis für die genannten kleingruppendynamischen Prozesse sind unerläßlich. Werden sie berücksichtigt, wird die Gruppe schneller funktionstüchtig, als wenn die Leiterin einseitig eine individuell-psychotherapeutische oder gar »versagende«, fälschlich psychoanalytische Haltung, vertritt. Unangenehm große Enttäuschungen gleich zu Anfang werden dadurch vermieden oder wenigstens gemildert. *Transparenz* der Therapeutin und klare Richtlinien sind in der genannten Weise von nöten. Die erste Sitzung der Gruppe wird einfacher von statten gehen als Bions erste Sitzung, die er in seinem theoretischen Essay beschrieb. Irvin Yalom (1996) eröffnet sein Kapitel über die erste Sitzung mit der Behauptung: *Die erste Sitzung ist immer ein Erfolg.*

Bis jetzt haben wir nur »formelle« Charakteristiken der Gruppe betrachtet und noch keinen Inhalt des Gruppengespräches. Die verschiedenartigen Probleme, die die Gruppenteilnehmerinnen vorbringen, müssen oft aufgeschoben werden, bis die vordringlicheren Fragen nach dem Zweck und den Normen der Gruppe geklärt sind. Erst wenn die Gruppe gefestigt ist und einen Zusammenhalt gefunden hat, und das heißt zum therapeutischen Instrument geworden ist, ist auch genügend Vertrauen gewachsen, um sich konstruktiv mit persönlichen Problemen zu beschäftigen.

Der Gruppenprozeß

Hauptaufgabe der zukünftigen Gruppentherapeutin ist es, sich zeitweilig vom *Inhalt* des Gepräches abzusetzen und den *Gruppenprozeß* zu beobachten und zu benennen. Der Prozeß wird als der Gruppeninteraktion zugrundeliegend und oft unausgesprochen angenommen. Dazu gehört z. B. die Abhängigkeit vom Leiter, die Ratlosigkeit, die überhöhten Erwartungen und schließlich die Enttäuschung an der Leiterin. Dazu gehören auch die der Gruppe eigenen Strukturen wie z. B. das Rollenverhalten. Wir werden einige Standardsituationen beschreiben, die mit den häufigsten Rollen in jeder Gruppe auftreten. Das Erlebnis des Rollenverhaltens in der Gruppe in Verbindung mit dessen Reflexion führen allmählich zu einer Gruppenstruktur. Mit ihr stellt sich ein gewisses Gleichgewicht ein. Das *Beziehungsnetz* kann sich entwickeln.

Ein Beispiel aus der ersten Sitzung einer Ehepaargruppe sei kurz erwähnt: Die Gruppe bestand aus fünf Ehepaaren, also zehn Personen, die alle über Eheprobleme geklagt hatten. Die Gruppe wurde von einem Therapeuten und einer Therapeutin geleitet und einem jungen Mitarbeiter, der vor allem beobachete und Notizen machte. Wie nicht anders zu erwarten war, begann ein Paar, seine Problem auszubreiten. Sowohl Ehefrau wie Ehemann sprachen. Die Geschichte wurde sehr interessant und hätte leicht den Rest der Sitzung ausfüllen können. Der Leiter aber unterbrach die Arbeit dieses Paares und fragte die anderen nach ihrer Meinung. Damit signalisierte er, daß Prozesse Vorrang haben müßen vor dem Inhalt. Der Prozeß gebot, daß um der Entwicklung der Gruppe willen alle Mitglieder beteiligt sein mußten. Es konnte nicht die Arbeit eines Paares beendet und die des zweiten angefangen werden.

Anders gesagt: die Gruppenkohäsion hatte Vorrang vor der Bearbeitung der inhaltlichen Probleme. Gerade für erfahrene Individualtherapeuten ist das beschriebene Verfahren des Leiters sehr anstößig. Im Beispiel wurde es zwar von dem Ehepaar akzeptiert, aber die Kotherapeutin kritisierte das Vorgehen. Prozeßorientierte Gruppen stoßen sich daran, daß sie sich immer um den Gruppenprozeß kümmern müssen, statt um sich selbst. Solche Klagen sind in der Anfangsphase einer Therapie nicht selten.

Was sind nun die anfänglich beobachtbaren Gruppenprozesse, die schließlich zur Gruppenstruktur und damit zur eigentlichen Psychotherapie führen? Wir unterscheiden mehrere Stadien:

1. Das erste Stadium ist das der gegenseitigen *Hilflosigkeit* von Gruppe und Leiterin. Die Gruppe will Strukturen wie Richtlinien zu Ziel und Zweck der Gruppe. Nur die Leiterin kann sie geben. Tut sie dies, fühlt sich die Gruppe etwas besser; sie fühlt sich aber früher oder später von der Leiterin enttäuscht. Sie muß die Entscheidung, ob eine Psychotherapie und nicht ein Seminarkurs zustandekommen soll, mehr an die Gruppe selbst delegieren. In jedem Fall folgt das zweite Stadium:

2. das des *Monopolisten*. Ein Mitglied beginnt die Konversation. Oft stellt er sich als Patienten dar, der sich über irgend etwas beklagt und deshalb um ärztliche Hilfe nachsucht. In aggressiven Gruppen, wie z. B. unter Jugendlichen, ist dies nicht selten der Gangleiter. Er gibt seine Heldentaten zum besten und schafft als Gegenspieler und Konkurrent zur Leiterin ein nichttherapeutisches Gruppenklima. Zunächst scheint der Einfluß des Monopolisten befriedigend zu sein, denn er erfüllt den Wunsch der Gruppe nach Leitung. Alle Zuhörer und Zuhörerinnen fühlen sich in ihrem Schweigen sicher. Sie brauchen sich nicht zu exponieren. Früher oder später erkennt jedoch die Gruppe das Verhalten des Monopolisten als Konkurrenz zur Leiterin. Protest kommt auf, vielleicht zuerst bei der Therapeutin selbst. Sie geht zu Recht davon aus, daß sie dem Monopolisten nicht unbeschränkt freien Lauf lassen darf. Andere folgen in ihrem Protest. Im dritten Stadium geht es um

3. den Kampf um die *Dominanz*. In der Gruppentherapieliteratur, die sich an der Einzeltherapie orientiert, wird in erster Linie die Konkurrenz um die Aufmerksamkeit des Leiters und die Geschwisterrivalität angesprochen. »Wer bekommt am meisten Zuwendung oder Therapie?« Obzwar zwischen Geschwistern Konkurrenz die Regel ist, ist es doch nicht gänzlich überzeugend, daß der Streit um die Aufmerksamkeit der Eltern der Hauptgrund für Aggressionen ist. Konkurrenz oder Aggression im sozialen Feld sind schon Grundtatsachen und können nicht automatisch mit der Konkurrenz unter

Geschwistern um die Fürsorge der Mutter gleichgesetzt werden. Eine Gruppe ist keine Familie.

Neben dem Streben nach Dominanz entsteht eine Tendenz zum *Ausscheren* (englisch:»drop-out«) aus Enttäuschung darüber, daß die Aufmerksamkeit der Gruppe und damit Hilfe erkämpft, d. h. erarbeitet werden müssen und doch beides die Leiterin hätte bieten sollen. Rückzug oder Ausscheren heißt dann:»Die Gruppe bringt mir nichts.« Man könnte hinzufügen:»Der Leiter auch nicht.« Erfahrungsgemäß ist das Ausscheren in der Anfangsphase der Gruppe am stärksten, als Folge der Enttäuschung in der Abhängigkeit. Studien und Erfahrungen haben gezeigt daß»Drop-Outs« in den ersten sechs Sitzungen weitaus häufiger sind als später. Eine technische Anweisung lautet, den Patientinnen nahezulegen, der Gruppe eine gute Chance zu geben und erst nach einigen Sitzungen zu beschließen, ob die Gruppe ihnen wirklich hilft oder nicht.

Der anfängliche Gruppenprozeß wird insgesamt auch charakterisiert durch die Schwierigkeit, *einen Teil der individuellen Identität zugunsten der Gruppenidentität aufzugeben.* Daß es nötig sein soll, sich in die Gruppe einzuordnen, ist vor allem für diejenigen schwer zu akzeptieren, die wenig soziale Fähigkeiten oder nur ein schwaches Selbstwertgefühl haben. Sie fürchten um ihre Individualität und brauchen deshalb die wiederholte Zusicherung, daß die Gruppe ihnen nichts wegnimmt. Dies ist vor allem bei Gruppen auf psychiatrischen Abteilungen wichtig, an denen Psychosekranke und andere schwer geschädigte Personen teilnehmen. Was am Anfang erstrebt und durch feinfühlige Aufmerksamkeit erreicht werden kann, ist eine Gruppe mit einer gewissen Stabilität, die einen vorläufigen Zusammenhalt gefunden hat. Die Gruppe soll sich zu einem immer stärker werdenden Beziehungsnetz entwickeln und strukturell im Gleichgewicht sein. Die Strukturen sollen dabei selbstverständlich nicht zu rigide sein, da sonst jede Veränderung schwierig wird.

Das emotionale Gruppenklima

Schon in der ersten Sitzung haben wir noch eine dritte, tieferliegende Ebene des Gruppenverhaltens zu berücksichtigen. Die Beschreibung von BIONS Gruppe wies in diese Richtung. BION sucht und findet als Psychoanalytiker in der Gruppe die unbewußten menschlichen Regungen, die sich in der Gruppe als Ganzem äußern. Er spricht vom Gruppenklima und meint damit einen Zustand der ganzen Gruppe, der nur sehr bruchstückhaft von der Gruppenarbeit, der Struktur und dem Rollenverhalten, und wesentlich durch Gefühle, vor allem durch archaische Gefühle geprägt wird. Er bezeichnet diese später in seinem Buch als *Grundannahmen* der Gruppe und schreibt ihnen die Kraft zu, das Gruppenverhalten mehr als alles andere zu beeinflussen. BIONS Konzept erinnert an eine von FREUDS leitenden Ideen: Das Unbewußte bestimme 90 % des menschlichen Verhaltens, das Bewußte nur 10 %. Das passende Bild dazu ist der Eisberg, der zum größten Teil unter Wasser liegt und nur seine Spitze zeigt. Wir tun gut daran, sowohl *Freud*s Warnung wie die Lehren von BION ernst zu nehmen und in der Gruppe immer wieder zu forschen, welche eigentlich die zugrundeliegenden und der Gruppe gemeinsamen archaischen Emotionen sein könnten. Im Beispiel BIONS von seiner ersten Sitzung drängt sich die *Abhängigkeit* auf, in der sich die Gruppe von der Therapeutin erlebt. Die Grundannahme in der ersten Sitzung besteht zumeist darin, daß die Leiterin dazu da sei, etwas zu geben, zu informieren, zu pflegen. Die Mitglieder brauchten als passiv-rezeptive Menschen nur zu warten bis ihnen alles von selber zufällt.

Nach all den Schwierigkeiten und Problemen, auf die wir für die erste Sitzung aufmerksam gemacht haben, sei noch einmal an die gute Nachricht erinnert: *Die erste Sitzung ist immer ein Erfolg* (YALOM 1996). Die allermeisten angehenden Gruppentherapeuten und -therapeutinnen kommen nach der Anfangssitzung deutlich erleichtert in die Supervision und berichten, daß es besser gegangen sei als erwartet. Die Therapeutin hat sich redlich bemüht, der Gruppe eine Struktur zu geben, auch wenn sie vieles von der Interaktion nicht verstanden hat. Sie hat die Gruppe nicht provoziert, und die Patienten haben der ungewohnten Therapieform eine Chance gegeben.

Literatur

BION, W.R. (1990): Erfahrungen in Gruppen und andere Schriften. Fischer, Frankfurt. Originalausgaben: Experiences in Groups. Tavistock Publications London 1959 und Basic Books, New York 1961

HARE, A., BORGATTA, E.F. und BALES, R.F. (1955 u. 1965): Studies in social interaction. (A collection of readings). Alfred E. Knopf, New York

Cohn, R. (1976): Von der Psychoanalyse zur themenzentrierten Interaktion. Klett-Cotta, Stuttgart, 12. Aufl. 1994

Yalom, I. (1996): Theorie und Praxis der Gruppentherapie – ein Lehrbuch. Verlag, J. Pfeiffer, München, 4. Aufl.

5. Die Anfangsphase der Gruppe: Strukturieren

Der neue Gruppenleiter ist wohlberaten, wenn er am Anfang nicht auf die oft dringenden Probleme der einzelnen Mitglieder eingeht, sondern zuerst an den Aufbau und Zusammenhalt der Gruppe denkt. Drei Punkte sind hier zu beachten:

1. Die Techniken der Kohäsionsförderung
2. Gruppenkrisen im Frühstadium
3. Der Umgang mit typischen Rollenstrukturen

Die kohäsionsfördernden Techniken

Sie sind alle dazu da, die Gruppe als Ganzheit zu erleben und nicht einfach als eine zufällige Anhäufung von Individuen. Manche moderne therapeutische Techniken legen weniger Wert auf das »Zusammenkommen« der Gruppe. Sie führen zu eher individuell orientierter Therapie mit einzelnen, in Gegenwart der anderen, gewissermaßen als Zuschauer. In einem derartigen Setting, das etwa das Psychodrama oder die Gestalttherapie bieten, ist es möglich, daß die Leiterin mit einem Patienten »arbeitet«, der sich freiwillig gemeldet hat. Er steht im Mittelpunkt. Erst nach einiger Zeit, wenn überhaupt, wird die Gruppe einbezogen. Für das Verständnis des Gruppenprozesses und das Ausschöpfen seiner besonderen therapeutischen Möglichkeiten ist es jedoch unerläßlich, daß die Gruppe zunächst ein Zusammengehörigkeitsgefühl entwickelt, das nicht ausschließlich auf den Leiter oder seine bestimmte Therapiemethode zentriert ist.

Zuvorderst steht die Regel, *die Gruppe als ganze anzusprechen*. Es klingt etwas schwerfällig, wenn die Therapeutin immer wieder das Wort »Gruppe« gebraucht. Der Vorteil ist aber nicht zu überschätzen: Allen Beteiligten wird deutlich, daß hier eine Gruppe besteht. Sie können sich nicht einfach an den Therapeuten wenden, die »anderen« ausklammern und denken, daß sie in einer individuellen Beratung sitzen. Dieses Vorgehen weckt beträchtlichen Widerstand gegen die übrigen Gruppenmitglieder, weil die Aufmerksamkeit der Leiterin mit anderen geteilt werden muß. Viele Patientinnen mit körperlichen Symptomen haben die Neigung, sich ausschließlich an den Therapeuten zu wenden, zumal wenn er ein (medizinisch geschulter) Psychiater ist. Sie empfinden die Gruppe als Störung ihrer Patientinnen-Arzt-Beziehung. Zuweilen ist es besser, einen hypochondrischen Patienten nach den notwendigen körperlichen Untersuchungen zu einer nicht-ärztlichen Therapeutin zu schicken, da der Arzt durch solche Patienten und Patientinnen immer wieder zu weiteren Untersuchungen verführt und überfordert wird. Der Nutzen der Gruppentherapie für diese Patienten beginnt in dem Moment, in dem sie ahnen, daß ihre Probleme nicht ausschließlich körperlich bedingt sind.

Der Gruppe die Beantwortung von Fragen zu überlassen, erscheint manchmal ebenfalls als ungeschickt. Der Verdacht kommt auf, daß der Therapeut seine Pflicht versäumt, wenn er die Fragen einfach auf die Gruppe »abschiebt«. Wiederum soll der Gruppengedanke zu Bewußtsein kommen. Hier gehören alle dazu; sie sind aufgerufen einander zu helfen. Nur so wird klar, daß gegenseitige Hilfeleistung möglich ist. Das Prinzip der Selbsthilfe innerhalb der Gruppentherapie ist angesprochen.

In einer leiterzentrierten Gruppe wird die Leiterin eher auf eine individuelle, an sie gerichtete Frage eingehen. Die gruppenzentrierte Arbeitsweise wird umgekehrt zuerst mit der ganzen Gruppe nach Klärung suchen. Die Problemlösung mag ganz anders aussehen als die, die die Therapeutin von sich aus angeboten hätte. Die Bearbeitung von Fragen oder Problemen einzelner durch die Gruppe verschafft der Gruppe als ganzer ein Erfolgserlebnis, das neuerlich den Zusammenhalt sehr fördert.

Genauso wichtig für die Gruppenkohäsion ist der Umgang mit den *Forderungen nach Einzelgesprächen* mit dem Leiter. Solche Forderungen sind häufig, besonders zu Beginn der Gruppentherapie. Auch Patientinnen mit nicht psychosomatischen Symptomen tragen der ärztlichen Therapeutin oft Körperklagen vor, um sie allein sprechen zu können. Manipulative Patienten inszenieren gelgentlich größere oder kleinere Krisen, für die der Leiter scheinbar notfallmäßig außerhalb der Gruppensituation aktiv werden muß. Natürlich können Krisen eintreten. Sogenannte Borderline-Patienten müssen sich oft außerhalb der Therapiezeit davon überzeugen, daß die Beziehung zur Therapeutin noch weiter besteht. Therapeutinnen und Therapeuten fühlen sich dabei zeitweise sehr hilflos. Abweisen hilft nicht weiter, aber das veranlaßte

Einzelgespräch sollte kurz gehalten und auf die Gruppe verwiesen werden.

> Eine etwa 30jährige, depressive Frau beklagte sich in der Gruppe häufig über die Gefühllosigkeit ihres Ehemannes. Der Gruppentherapeut gewährte ihr auf ihre inständige Forderung hin eine Beratungsstunde in seiner Praxis. Die Einzelsitzung brachte nichts Neues. Es bestand kein Anlaß, die Therapie zu verändern. Allerdings weigerte sich die Patientin danach, an der Gruppe weiter teilzunehmen. Sie wünschte nur die Einzeltherapie.

Der Therapeut wertet auf diese Weise unabsichtlich, mit den Patientinnen zusammen, die Gruppe ab. Er muß damit rechnen, daß er Gruppenmitglieder verliert. Treten akute Krisen auf, wie etwa nachts um zwei Uhr die Panikattacke eines suizidalen Borderline-Patienten, sollte der Therapeut kein langes Notfallgespräch am Telefon führen, sondern den Patienten von seiner Gegenwart überzeugen und ihn auffordern, die Angelegenheit bei der nächsten Sitzung zu besprechen. Die Nachbesprechung ist schwierig, da sich der Patient schämt und am liebsten die Hilfe außer der Reihe als Geheimnis für sich behalten möchte. Der Hinweis auf die Gruppe und die Verpflichtung zur Nachbesprechung verhindert die Abwertung der Gruppe und hält den Patienten letztlich in der Gruppe.

Das *Universalisieren* ist ein wichtiger technischer Schritt in der Gruppe. Es macht die Allgegenwart des Leidens bewußt. Wohl der wichtigste Faktor für den Zusammenhalt der Gruppe ist die gegenseitige *Identifikation* der Mitglieder. Männer und Frauen, die in einer Gruppe zusammen sitzen, erleben sich ähnlich der Masse, von der FREUD spricht, als gleich. Sie sind gleich hilflos und gleichermaßen der Leiterin ausgesetzt.

Mit der Entwicklung der Gruppe bleibt es aber nicht bei dieser Form von Identifikation. Sie verschiebt sich auf bestimmte Charakteristika der anderen. Eine Patientin identifiziert sich beispielsweise mit einem Patienten, weil sie dieselben Probleme hat, oder ein Patient erkennt sich in der Verhaltensweise einer Patientin wieder und stellt mit Erleichterung fest: »So geht es mir ja auch!« »Das kann ich ganz und gar mitfühlen.« Die Therapeutin tut gut daran, diese Identifikationen zu fördern und öfter auf die Frage oder ausgesprochene Klage eines Patienten zurückzufragen: »Ist es anderen hier auch so ergangen?« oder »Haben andere in der Gruppe ähnliche Schwierigkeiten?« Wie wir bereits erläutert haben, kommen diese Identifikationen bei homogenen (s. Kap. 3) Gruppen viel leichter zustande als bei unselektierten Gruppen. Die Erkenntnis, daß es anderen ähnlich geht, läßt das Gefühl mit dem eigenen Leiden isoliert oder alleingelassen zu sein, bald verschwinden.

Alle Bemühungen, die Gruppe zu strukturieren, sind zuerst darauf gerichtet, die Gruppe zusammenzubringen. Alles, was die Teilnehmer und Teilnehmerinnen miteinander verbindet – die Identifikationen – sollte die Therapeutin unterstreichen. Alles was die Mitglieder trennen könnte, soll erst später, in der therapeutischen Phase, näher behandelt werden.

Der Umgang mit Krisen im Frühstadium der Gruppe

Aus dem Vorhergehenden versteht es sich von selbst, daß bei allen Krisen die Gruppe und nicht in erster Linie der Therapeut handeln muß. Wenn ein einzelner sich mit einer rebellischen Aussage an die Therapeutin wendet, sollte sie die Angelegenheit zuerst in die Gruppe zurückgeben und den Angriff als Angriff auf die ganze Gruppe und nicht auf ihre womöglich ungenügenden Fähigkeiten verstehen. Die angehende Therapeutin erkennt diese Situation selten, weil sie sich naturgemäß unsicher fühlt.

Rückzug aus der Gruppe (Drop-out)

Dasselbe gilt vom Rückzug aus der Gruppe, dem »Dropping-out«. Dies ist wohl die häufigste Herausforderung für den angehenden Therapeuten. Die Patientin bleibt der Therapie fern. Sie fügt dadurch nicht nur sich selbst Schaden zu wie in der Einzeltherapie, sondern sie stößt auch die Gruppe vor den Kopf. Ihre Abwesenheit ist deshalb Thema des Gruppengesprächs. Spekulationen darüber, was sie etwa fernhalten könnte, sind oft aufschlußreich. Sie fördern Identifikationen der Anwesenden mit allgemeinen Widerständen gegen die Gruppentherapie zutage. Nichts ist der Gruppen*kohärenz* abträglicher, als derartige zerstörerische Angriffe auf die Gruppe schweigend vorübergehen zu lassen. Nichts anderes tun Mitglieder durch ihr Fehlen mit fadenscheinigen Ausreden.

Das *Wegbleiben* hat verschiedene Gesichter. Es kann ohne Ankündigung oder telefonische Abmeldung eintreten; Ausreden wie Terminschwierigkeiten, Geldmangel, Kritik an Gruppentherapie von seiten Angehöriger und anderes wird vorgebracht. Ehrlicher sind Mitglieder, die offen sagen »diese Gruppe bringt mir nichts, deshalb komme ich nicht mehr«. Ausscheren zu Beginn der Gruppe ist eine defensive Operation und hat mit mannigfachen Ängsten zu tun.

Die häufigsten Anfangsängste sind folgende:

1. Durch das Abhängigkeitsverhältnis fürchten die einzelnen in Anwesenheit so vieler anderer vom Leiter »nicht genug zu bekommen«, oder »nicht genug Zeit für persönliche Äußerungen zu haben«. Eine weitere ist

2. die Angst, beschämende Ereignisse oder Phantasien des eigenen Lebens vor anderen aussprechen zu müssen und dann als »wertlos« oder »schlecht« beurteilt zu werden;

3. Mißtrauen gegenüber der Leiterin erwächst aus der Angst, daß sie wie früher die Lehrerin in der Schule, verurteilen, beschämen und strafen wird;

4. die Angst vor den anderen Gruppenmitgliedern rührt aus der Annahme, abgelehnt oder ausgeschlossen zu werden, so daß man nicht »dazugehören« darf.

Psychoanalytische Gruppenleiter sprechen oft von der Überich-Angst, die in den Frühstadien der Gruppe die Beziehung der individuellen Mitglieder zum Leiter bestimme und damit zur Flucht aus der Gruppe führen könne. Die Angst ist aber wahrscheinlich oft eine tiefere, globale und archaische. Sie hat mit der Angst zu tun, in der Gruppenverschmelzung die eigene Identität zu verlieren. Die Möglichkeit *narzißtischer Verschmelzung* wird als große Gefahr erlebt, die entweder massive Selbstbehauptung erfordert oder zum Wegbleiben veranlaßt.

Die Behandlung der Ängste und damit des möglichen Rückzugs besteht einerseits in der Prävention: Die Mitglieder müssen auf die Gruppe vorbereitet werden. Dabei geht es im wesentlichen um Angstreduktion. Andererseits muß der Prozeß des Rückzugs innerhalb der Gruppe erkannt werden.

Über die *Vorbereitung* auf die Gruppe existieren die unterschiedlichsten Ansichten, die von viel bis zu gar keiner Vorbereitung variieren. Am besten ist hier ein Mittelmaß, das wenig aber dafür gezielte Vorbereitung anstrebt. Die Vorbereitung besteht in einem kurzen Gespräch mit der Leiterin. In sachlicher Form werden Zweck und Ziel der Gruppe beschrieben. Einige anamnestische Informationen können erhoben werden. Zuviel ist hier eher gefährlich als zuwenig. Um den vorzeitigen Rückzug zu verhindern nützt der Hinweis, daß die Patientin nicht schon nach *einer* Sitzung beurteilen können wird, ob die Gruppe hilft oder nicht. Sie sollte der Gruppe vier bis sechs Sitzungen zugestehen, bis sie sich entschließt, auszutreten oder konstruktiv weiterzuarbeiten.

Die Rahmenbedingungen sind für das Gelingen von Gruppen wichtig. In einer Klinik, Poliklinik oder Praxis, in der Gruppen etabliert sind, hat sich unter den Patientinnen und Patienten das wichtigste herumgesprochen. Wenn sie der Institution freundlich gegenüberstehen, werden sie die Überweisung in die Gruppe annehmen. Wenn ein Patient während der therapeutischen Phase zu einer schon bestehenden Gruppe hinzustößt, wird er durch die Gruppe in kurzer Zeit und ohne viel Worte zu spüren bekommen, daß seine übergroßen Ängste unnötig sind. In seinem Falle ist außer einigen Informationen und der Ermutigung, sich in die Gruppe zu begeben, wenig Vorbereitung nötig.

Den drohenden Rückzug einer Patientin zu *erkennen,* ist eine wichtige Aufgabe der angehenden Gruppentherapeutin. In der Gruppe werden abwesende Mitglieder leicht ignoriert. Demgegenüber fühlt sich die Gruppe mit der Aufforderung, darüber nachzudenken, warum eine Patientin weggeblieben ist, belästigt. Der Leiter muß sich durch die Ausreden hindurchkämpfen, die von Anfängergruppen kritiklos angenommen werden, um auf die negativen Gefühle zu sprechen zu kommen, die der Abwesenheit zugrunde liegen. Damit werden zugleich negative Gefühle der Anwesenden zur Gruppendiskussion zugelassen: Offensichtlich gibt es eine Alternative zum Rückzug. Negative Gefühle haben in der Gruppe ihren Platz. Flucht ist nicht mehr der einzige Weg, mit negativen oder angstvollen Gefühlen umzugehen.

Wenn eine Gruppe unter wiederholten Austritten leidet und merklich schrumpft, sind in aller Regel unausgesprochene Aggressionen im Spiel. Sie mögen von den Patientinnen und Patienten kommen. Häufiger sind sie im Umfeld zu orten, das der Gruppentherapie nicht gut gesinnt ist. Eine ähnliche Wirkung hat die Therapeutin, wenn sie offene Konfrontation nicht gut erträgt, oder sich selbst an den einzelnen Mitgliedern orientiert, statt am Gruppenzusammenhalt.

Narzißtische Verletzungen.
Üblicherweise werden die Gruppenmitglieder aufgefordert, sich frei zu äußern über das, was ihnen einfällt. Die zweite Botschaft wird nur bei schwerst gestörten Patienten explizit erwähnt: Äußerungen in der Gruppe sollten der Gruppe gemäß sein. Für ein neues Mitglied ohne Gruppenerfahrung ist es sehr schwer zu wissen, was in die Gruppe paßt

und was nicht. Die meisten Gruppenteilnehmerinnen haben einen natürlichen sozialen Sinn dafür, was sie in der gegebenen Situation sagen können. Im Zweifelsfall schweigen sie. Hemmungen sind bei angehenden oder neueintretenden Gruppenmitgliedern durchaus üblich.

Es gibt aber in ihrer Persönlichkeit gestörte Personen, die neu in die Gruppe kommen und unbehindert aggressive Heldentaten schildern, mit denen sie sich zu profilieren glauben. Sie sprechen in einer monopolisierenden Weise und nehmen die anderen Gruppenmitglieder gewissermaßen in den Würgegriff. Die anderen hören staunend und sprachlos zu, wie sie als Publikum mißbraucht werden. Der in seiner sozialen Wahrnehmung gestörte Sprecher hat dem ersten Gebot genüge getan: Er hat frei gesprochen und darf deshalb nicht kritisiert werden. Aber weil er in seiner Beziehungsaufnahme gestört ist, hat er die Kohäsion nicht beachtet und die Gruppe in gewissem Sinne vergewaltigt. Fortgeschrittene Gruppen und erfahrenere Therapeuten lassen einen psychischen Exhibitionisten nicht ausreden. Sie verweisen ihn auf den Gruppenzusammenhalt, z. B. fordern sie ihn auf, sich anzuhören, was die Gruppe mit seinen Aussagen tut. Die Erfahrung zeigt, daß sich traumatisierende Personen, wenn sie nicht in ihre Grenzen verwiesen werden, sich sofort nach ihrem »großen Schlag« zurückziehen und das nächste Mal nicht mehr in der Gruppe erscheinen. Besonders sensitive Personen fühlen sich von derartigem Verhalten verletzt und fliehen aus der Gruppe.

Neben den großen Verletzungen der Gesamtgruppe kann es zu persönlichen, ein Mitglied treffenden Verletzungen kommen. Wenn der Angriff oder die Kritik ins Schwarze trifft – und das geschieht in Gruppen öfter – kann daraus eine persönliche Feindschaft entstehen. Sie ist unter guten Umständen noch tragbar. Schwerer wiegt, wenn die Angesprochene so tief verletzt ist, daß sie es vorzieht, sich zurückzuziehen, statt sich der gerechten oder ungerechten Herausforderung zu stellen. Die Anweisung, sich frei zu äußern ist also eingeschränkt. Keiner sollte die anderen *zu sehr verletzen*. Im Anfangsstadium, bevor sich alle gut kennen und Vertrauen zu einander haben, kann dies eher geschehen.

Der Umgang mit dem Rollenverhalten

Bevor einzelne Rollen und ihre Bedeutung in der Gruppe diskutiert werden können, muß das Konzept der »Rolle« näher definiert werden. In der individuellen Psychotherapie sind die Rollen im zwischenmenschlichen Kontakt von Anfang an gegeben: die Patientenrolle und die Therapeutinnenrolle. Auch wenn sie in Frage gestellt, angegriffen oder verzerrt werden, sind sie nicht abgeschafft. Wünsche, dies trotzdem zu tun, z. B. in einer Übertragungsphantasie, müssen aber bemerkt und hinterfragt werden. Daraus erwachsen oft wertvolle Einsichten.

In der Gruppe ist dies anders. Die Rollen sind vom Setting her nicht unmittelbar gegeben. Eine vielseitige Gemeinschaft entsteht, in die jeder und jede ihr eigenes Verhaltensmuster einbringen und ihre persönlichen Beziehungen zur ganzen Gruppe, zur Leiterin und zu den anderen Mitgliedern zeigen kann. Die Interaktion in der Gruppe macht die Art der Beziehungen sichtbar. Was in jeder Gruppe zunächst als Verhalten imponiert, entspricht der »*Rolle*« der einzelnen. Daß Rollen alsbald sichtbar werden, haben wir schon in der ersten Sitzung (Kap. 4) erlebt.

Rolle und Persönlichkeit

Alles Rollenverhalten wird durch *zwei* Komponenten bedingt: (1) die Persönlichkeit des Individuums, seine inneren Motive und Abwehrmechanismen und (2) die aktuelle Gruppensituation.

Das typische Mißverständnis, das Teilnehmerinnen an Selbsterfahrungsgruppen und auch manchem Leiter unterläuft, ist die Betrachtung des jeweiligen Gruppenverhaltens allein aufgrund der Persönlichkeit des einzelnen. Seine Rolle in der Gruppe wird vergessen. Die konfrontierte Patientin oder der Patient fühlt sich persönlich kritisiert, oft verletzt. Die Leiterin und die anderen Gruppenmitglieder erscheinen ihnen verständnislos. Die Unterscheidung zwischen Rolle in der Gruppe und der eigenen Persönlichkeit ist deshalb immer nötig.

Ein Beispiel: ein feinfühliger Gruppenteilnehmer bemerkte, daß er sich befremdet fühle, politisch radikale Standpunkte zu vertreten, wie er das gerade getan hatte. Er sei kein Radikaler und habe das Gefühl, von der Gruppe zum Vertreter der radikalen Linie gemacht, also in eine Rolle gedrängt worden zu sein.

Dies passiert häufiger, als man gemeinhin annimmt. Der *Rollensog* umschreibt das Hineingezogenwerden in ein Verhalten, das von der Handelnden nicht geplant war. Unter dem Einfluß der Gruppe kann es sehr stark, ja unwiderstehlich werden. Von klinischer Bedeutung ist dieses Phänomen besonders bei der Sündenbockrolle. Wenn es dem Therapeuten mit der Gruppe nicht gelingt, den Sündenbock von seiner Rolle zu befreien, wird der Wechsel in eine andere Gruppe unumgänglich. Die Situation in der neuen Gruppe ist eine ganz andere und, obzwar der Patient seine Persönlichkeit mitnimmt, ermöglicht ihm die neue Gruppe, eine andere Rolle einzunehmen. Der vormalige Sündenbock kann z. B. die Rolle eines Mitläufers annehmen.

Rollenschemata

R. Freed BALES von der Harvard Universität hat nach ausgedehnten Forschungen in der Kleingruppendynamik sein Buch über Rollenverhalten geschrieben. Darin hat er Rollen nach drei Dimensionen aufgeteilt (BALES 1970):

1. Dominanz – Unterordnung, oben – unten
2. Arbeitsorientierung – Reflektion (bremsen), vorne – hinten
3. Affektive Orientierung: geliebt – ungeliebt, rechts – links

Wenn man bei jeder Dimension drei Stufen annimmt (z. B. oben, Mitte unten) ergeben sich insgesamt 27 Rollenverhalten, die auf einem Würfel darstellbar sind.

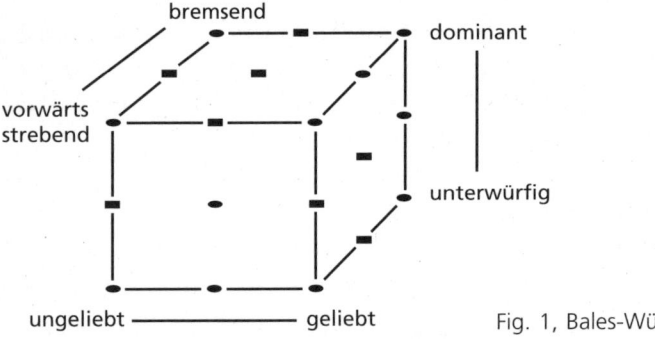

Fig. 1, Bales-Würfel

Die einzelnen Rollen sind jeweils Kombinationen der drei Dimensionen, dargestellt als Eckpunkte oder Mittelpunkte auf einer Fläche des Würfels. Die Mitte der Mitte ist undefiniert, hat also keine besonderen Eigenschaften. Einzelne Positionen lassen sich leicht ausmachen: vorne und oben in der Mitte ist die Leiterin oder der Leiter (in der Gesellschaft der Erfolgsmensch). Wenn sie dazu noch geliebt wird – also oben vorne rechts –, dann ist sie die charismatische Leiterin; oben vorne links ist der gehaßte Tyrann. Hinten in der Mitte oder oben wäre der Gegenspieler. Als Stänkerin wäre sie ungeliebt und im Abseits. Eine geliebte, reflektierende Person wäre etwa rechts hinten in der Mitte angesiedelt, der Platz der Psychoanalytikerin. BALES erforschte alle 26 Rollen in ihrer Interaktion und damit das Gebiet des Rollenverhaltens in umfassender Weise. Er hat ein eigentliches Nachschlagewerk geschrieben.

Für die Bedürfnisse der Gruppentherapie sind einfachere Schemata nützlicher, z. B. das Fünfeck von Raoul SCHINDLER aus Wien. (SCHINDLER 1958 und 1968) Es operiert mit griechischen Buchstaben, die schon durch Aldous HUXLEY in »Brave New World« eingeführt wurden.

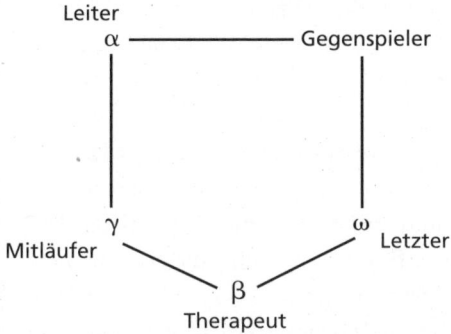

Fig. 2, Schindler's Fünfeck

Die sogenannte Alpha-Rolle ist der gruppeneigenen internen Leiterin vorbehalten. Sie kommt dem Mitglied zu, das am häufigsten redet, das Gespräche führt, neue Ideen einbringt und allgemein am meisten respektiert wird. In einer aggressiven Gruppe entspricht die Rolle dem Gangleiter; in depressiven oder abhängigen Gruppen der am schwersten leidenden und überzeugendsten Patientin oder – in fortgeschrittenen Gruppen – dem »besten« Patienten.

Die Beta-Rolle kommt der Therapeutin zu. Sie steht etwas außerhalb der Gruppe und ist vor allem reflektierend; sie führt die Gruppe nicht an. Sie ist unbestechlich und steht strikte in der Mitte zwischen dem an der Vorderseite hofhaltenden Alpha und den Schwächeren an der Rückseite.

Die Gamma-Rolle nehmen die Mitläufer und Mitläuferinnen des Alpha-Leiters ein. Sie werden typischerweise als unter dem Alpha stehend aufgeführt. Sie sind zahlreich und spielen eine Rolle im Kräftegleichgewicht, ohne besonders hervorzustechen.

Wenn wir uns auf die Rückseite des Fünfecks begeben, fällt am unteren Ende die Omega-Position auf. Omega ist der letzte Buchstabe des griechischen Alphabets. Die Omega-Position ist damit die am wenigsten geschätzte der Gruppe. Es ist die Rolle des Verachteten, des ewigen Versagers oder, wenn er zugleich provoziert, des auszustoßenden Sündenbocks.

Oberhalb der Omegaposition, auch auf der Rückseite, aber in der Höhe der Alpha-Position steht die sogenannte Gegenspielerin. Sie wird nicht mit einem griechischen Buchstaben benannt. Sie kann Alpha die Stirne bieten, ihn vielleicht auch absetzen. Ihre Rolle ist die der Herausforderin der bestehenden Machtverhältnisse.

Ein Beispiel aus einer Therapiegruppe soll das Schema illustrieren. Die Gruppe beschäftigte sich mit dem Vergehen Omegas. Er war regelmäßig unter fadenscheinigen Entschuldigungen zu spät in die Gruppe gekommen und hatte das auch diesmal wieder getan. Der Alpha-Leiter sprach sich sehr deutlich darüber aus. Der jetzt auftretende Gegenspieler war ein neues Gruppenmitglied, das erst in diese Sitzung gekommen war. Er war aber aufgrund seiner Persönlichkeit nicht geneigt einfach zuzuhören, wie sich das für neue Mitglieder ziemte. Er kritisierte bald lautstark die Abwertung Omegas. Dabei machte er sich vor allem über die Gammas her, ohne zunächst den Alpha-Leiter direkt herauszufordern. Aber auch dies gelang ihm später, als er das Thema Homosexualität aufbrachte und herausfand, daß dieses Thema noch nie in der Gruppe besprochen worden war. Er brachte den betroffenen Alpha-Leiter arg in Verlegenheit, da er seine Homosexualität vorerst der Gruppe verheimlicht hatte. Die Gruppe war nach dieser Sitzung nicht mehr dieselbe. Omega war gerettet. Er kam nicht mehr zu spät und wurde nicht mehr von der Gruppe abgekanzelt. Die Interaktion wurde wesentlich lebendiger und therapeutischer, nachdem das neue Mitglied ein bisher verbotenes Thema anzusprechen gewagt hatte und damit die Rollenstruktur der Gruppe verbessert hatte.

Ähnliche Konfliktsituationen sind öfter zu beobachten. Dieselbe Konstellation wird in einem späteren, ausführlichen Beispiel wieder erscheinen (s. Kap. 8). Die jeweiligen Leitfiguren treffen nicht aufeinander, sondern richten ihre Aggressionen zuerst gegen die schwächeren Mitglieder, Alpha auf Omega und der Gegenspieler auf die Gamma-Mitglieder, die als Satelliten Alphas gelten können.

Einzelne Rollen und Techniken des Umgangs mit ihnen
Der Monopolist

Einzelne Rollen sind uns schon in der ersten Sitzung begegnet. An erster Stelle steht auch hier der *Monopolist*. Das Verhalten des Monopolisten kann am Anfang einer Gruppe nützlich sein. Er durchbricht die allgemeine Hilflosigkeit und erweist der Gruppe einen Dienst, indem er es wagt, das Gespräch aufzunehmen und sich in gewissem Sinne bloßzustellen. Er kann auch die nicht-leitende therapeutische Leiterin zunächst ersetzen. Derjenige, der das Gespräch beginnt, nimmt ein Risiko auf sich und wird damit, wenn nicht gerade zum Leiter, doch jedenfalls zeitweilig zur zentralen Person der Gruppe (nach F. REDL, s. S. 71 ff).

Das Problem beginnt, wenn sich das Monopolisieren in die Länge zieht und die Geduld der Therapeutin oder der Gruppe reißt. Alle haben den Eindruck, nun müsse jemand anderes »drankommen«, sonst löse sich die Gruppe auf. Dieser Moment kommt einer Krise in der Gruppe gleich, denn wenn die Kritik am Monopolisten unausgesprochen bleibt, ist der Zusammenhalt gefährdet.

Die Therapeutin muß also zusehen, daß die Gruppe selber die Krise löst und entweder auf den Monopolisten reagiert – ihm ins Wort fällt – oder eine Hausordnung vorschlägt, wonach alle mitzureden haben. Wenn es nicht gelingt, die Gruppe zu mobilisieren, muß die Therapeutin im Notfall selber den Monopolisten bremsen.

> Ein langjähriger Patient, der unter Alkoholeinfluß einen unendlichen Redeschwall produzierte, wurde zunächst von der Gruppe immer weiter über seinen Zustand befragt, wodurch der Redeschwall erst recht anhielt. Da die Gruppe nur die Inhalte seiner Reden beachtete und den störenden Einfluß ignorierte, mußte der Patient vom Leiter ein Sprechverbot für eine Viertelstunde hinnehmen. Sowohl die Gruppe als auch er selbst schätzten im nachhinein den Eingriff.

Eine sehr häufig angewandte Technik, das Monopolisieren zu vermeiden oder jedenfalls zu vermindern, ist die *Eingangsrunde.* Eine als Ritual geführte Befindlichkeitsrunde zu Anfang soll sicherstellen, daß jeder zumindest einmal drankommt und niemand übergangen wird. In Gruppen mit sehr schwachen, z. B. psychisch schwer behinderten Menschen, ist dies besonders wichtig. In Gruppen in der sozialpsychiatrischen Nachsorge, die ja auch der Befindlichkeitskontrolle der Patienten und Patientinnen dienen müssen, nimmt die Eingangsrunde einen Großteil der Zeit ein, oft mehr als die Hälfte der Sitzung. Zuweilen kann auch eine Schlußrunde nützlich sein: bei Gestaltungs- und Maltherapien hat die nachgängige Gruppenbesprechung der soeben gemalten Bilder eine wichtige therapeutische Bedeutung. Gruppen, die über lange Zeit bestehen, lernen mit dem Monopolisierverhalten selbst umzugehen, so daß Runden meist nicht mehr nötig sind.

Der selbstgerechte Moralist

Er oder sie werden in YALOMS Buch ausgezeichnet beschrieben. Meist handelt es sich um ältere Menschen, die nicht selten mäßig depressiv sind, sich beklagen über den prekären Zustand der Gesellschaft, der Schlechtigkeit der Leitfiguren und schließlich auch anderer ihm oder ihr näherstehenden Menschen. Enttäuschungen über die Welt sprechen sie oder er deutlich aus. Auch von der Gruppe erwarten sie schlußendlich nichts. Das Gefühl, daß ihr oder ihm Unrecht angetan wurde geht durch alles hindurch. In den »Spielen der Erwachsenen« von Eric BERNE wird dieses Klagen über »draußen« ebenfalls als ein oft das Gespräch eröffnender Ansatz beschrieben. Er verpflichtet zu keiner Aktion und kommt auch dem Modus der Wirtshaus- oder Stammtischkonversation gleich.

Wenn in einer therapeutischen Gruppe die unendlichen Klagen über andere andauern, gehen sie bald allen auf die Nerven, besonders dem Therapeuten. Er stuft solche Personen leicht als uneinsichtig und nicht therapiefähig ein und versucht dann womöglich, sich ihrer zu entledigen.

Die Ironie der Sache liegt darin, daß diese Patienten und Patientinnen, die alle Aggressionen und alle Schlechtigkeit »draußen« sehen, sich im Kampf mit den andern Gruppenmitgliedern ihrer eigenen Aggressionen bald bewußt werden und letztlich, auch wenn sie die Erkenntnis ihrer Aggression nie zugeben, doch eine gute Prognose haben. Sie können von der Gruppe profitieren. Nur sind sie oft schwer zu ertragen, am wenigsten von hochstrebenden einsichtsorientierten jungen Therapeuten und Therapeutinnen.

Das »liebe Kind« des Lehrers.

Beispiel ist eine junge und attraktive Frau, die sich immer zur Rechten des Therapeuten niedersetzte und in der Gruppe die Rolle der Gastgeberin oder Hosteß spielte. Sie begrüßte alle freundlich, erkundigte sich nach ihrem Befinden und sprach während der Gruppendiskussion immer in einer unterstützenden und liebenswürdigen Weise zu den anderen, allerdings ohne viel von sich selbst preiszugeben. Nach einigen Monaten wurde das für einzelne Gruppenmitglieder zu viel. Einer forderte sie auf, endlich aus ihrer privilegierten Position neben dem Therapeuten herauszukommen und etwas von sich selber zu berichten. Sie folgte ihm, und bei der nächsten Sitzung saß sie dem Leiter gegenüber, gab ihre freundliche Rolle vollkommen auf und ließ ihren negativen Gefühlen vollen Lauf. Zugleich konnte sie auch über die schwierige Beziehung mit ihrem Ehemann sprechen, die sie vorher nie erwähnt hatte.

Die Position des »lieben Kindes« ist anfangs nützlich, wenn sie den Zusammenhalt der Gruppe fördert, wie das im Beispiel der Fall war, kann aber auf die Dauer nicht aufrechterhalten werden, wenn wirkliche Veränderungen stattfinden sollen. Bei allen Rollen, und vor allem bei einer ausgesprochenen Defensivrolle, wie der des »lieben Kindes« ist es wichtig, daß die Mitglieder in ihrer Rolle nicht erstarren. Die Gruppe muß in ihrer Rollenstruktur flexibel bleiben.

Der Sündenbock

Ihn gibt es beinahe überall. Die Projektionsfigur für Aggressionen liegt ganz zu Anfang meistens außerhalb der Gruppe. Wenn aber die Therapeutin die Interaktion auf die Gruppe hinleitet, was früher oder später geschehen muß, ersteht der innere Sündenbock[1]. Mit seinem Auftauchen in der Gruppe kommt es zwangsläufig zur Krise, denn wenn der Druck ein Mitglied auszustoßen zu groß wird, ist die Kohäsion vehement bedroht. Die Erfahrung zeigt, daß das Funktionieren der Gruppe durch die Ausstoßung des ersten Mitgliedes nicht zu Ende ist. Ein zweiter und dann ein dritter Sündenbock werden ausgestoßen. Das Phänomen findet sich zuweilen auch in Familien. Der Ansatz zur Familientherapie von BELL und VOGEL (1968) bestand darin, daß sie die scheinbar gestörten halbwüchsigen Patienten und Patientinnen in der Jugendpsychiatrie als Sündenböcke der Familie identifizierten und begannen, statt den Patientinnen, die ganze Familie – das System – zu behandeln.

In der Gruppe gilt es ebenfalls, die Sündenbockkrise durch Behandlung der ganzen Gruppe zu lösen, etwa durch Aufbrechen der festgefahrenen Rollenstruktur, wie im Beispiel über SCHINDLERs Fünfeck.

---

[1] Wichtig ist hierbei, zwischen dem Sündenbock zu unterscheiden, der diese Rolle passiv von der Gruppe zugewiesen bekommt und dem Gruppenmitglied, das aktiv eine Opferrolle sucht (s. hierzu Battegay 1983).

Am wenigsten nützlich ist die Unterstützung des Sündenbocks. Natürlich sollte die Leiterin nicht in den Chor derjenigen einstimmen, die ihn weghaben wollen, aber das genügt in aller Regel nicht. Es gilt in gewissem Sinne die Situation auf den Kopf zu stellen und den *Sündenbock zum Leiter* zu machen, damit seine Botschaft gehört und vielleicht verallgemeinert werden kann. Das bedeutet, daß das provokative und aggressive Verhalten des Sündenbocks auch in den anderen Mitgliedern zum Vorschein kommt. Der Sündenbock erfährt eine Legitimation, die er dringend braucht, um dazuzugehören. Der eine oder die andere, die den Sündenbock vorher strafen wollten, können dann zugeben, daß sie froh sind, wenn der Sündenbock alle ihre negativen Gefühle ausspricht. Sie müssen es nicht tun und können ihr Image pflegen.

Die besten Beispiele für die Wirkung und Funktionalisierung des Sündenbocks finden wir in der Bibel. Vor etwa 3000 Jahren wurde das Ritual, das dem Phänomen auch den Namen gegeben hat, eingeführt. Das zweite Beispiel stammt aus dem neuen Testament und zeigt, wie Jesus mit einer gefährlichen Sündenbocksituation umgeht: er bricht die Rollenstruktur auf und setzt die Internalisierung der gegen den Sündenbock gerichteten Aggression in Gang. Die Installation des Sündenbockrituals ist im 3. Buch Mose (Leviticus) Kapitel 16, von Vers 20 an, beschrieben. Wir wollen sie hier kurz zitieren.

> (20) Und wenn der Hohepriester Aaron vollbracht hat das Versöhnen des Heiligtums und der Hütte des Stifts und des Altars, so soll er den lebendigen Bock herausbringen.
> (21) Da soll denn Aaron seine beiden Hände auf sein Haupt legen und bekennen auf ihn alle Missetat der Kinder Israel und alle Übertretung in allen ihren Sünden, und soll sie dem Bock auf das Haupt legen und ihn durch einen Mann der bereit ist, in die Wüste laufen lassen. (22) Daß also der Bock alle ihre Missetat auf sich in die Wüste trage: und er lasse ihn in der Wüste.

Der Sündenbock ist also eine sehr alte Einrichtung. Ist er ausgestoßen, fühlen sich die anderen deutlich besser. Das »magische« Austreiben des Bösen hat gewirkt. Anders geht es im zweiten Beispiel aus dem Neuen Testament zu: Das Beispiel stammt aus dem Johannesevangelium, Kapitel 8, von Vers 3 an.

> (3) Aber die Schriftgelehrten und Pharisäer brachten ein Weib zu ihm, im Ehebruch ergriffen, und stellten sie in die Mitte dar (4) und sprachen zu

ihm: »Meister, dieses Weib ist ergriffen auf frischer Tat im Ehebruch. (5) Moses aber hat uns im Gesetz geboten, solche zu steinigen; was sagst du?« (6) Das sprachen sie aber um ihn zu versuchen, auf daß sie eine Sache wider ihn hätten. Aber Jesus bückte sich nieder und schrieb mit dem Finger auf die Erde.

Er läßt sich also nicht von der rachsüchtigen Gruppe zur Verfolgung des Sündenbockes verführen.

(7) Als sie nun anhielten ihn zu fragen, richtete er sich auf und sprach zu ihnen: »Wer unter euch ohne Sünde ist, der werfe den ersten Stein auf sie« (8) Und bückte sich wieder nieder und schrieb auf die Erde. (9) Da sie aber das hörten, gingen sie hinaus (von ihrem Gewissen überführt) einer nach dem andern, von den Ältesten bis zu den Geringsten.

Hier findet die Umkehrung der Projektion im Sündenbockprozeß statt. Statt sich der Aggression zu entledigen, die auf ein passendes Objekt übertragen wird, das dann vertrieben oder gar getötet wird, muß die Aggression zurückgenommen und im eigenen Innern geortet werden, »vom ihrem Gewissen überführt«. Die Gruppe, deren Mitte der Sündenbock war, bricht auseinander. Die Mitglieder vereinzeln sich.

In der therapeutischen Gruppe geht es auch darum, die »Missetaten«, die der Sündenbock übertragen bekommen hat, bei anderen Mitgliedern ausfindig zu machen. Der Sündenbock wird dann zu dem, was er ist: das Sprachrohr für Gefühle, die alle in sich tragen können. Damit gehört der Sündenbock wieder zur Gruppe. Er ist Teil der Gruppenidentifikation.

Die Gegenspielerin

Sie ist in SCHINDLERS Fünfeck das Gegenüber Alphas, der Anführerin der Gruppe. In einer aggressiven Gruppe, wie etwa einer jugendlichen Delinquentengruppe, wird die Gegenspielerin zur Alpha-Leiterin. Früher oder später wird sie sich mit anderen messen müssen. Sie hat zunächst mehr Macht in der Gruppe als die Gruppentherapeutin. Letztere ist zu Anfang auf ihren guten Willen angewiesen. Die Gegenspielerin aber schöpft ihre Macht nur aus ihrer Rolle in der Gruppe. Ist sie persönlich, als Einzelperson, angesprochen, kollabiert ihr Selbstbewußtsein. Ohne die Gruppe fällt ihr Einfluß in sich zusammen.

Einige Rollen können wir am besten durch die folgenden Zeichnungen demonstrieren. Die ersten Zeichnungen stammen nicht aus einer

Therapiegruppe, sondern aus einem von BALES an der Harvard Universität veranstalteten Kurs, der hauptsächlich als Selbsterfahrungsgruppe strukturiert war. Die Bilder entstammen einem von den Studenten und Studentinnen selbst verfertigten »Malbuch«.

Fig. 3
»Dies sind unsere Rollen. Wir nehmen an daß sie die Unschuldigen beschützen. Bemale uns –beschützt–.« Die sozialen Rollen sind gewissermaßen Masken. Von außen her sehen sie gleich aus wie die Personen selber. Sie sind aber nicht dasselbe (siehe oben Abs. 3.).

Fig. 4.
»Dies sind der Meinungs-Geber und der Meinungs-Sucher. Es ist befriedigender, zu geben als zu empfangen. Bemale sie.« Meinungsbildner (vielleicht die Medien?) und ihre Klienten erscheinen in Karikatur.

Fig. 5.

»Dies ist der psychische Exhibitionist. Er kommt zum Kern seines Problems. Seine Geschichte muß nicht bemalt werden.« Es ist aber notwendig, daß dergleichen »Beichten« in Therapien begrenzt werden.

Fig. 6

»Dies ist des Doktors kleiner Helfer. Er gibt dem Doktor wenig Hilfe. Bemale ihn als wenig hilfreich.« Eine Variation auf das »liebe Kind des Leiters«, das es ihm gleich tun will (s.o. Abs. 3).

Fig. 7

»Dies ist das schweigende Gruppenmitglied. Niemand weiß, was Schweigende denken. Lege deine Malstifte weg und sei dankbar für das Schweigen.« Schweigende sind immer geheimnisvoll. Die schweigende Therapeutin wird als sehr weise erlebt.

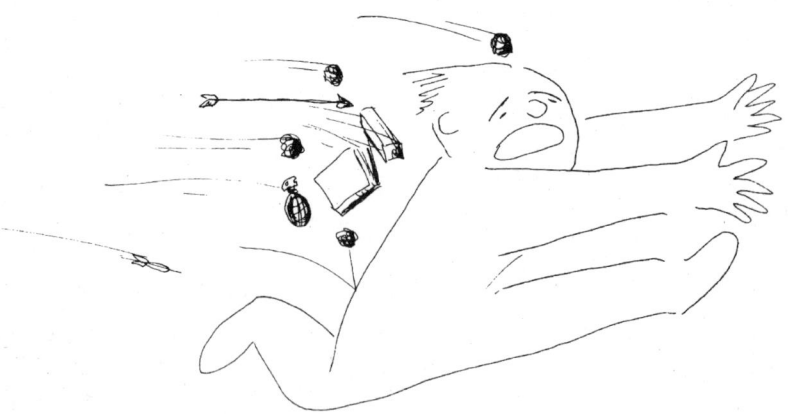

Fig. 8

»Dies ist ein Sündenbock. Einige unser besten Freunde sind Sündenböcke. Bemale ihn in jeder beliebigen Farbe. Du könntest es selbst sein.«

Fig. 9

Die letzte Zeichnung einer ganzen Gruppe kommt aus einer ganz anderen Umgebung, nämlich aus dem Gefängnis. In einem Staate der USA gab es schon in den 50er Jahren ein therapeutisches Programm für Strafgefangene. In diesem Programm wurde hauptsächlich – und erfolgreich – mit Gruppentherapie gearbeitet. Das Bild weist auf einen wichtigen Zusammenhang hin. Die Gruppenrolle konstelliert sich oft durch den Platz, auf dem der eine oder die andere sitzt. Einer der besten Gruppenexperten, dem das von einem Teilnehmer gezeichnete Bild gebracht wurde, erkannte sofort seinen Wert: »Sie sitzen alle an den rechten Plätzen.«

Der Therapeut ist die »weise Eule« in der Mitte oben. Zu seiner Rechten ist das »gute« Kind. Zu seiner Linken sitzen die schwer bewaffneten Mitglieder, die nicht handeln, sondern sich verteidigen. Links außen sitzt einer der mit seinem großen Ohr alles hört, aber sich abwendet. Rechts außen sitzt der Schweigende. Er hat den Mund verbunden. Die Vierergruppe in der Mitte unten sind die Gegenspieler. Sie haben sich um ihren Leiter versammelt, der, auf Büchern sitzend, seine Weisheit gerade zum besten gibt. Er sitzt dem Leiter nicht zufällig gegenüber.

Da Plätze die Rolle anzeigen, geben wir folgende technische Empfehlung: um eine klare Sitz- und Rollenstruktur deutlich werden zu lassen, ist es vorteilhaft, wenn sich die Leiterin immer auf denselben Platz begibt. Dann kann sich die Gruppe, wie im Bild, um sie herum anordnen. Alle können ihren »angestammten« und mit ihren Rollen vereinbaren Platz finden. Wenn die Gruppenstruktur in der Sitzordnung stabil ist, wird jede Veränderung sofort bemerkt und kann interpretiert werden.

> In einer längerdauernden Gruppe setzte sich einmal ein junger Mann demonstrativ auf den Platz des Gruppenleiters. Seine nicht-verbale Botschaft wurde von allen zwar verstanden, aber von der Gruppe nicht aufgegriffen. Der Therapeut mußte das Ereignis zuerst in Worte fassen, bevor die Gruppe bereit war, die scharfe Konkurrenz des jungen Mannes mit dem Leiter zu besprechen.

Rollenveränderungen sind erfahrungsgemäß wichtige Entwicklungsschritte des betreffenden Mitglieds. Sie verdienen es, aufgegriffen zu werden. Nicht-verbale in verbale Äußerungen zu übersetzen ist eine vordringliche Aufgabe der Therapeutin. (Dies gilt für die Einzel- wie für die Gruppentherapie.) Die Gruppentherapie bietet durch ihre mannigfaltige Rollenstruktur viele Gelegenheiten, nicht-verbales soziales Verhalten zu erkennen und zu thematisieren.

Die Gruppe am Ende der Frühphase

Mit der Bewältigung der ersten und folgenreichsten Krisen; mit der Einbindung der störenden Rollen in die Gesamtheit der Gruppe,wird die Grundlage der Gruppenbildung, der Gruppenzusammenhalt oder die Kohäsion geschaffen. Sie erlaubt den Patientinnen und Patienten, ihre sozialen Rollen zu leben, zu betrachten und zu reflektieren. Viele Gruppen werden sich durch äußere Umstände nicht weiter entwickeln, sei es daß ihre Zusammensetzung sich dauernd ändert, sei es daß sie nur vorübergehend existieren. Wir denken hier z. B. an Spitalgruppen, die sich durch Eintritte und Austritte dauernd verändern müßen, oder an Selbsterfahrungsgruppen, die meistens zeitlich begrenzt sind. Sie bieten vor allem Rollenerfahrung an.

Bleibt die Gruppe über dieses Anfangsstadium hinaus zusammen, kann sie zur *Psychotherapiegruppe*, oder zur dauerhaften Unterstützungs- und schließlich Selbsthilfegruppe werden. Die Gruppe ist jetzt in der Lage, intensiver zusammenzuwachsen und tiefliegende Konflikte anzugehen.

Theorie (1. Teil) Psychologische Theorien über Gruppenbildung (Freud und Redl)

Ein wichtiger Beitrag zur Theorie stammt von Sigmund FREUD (1920, 1972) und hat schon deswegen auf psychoanalytisch orientierte Therapeutinnen großen Einfluß. Er galt ursprünglich nicht der Gruppentherapie als Behandlung, sondern handelt von Massenphänomenen. Da er aber etwas Wesentliches für die Entstehung von Gruppen getroffen hat, gehört FREUDS Beitrag, wenigstens in seinen Grundzügen, zum unumgänglichen Wissen. Etwa zwanzig Jahre nach FREUD und mit Bezug zu seinem Text, hat Fritz REDL (1942, 1965) Bilder von zehn häufigen Gruppenkonstellationen gezeichnet. Sie beschreiben das Verhältnis des Leiters zur Gruppe und analysieren dabei auch das Verhältnis der Gruppenmitglieder unter sich. Im Unterschied zu FREUD, der Gruppen nicht als therapeutisches Medium anerkannte, sind REDLS Beschreibungen aus seiner erzieherischen und therapeutischen Arbeit mit Kindern entstanden.

Sigmund Freud: Massenpsychologie und Ich-Analyse

FREUDS Aufsatz von 1920 gleicht einem Januskopf in der psychoanalytischen Literatur. Der Blick zurück richtet sich auf die Erforschung des Unbewußten, die FREUD von den Anfängen mit seinen Studien über Hysterie, über die Traumdeutung bis zu späteren Werken gepflegt hat. Seine Studien zur Massenpsychologie entwickelte er aus der Annahme, daß sich das Unbewußte auch im Massenverhalten zeigen kann. Der Blick nach vorn geht in Richtung der neuen Ich-Psychologie. Das Ich-Ideal als neue Instanz entstand mit der Massenpsychologie. Wenige Jahre später folgt die Einführung der Strukturtheorie vor allem mit dem Aufsatz »Das Ich und das Es«.

Für unsere Bedürfnisse ist der Blick zurück der wichtigere, denn FREUDS Beobachtungen bestätigen, daß im Gruppenzusammenhang vieles, was sonst unbewußt bliebe, zum Vorschein kommen kann. Die Literatur, die FREUD 1920 vorfand, war sehr spärlich. Die Sozialpsychologie gab es noch nicht. Eine Arbeit wird von FREUD zurecht ausführlich zitiert: das Buch des französischen Gelehrten LE BON, der 1895 über die Psychologie der Massen (»la foule«) schrieb. Sein Konzept der »Massenseele« ist zwar nicht mehr gebräuchlich. Es stellt jedoch unzweifelhaft fest, daß ein Individuum sich unter dem Einfluß der Masse anders verhält, als wenn es allein ist. Seine Reaktionen sind ungehemmter, »primitiver« und – so schon LE BON – stehen unter dem Einfluß des *Unbewußten*, das ungleich wichtiger ist als das Bewußte. LE BON beschreibt das Gefühl der Macht in der Masse, das den einzelnen erlaubt, Impulsen nachzugeben, die sie allein unterbunden hätten. Wir denken hier an Krawalle und öffentlich gewalttätige Auseinandersetzungen, die nur unter dem Einfluß der Gruppe zustandekommen. Ansteckungsphänomene sind in der Gruppe sehr stark – die Suggestibilität steigt. Ein charismatischer Leiter kann eine Gruppe oder Masse leiten, wie ein Hypnotiseur sein Opfer (so FREUD).

Diese Charakteristiken der Masse gehören nicht zur wohlorganisierten Gruppe (auch nicht zur Gruppentherapie). Sie entsprechen vielmehr einem hypothetischen Urzustand der Gruppe, bevor jede Organisation stattgefunden hat. FREUD hatte als Annäherung an diesen Urzustand die Demagogen in Österreich nach dem ersten Weltkrieg als Anschauungsunterricht im Massenverhalten miterlebt. Die Masse kommt also in LE BONS Beschreibung, der FREUD im großen und ganzen beipflichtet, nicht sehr gut weg. Sie wird als impulsiv, veränderlich und reizbar beschrieben. Sie sei außerordentlich leichtgläubig und jedem Einfluß offen; die kritische Fähigkeit sei eingeschränkt oder abwesend. Sie denke in Bildern, die einander assoziativ folgten. Reizworte zählen viel mehr als klare Überlegungen. Ungewißheit dürfe es nicht geben, alles müße einfach sein. Oft erfolge die Zweiteilung in »wir die Guten«, und »ihr die Bösen«.

FREUD verknüpft seine schon ausgearbeitete Libido-Theorie mit der Beziehung des Leiters zur Masse. Der Leiter ist bei ihm aber nicht ein von gleich zu gleich Liebender, sondern mächtig wie der Hypnotiseur über die ihm zu Füßen liegende Masse. Das Individuum mag dennoch die Vorstellung haben, daß dieser Leiter sich wirklich um ihn kümmere und sein Wohl am Herzen habe. Der Leiter wird bewundert, verehrt und geliebt.

In der Masse (und anfänglich auch in der Gruppe) gibt es zunächst keine Eifersuchts- und Konkurrenzszenen. In der Masse mit anderen fühlen wir uns den anderen gleich. Alle sind Teil eines großen Ganzen, kurz, wir geben die eigene Individualität, wenigstens zum Teil auf und sind *mit den anderen identifiziert*. Die Identifikation ist bekanntlich die erste und ursprünglichste Art der Beziehung, die wir als Kinder erlernen. Wir spielen als Kind nicht nur »erwachsen«, sondern wir sind in der Phantasie erwachsen. Identifikationen finden sich natürlich auch in bezug zu Heimat, Nationalität, Religion, Volksgruppe, Berufsgruppe etc. Das bedeutet nicht, daß wir etwas lieben oder *haben* (wie in der sogenannten Objektlibido), sondern daß wir etwas *sind.*

FREUD erfaßt die Primärgruppe – den Urzustand der Gruppe – als eine Gruppe aus einer Anzahl Individuen, die ein und dasselbe Objekt an die Stelle des Ich-Ideals gestellt und sich folgerichtig miteinander in ihrem Ich identifiziert haben. Neben der Objekt-Beziehung zum Leiter, der zunächst idealisiert und als mächtig gesehen wird, entwickeln die einzelnen das Gefühl, untereinander gleich zu sein.

Dieser Urzustand ist als solcher in der Gruppentherapie nicht zu sehen. Aber das Phänomen der Identifikation entwickelt sich durchaus, z. B. im Gefühl der allgemeinen Hilflosigkeit zu Beginn der Gruppe. Die Bewunderung des Leiters – als Ich-Ideal – weicht bald der Enttäuschung über den Leiter. Er kann nicht alles geben, was erwünscht war. Unter günstigen Umständen wird die Leiterin und ihre Art mit Menschen umzugehen imitiert. Daraus kann sich eine anspruchsvollere Form der Identifikation mit dem Leiter herausbilden.

Zu FREUDS Primärgruppe ist anzumerken, daß sie ohne Beachtung der Strukturbildung beschrieben wird, bzw. letztere wird nur kurz behandelt. FREUD weist zwar auf den amerikanischen Zeitgenossen MAC-DOUGALL hin, einen frühen Kleingruppenforscher, schenkt aber seinen auf Struktur und Organisation ausgerichteten Überlegungen wenig Beachtung. FREUD geht es vor allem um die emotionalen Zusammenhänge. Seine Beispiele von der Kirche und der Armee als Gruppe oder Masse lassen ebenfalls Gedanken zur Organisation vermissen und sind daher als Beispiele von Gruppenbildungen nicht überzeugend.

Die Gruppenbildung um eine zentrale Person: Fritz Redl

Fritz REDL, Lehrer von Beruf und Schüler FREUDS in Wien, floh kurz vor dem zweiten Weltkrieg in die USA. Er hat in Detroit seine Hauptarbeit geleistet. Seine Gruppenbeobachtungen an Kindern beziehen sich, gleich FREUDS theoretischer Schrift, vor allem auf die *Emotionen* der Gruppenteilnehmer und -teilnehmerinnen nicht auf die Gruppenstrukturen. Diese haben andernorts Schüler von Kurt LEWIN, (HARE, BALES & BORGATTA 1955 und 1965) als wissenschaftliche Kleingruppendynamiker erforscht. REDLS wichtigster Beitrag beschreibt zehn Typen der Gruppenbildung, die verschiedene Dimensionen wie etwa Identifikation, Stabilität, positive oder negative Beziehung, starke und schwache Einflußnahme etc. beschreiben.

Die Dimensionen hat REDL FREUDS Aufsatz entnommen. Ihre Bearbeitung basiert aber auf Beobachtungen an realen Gruppen. Freud postulierte die (theoretische) Primärgruppe, in der sich die Mitglieder untereinander identifizieren und dem starken Leiter gegenüber regredierte Hörigkeit entwickeln. Redls Gruppenbilder sind dagegen differenziert und lebensnah.

Redl unterscheidet zwischen *stabilen* Gruppenbildungen, die sich über längere Zeit konstant halten, und *flüchtigen* Gruppenbildungen, die gewissermaßen Momentaufnahmen sind und nur für kurze Zeit oder spezifische Situationen bestehen. In stabilen Gruppenbildungen läßt sich der »Leiter« leicht auffinden. Kurzdauernde Gruppenbildungen werden besser beschrieben durch eine *zentrale Person*. Diese muß durchaus keine Leiterqualitäten haben. Sie wird nur durch die Situation zur zentralen Person. Drei der zehn Gruppenbildungen basieren auf Qualitäten der Leiterinnen. Sieben flüchtige Gruppenbilder haben eine zentrale Person.

Zunächst zu den stabilen Gruppenbildungen.

1. Die patriarchalische Herrscherin. Sie ist nicht herrschsüchtig, sondern weiß im Gegenteil, wie sie im guten Sinne mit Autorität umgehen kann. Sie ist autoritativ, nicht autoritär. Sie ist z. B. eine Primarschullehrerin, die ihre Klasse gut kennt und ohne Disziplinarprobleme in der Hand hat. Sie wird von den Schülern respektiert, oft auch geliebt. Die Schüler und Schülerinnen haben keinerlei Absichten, es ihr gleich zu tun. Zwischen der Lehrerin und den Schülern besteht ein deutliches Gefälle. Die Schülerinnen akzeptieren, was die Lehrerin ihnen bietet und von ihnen fordert. Sie anerkennen ihre Überlegenheit. In Redls Formulierung identifizieren sie sich mit der Lehrerin in ihrem Überich. Sie bauen sie in ihr Gewissen ein. Das typische Beispiel ist, daß die Klasse ruhig wird, sobald die Lehrerin eintritt.

2. Der »Leader« oder Anführer. Hier steht die Autorität des Leiters über die Gruppe im Hintergrund. Der Anführer ist vielmehr ein Teil der Gruppe und nimmt an ihren Aufgaben und Taten teil. Bei älteren Schülern oder Studentinnen ist er oft nur wenig älter und zwischen ihm und der Gruppe besteht nur wenig Distanz. Er wird bewundert. Die Gruppenmitglieder versuchen, es ihm gleich zu tun, was infolge der geringen Distanz möglich scheint. Die theoretische Formulierung besteht darin, daß sich die Gruppenteilnehmer und -teilnehmerinnen in ihrem *Ich-Ideal* mit dem Leiter identifizieren. Er ist das gute Vorbild, recht eigentlich wie alle sein sollten. Der Verlust eines solchen Leiters, der bewundert und geliebt wird, wiegt oft viel schwerer als der Verlust einer »Patriarchin«, da sich die Mitglieder ihm viel näher fühlen. Bei beiden Formen entstehen stabile und positive Identifikationen, sowohl mit dem Leiter als auch unter den Gruppenmitgliedern. Die Gruppe kann unter beiden Leitungsstilen kohärent und konstruktiv werden.

3. Der Tyrann. Trotz seinem schlechten Ruf und seinem schlechten Verhalten bringt der Tyrann stabile Gruppenbildungen zustande. Wir sehen das zur Genüge in der Politik, wo außerhalb demokratischer Nationen sehr viele Tyrannen als Diktatoren Stabilität zu bringen vermögen und sich für lange Zeit in ihrer Position halten können. Die Identifikation der Untergebenen liegt nicht im Überich oder im Ich-Ideal, sondern in der Furcht vor Aggressionen und der daraus folgenden Identifikation mit dem Aggressor. Der Tyrann flößt der ihm am nächsten stehenden Gruppe Furcht ein. Diese tun dasselbe mit den ihr nahestehenden Leuten. Damit tut jeder es dem Leiter gleich. Niemand vertraut niemandem, aber eine ganze Gesellschaftsordnung kann sich auf Furcht und Terror aufbauen.

Beispiele für die drei obigen Leitungsstile sind die folgenden:

> Der patriarchalische Leiterstil wird bevorzugt von Lehrern und Lehrerinnen, allgemein anerkannten Experten, Professorinnen, aber auch von amtierenden Politikern oder erfolgreichen Geschäftsleuten oder Industriemanagerinnen.
>
> Das typische Beispiel für den Anführer-Leiter ist der Sportcoach, aber auch junge Lehrer und politische Gruppenleiterinnen, die noch nicht an der Macht sind, sowie Leiter im Geschäfts- oder Berufsleben, die sich auf Teamarbeit stützen und eine mehr demokratische als hierarchische Zusammenarbeit bevorzugen.
>
> Der tyrannische Stil ist nicht nur in der Politik der Diktaturen zu finden, sondern durchaus auch im gewöhnlichen Leben in Industrie und Lehre. Ein Tyrann ist durch sein eigenes Verhalten wie durch das seiner Untergebenen, die als streitsüchtig und schlecht motiviert erscheinen, leicht identifizierbar.

Gruppentherapeuten neigen, gemäß ihrer Persönlichkeit, oft zum einen oder anderen Leiterstil. Der tyrannische Stil einer Gruppenleiterin, die z. B. ihre Ideen den Mitgliedern aufzwingt, wie manche charismatische Leiter das tun, kann nicht mit guten Resultaten rechnen. Wahrscheinlich hat die Anführerin die besten Chancen, das Potential der Mitglieder zur gegenseitigen Hilfeleistung zu mobilisieren. Schwierigere oder schwächere Patienten fühlen sich beim patriarchalischen Leiter eher geborgen.

Die vorübergehenden Gruppenbildungen um eine zentrale Person, wie sie von REDL beschrieben wurden, decken sich zum Teil mit dem uns schon vertrauten Rollenverhalten in der Gruppe. REDL unterscheidet drei Arten von vorübergehenden Gruppenbildungen.

4. und 5. Die zentrale Person als Liebesobjekt und die zentrale Person als Brennpunkt für Haßgefühle. Hier wird eine Person von vielen Anwesenden ausgelesen als Zielpunkt für positive oder negative Emotionen.

> Wir denken hier an einen Star oder eine erfolgreiche Popsängerin. Alle verlieben sich in ihn oder sie. Keiner identifiziert sich mit ihr. Dafür ist sie zu unerreichbar. Bei aggressiven Emotionen, die sich auf eine Person konzentrieren, entsteht natürlich die Sündenbocksituation. Der Sündenbock ist zwar das Zentrum, um das sich die Gruppe gebildet hat, aber niemand identifiziert sich mit ihm.

6., 7. und 8. Der »Dealer«, die »Anstifterin« und der »Held«. Alle drei illustrieren die schuld- und schamauflösende Kraft des initiatorischen Aktes. Diejenige, die eine Gruppentat beginnt, gewissermaßen den ersten Stein wirft, ermuntert die anderen durch ihr Vorangehen, weiterzumachen.

> Der Dealer ist nicht unbedingt selber an der schlechten Tat schuldig, aber er stellt die nötigen Mittel dazu zur Verfügung. Im guten Sinne kann die Händlerin Mittelpunkt der Gruppe sein, weil sie es auf sich nimmt z. B. ein Dorf mit Lebensmitteln zu versorgen. In der Therapie mit delinquenten Gruppen ist der Therapeut zunächst nicht gefühlsmäßig involviert, aber er kann Mittel zur Verfügung stellen, um die Aktivität der Jugendlichen zu kanalisieren, z. B. beim Ausbau und der Einrichtung eines Gruppenraumes.

Nach der Anstifterin wird gesucht, wenn bei Kinder- oder Jugendgruppen eine Missetat stattgefunden hat. Die erwachsenen Rächer fragen, wer angefangen hat und manchmal auch, wer die Idee gehabt hat. Der Anstifterin droht Strafe, andere kommen als »Mitläufer« besser weg. Die Anstifterin preiszugeben, wird von der so beschaffenen Gruppe als Verrat gesehen und bedeutete, daß die Gruppe zerbräche.

Der Held hat dieselbe Rolle wie die Anstifterin, nur daß seine Leistung positiv gewertet wird. Er hat ebenfalls Mitläufer, er wird aber als einzelner besonders gefeiert. Die Medien konzentrieren sich bei den meisten Berichten auf Einzelpersonen, im guten oder schlechten Sinne, und lassen die Gruppenphänomene, z. B. die Unterstützung durch die Gruppe unbeachtet.

9. und 10. Das gute und das schlechte Beispiel. Hier bewegen wir uns in ähnlichem Territorium wie beim hemmungslösenden Anfangsakt des Anstifters oder der Heldin. Das Spezifische dieser zwei Formen von Gruppenbildung liegt nicht im Anfangsakt, sondern in einer mehr oder weniger dauernden Präsenz eines Gruppenverhaltens, das entweder störend oder fördernd wirkt. Dieses Gruppenverhalten ist immer dasselbe. Für die Betreffenden ist es nicht konflikt- oder schuldbeladen. Die andern in der Gruppe tolerieren das Verhalten oder machen gar mit, weil sie nicht stark genug sind, sich zu widersetzen. REDLS Formulierung heißt: Die konfliktfreie zentrale Person wird über die Unentschiedenen und Konfliktbeladenen siegen. Politische Leiter sprechen so, als gebe es für sie keine Unsicherheiten und Zweifel. Sie hoffen, damit die vielen Unentschiedenen zu übertrumpfen.

> Jeder Lehrer kennt den chronischen Störenfried in der Klasse, der bei der Arbeit nicht mitmacht und statt dessen die anderen Schülerinnen mit allerlei Unsinn unterhält. Sein Einfluß ist um so größer, als er sein Verhalten ohne Schuld- oder Schamgefühle betreiben kann. Weniger deutlich ist das »gute Beispiel« das immer wieder mithilft, die Arbeit der Gruppe voranzutreiben. In vielen Gruppentherapien zeigen sich nach einiger Zeit Menschen, die besonders gut ansprechen. Sie sind auch für die anderen eine große Hilfe.

Zusammenfassend läßt sich sagen, daß REDL die Mehrzahl von typischen Gruppensituationen beschrieben und gemäß FREUDS Ideen analysiert hat. Es ist wichtig, die verschiedenen Leitungsstile mit ihren Vor- und Nachteilen zu kennen. Schlußendlich ist auch »leadership«, die Leitung, eine spezifische Rolle im Gruppengeschehen und verdient es, auf ihre Auswirkungen hin untersucht zu werden. Die Kenntnis der verschiedenen, eher vorübergehenden Rollen ist ebenfalls zum Verständnis der zu erwartenden sozialen Interaktionen in der Gruppe wichtig, die die wesentlichen therapeutischen Faktoren bilden. Wir werden sie im folgenden Kapitel darstellen.

Literatur

BALES, R.F. (1970): Personality and interpersonal behavior. Holt, Rinehart and Winston, New York

BATTEGAY, R. (1993): The Phenomenon of the ‚Sacrifice of Isaac' in Therapeutic Groups. Group Malysys 16, 217-227

BELL, N.W. und VOGEL, E.F. (1968): A modern introduction to the family. The Free Press (A division of MacMillan Co.)

FREUD, S. (1982): Massenpsychologie und Ich-Analyse. Studienausgabe, S. Fischer Verlag, Frankfurt a.M.; ebenfalls (1976): Studienausgabe Ex Libris, Zürich, Bd. 9., 61-134

HARE, A., BORGATTA, E.F. und BALES, R.F. (1955 u. 1965): Studies in Social Interaction. (A collection of readings). Alfred E. Knopf, New York

REDL, F. (1955 u. 1965): Group emotion and leadership. In: HARE, A.P., BORGATTA, E. und BALES, R.F. (Hrsg.): Small Groups. Alfred E. Knopf, New York

SCHINDLER, R. (1957/58): Grundprinzipien der Psychodynamik in Gruppen. Psyche 11: 308-314

SCHINDLER, R. (1968): Dynamische Prozesse in der Gruppenpsychotherapie. Gruppenpsychotherapie und Gruppendynamik 2: 9-20

6. Was wirkt in der Therapie?

Wollen wir die zusammengewachsene Gruppe psychotherapeutisch nutzen, müssen wir die Prinzipien, die wir als »therapeutisch« oder gar als »heilsam« bezeichnen, genauer betrachten. Denn mit der Frage: *Was heilt eigentlich in der Therapie?* stehen wir mitten in den modernen Kontroversen in Psychiatrie, Psychologie und Sozialpsychiatrie. Wir finden uns konfrontiert mit einer Vielfalt von wissenschaftlich fundierten, durch Erfahrung gerechtfertigten oder einfach aus Glauben oder Überzeugung erwachsenen Ideen und Ideologien. Wir treffen auf die psychoanalytische Sichtweise, daß »Einsicht heilt«; wir kennen die sozialpsychiatrische Sicht, daß Zusammensein, Interaktion und Aufhebung der Isolation an sich schon heilsam sind, oder die systemische Annahme von der therapeutischen Wirkung durch Störung des Systems. Dazu kommen die medizinisch orientierten Methoden durch Pharmaka, die für einige als das einzig Heilende gelten. Als Variationen dieser Annahmen liegen Gruppen die Verhaltenstherapie und eine große Anzahl neuerer Psychotherapiemethoden zugrunde wie Transaktionsanalyse, Gestalttherapie, neurolinguistisches Programmieren, körperbezogene Therapien, Bioenergetik, Gestaltungstherapie, Zeichen-, Mal- und Ausdruckstherapie. Die Varianten lassen sich fortsetzen. Alle nutzen neben individuellen Ansätzen auch Gruppenmethoden.

Angefangen von Untersuchungen aus den 60er Jahren (J. FRANK 1961) haben inzwischen verschiedene Studien und Metaanalysen gezeigt, daß in den Therapien über weite Strecken unspezifische Wirkfaktoren helfen. Ob spezifische Therapieformen tatsächlich einen spezifischen Effekt haben, ist bisher noch nicht ausreichend bestätigt (vgl. dazu FRANK/FRANK 1993, SHEPHERD/SARTORIUS 1989, GRAWE 1994). Auf die wissenschaftlich höchst komplizierte Diskussion soll hier nicht näher eingegangen werden.

Der Gruppentherapeut und Gruppenforscher Irvin YALOM, hat einen guten Teil seiner Forschung dem Thema: »Was ist therapeutisch in der Gruppe?« gewidmet. Er hat unterschiedliche Aspekte untersucht. Die dritte und vierte deutsche Auflage seines Lehrbuchs beginnt mit den therapeutischen Faktoren.

YALOM selbst ist als Wissenschaftler keiner der bestehenden Behandlungsideologien verpflichtet, hat aber die meisten untersucht und einige empirisch auf ihre Wirksamkeit hin erforscht. Im ersten Teil dieses Kapitels – und in der Auflistung der therapeutischen Faktoren – geht es uns nicht um therapeutische Ideologien – »Welche Methode heilt am besten?« Vielmehr interessieren uns die nicht ideologisch bedingten, die faßbaren und konkreten Abläufe der Gruppeninteraktionen, die sich günstig oder ungünstig auf den Verlauf auswirken. Die verschiedenen Ideologien kommen später zur Sprache. Im Gegensatz zu YALOM sprechen wir nicht von therapeutischen »Faktoren«, sondern von Hilfsmitteln oder therapeutischen Grundmustern. Der Begriff des »Faktors« impliziert, daß das Untersuchte ein begrenzbares und quantifizierbares Element sei. Dies ist jedoch nicht der Fall. YALOMS »Faktoren« sind eher praktisch verwendbare, für die klinische Arbeit nutzbare und in dieser ersten Untersuchung beschreibbare, eher unspezifische Instrumente der Therapie.

Wir führen diese Hilfsmittel und die therapeutischen Grundmuster ein, gewissermaßen *das Handwerkliche* an der Gruppenpsychotherapie, das den verschiedenen Ideologien gemeinsam ist. Das Handwerk müssen wir zuerst erlernen.

Therapeutische Hilfsmittel aus der Sicht der Patienten

Die aufgelisteten therapeutischen Hilfsmittel sind das Ergebnis eines Q-Sortier-Testes (YALOM 1996, Kap. 1), d. h. auf Karten aufgeführte Fragen, die YALOM von Gruppenpsychotherapiepatienten ausfüllen ließ. In origineller Weise befragte er nicht die Therapeuten und Therapeutinnen, was sie für therapeutisch hielten. Die Antworten wären in diesem Falle anders ausgefallen. Die Auswertung der Patienten-Antworten ergab wichtige Aufschlüsse und ermöglichte gerade die nicht ideologiegebundenen, unspezifisch wirksamen Hilfsmittel aufzuzeigen.

Die folgenden Kategorien therapeutischer Mittel wurden selbstverständlich nicht in abstrakter Form erfragt. Für jede Kategorie gab es fünf Einzelfragen, die in zufälliger Ordnung auf den Karten verteilt wurden. Die Kategorien bilden das Inhaltsverzeichnis für den ersten Teil dieses Kapitels.

1. Hoffnung-Einflößen

2. Universalität des Leidens
3. Mitteilung von Informationen
4. Altruismus
5. Korrigierende Rekapitulation der Primärfamilie (als erster Gruppe)
6. Entwicklung von Techniken des mitmenschlichen Umgangs
7. Nachahmendes Verhalten
8. Interpersonales Lernen
9. Gruppenkohäsion
10. Katharsis
11. Existentielle Faktoren.

Die aufgeführten therapeutischen Instrumente können nicht streng getrennt werden. Sie wirken immer zusammen. Doch setzt die Auswertung gewisse Akzente und kann unter anderem dazu dienen, Vorurteile, vor allem diejenigen der Therapeuten selbst, zu relativieren und gegebenenfalls abzubauen.

Die Untersuchung des Verhaltens der Gruppenleiter wird im 2. Teil des Kapitels (S. 90 ff) weitere Auskünfte geben auf die vielleicht wichtigste kritische Frage: Welches Leiterverhalten wirkt in der Gruppe therapeutisch? Auch dort wird sich zeigen, daß gewisse Vorannahmen relativiert werden müssen.

Die Hoffnung auf Heilung

Sie ist selbstverständlich ein entscheidender Faktor jeder psychologischen wie körperlichen Behandlung. Wir denken hier an die guten Effekte von Placebo-Behandlungen, die auf Hoffnung und Überzeugung beruhen. Selbsthilfegruppen, wie z. B. die Anonymen Alkoholiker basieren auf der wiedererweckten Hoffnung mit dem Hinweise darauf, wieviel Fortschritt die Anwesenden schon gemacht haben. Ein neu aufgenommener psychotischer Patient kann auf einer Abteilung aus den Aussagen anderer Hoffnung schöpfen. Auch in einer Psychotherapiegruppe wird zuweilen »Zeugnis abgelegt«. Die Therapeutin sollte sich nicht zu gut sein, diese oft bescheiden hoffnungsbringenden Aussagen ernst zu nehmen und den Skeptikern in der Gruppe in Erinnerung zu rufen.

Die Universalität des Leidens

Viele Patienten entdecken in der Gruppe, daß sie nicht die einzigen sind, die in ihrer Weise leiden. Die durch Krankheit bedingte Isolation wird in der Gruppe gemildert oder aufgehoben. Die Teilnehmerinnen entwickeln das Gefühl, nicht mehr alleingelassen zu sein. Die *stützende Wirkung* einer Gruppe beruht zum größten Teil auf der Enwicklung des *Gemeinschaftsgefühls* im Leben oder Leiden. Die Erkenntnis der Allgegenwart des Leidens kommt durch die offenen Äußerungen über Schwächen oder Versagen zustande, die in der Gruppe möglich werden. Im besonderen schwache Patientinnen, die aus einer Spitalbehandlung in die Nachsorge entlassen wurden, schöpfen aus der Gruppe viel Unterstützung und Sicherheit.

Mitteilung von Informationen

Didaktische Unterweisungen sind zu Beginn der Gruppe von Belang, um die Angst vor dem Unbekannten zu mindern. Sie werden aber von Patienten und Therapeutinnen je weniger wichtig eingestuft, desto länger die Therapie dauert. Direkte Ratschläge von seiten anderer Gruppenmitglieder häufen sich in der Anfangsphase einer Gruppe. Später sind sie nicht mehr nötig. Am Anfang löst das Gegenteil, die Verweigerung jeder Information durch die Therapeutin, viel Angst aus. Informationen sachlicher Art schaden aber der therapeutischen Absicht nicht.

Altruismus

Viele Menschen glauben, daß sie anderen Menschen nichts bieten können. Sie unterstellen, daß andere ihnen nichts bedeuten. Die anderen Gruppenmitglieder werden zunächst abgewertet, und diese fühlen sich auch als solche wertlos.

> Ein sehr intelligenter, feinfühliger, aber eher gestörter Gruppenpatient erzählte in seiner Einzeltherapie, daß er und seine Mitpatientinnen sich in der Gruppe wie Würmer fühlten, die kaum die Köpfe über die Erde hinausbringen. Der Therapeut nehme sie aber ernst, als seien sie wirkliche Menschen. Sie täten manchmal so, als seien sie bedeutend. Sie seien es aber nicht.

Solche Patienten finden es erstaunlich, wenn sie von jemand anderem gestützt werden. Wenn sie dazu noch sehen, daß sie gar anderen helfen können, stärkt dieser *Altruismus* sie selbst ebensoviel wie die anderen.

Die korrigierende Rekapitulation der Primärfamilie

Dieses Vorgehen bringt alle, die nur Einzeltherapie kennen, auf vertrautes Territorium zurück. Einsicht in die Vergangenheit hilft. Das Wiedererleben von Kindheitsereignissen kann wichtige Zusammenhänge aufdecken. Die Gruppe bietet außerdem ein viel reicheres Übertragungsfeld als die individuelle Therapie, da sich in der Gruppe nicht nur eine Vater- oder Mutterfigur im Therapeuten findet, sondern auch Geschwister, Gegner und Freundinnen, mit denen noch offene Rechnungen zu begleichen sind. Oder es ist möglich, z. B. die Vaterübertragung auf zwei Personen zu verteilen, wie Gruppenpatienten das öfter tun. Der Vater wird dann in einen bewunderten, guten und einen schwachen und inadäquaten gespalten. Begeisterte Therapeuten begehen leicht den Fehler, die Gruppe zu frühzeitig als Familie mit Eltern und Kindern zu interpretieren. Der Abschluß der strukturierenden Phase sollte abgewartet werden, bis Familienrekapitulationen in der Gruppe sinnvoll erlebt und durchgearbeitet, d. h. auch verstanden werden können. Die Gruppe ist keine Familie. Bei den beschriebenen Phänomenen handelt es sich um Übertragungsprozesse, also Konstrukte. Wird dies nicht berücksichtigt, werden die Patientinnen und Patienten in regressive (Kind-)Positionen gedrängt.

Techniken des mitmenschlichen Umganges

Für den zwischenmenschlichen Umgang sind Gruppen das beste Übungsfeld. Abteilungsgruppen in psychiatrischen Kliniken sind vor allem darauf ausgerichtet, mit den psychotischen Patientinnen sozial angemesseneres Verhalten zu üben. In anderen Zusammenhängen werden halbinstruktive Sozialisierungsgruppen angeboten, die z. B. Männer und Frauen darauf vorbereiten, ein Vorstellungsgespräch zu führen. Dazu werden unter anderem Rollenspiele benutzt.

Eine Gruppe von Studenten konnte sich in auffallender Weise vor Beginn der Selbsterfahrungsgruppe nur schlecht mit einem abweisenden Vorgesetzten auseinandersetzen. Nachher brachte sie es fertig, sich nicht spalten zu lassen und denselben Mann von ihrer Sache zu überzeugen. Es schien, als »fräße« er nun der Gruppe »aus der Hand«. Dies war ein Nebeneffekt. Die Gruppe war nicht speziell auf Umgangstechniken ausgerichtet gewesen.

Nachahmendes Verhalten

Es ist überaus häufig in Gruppen. Am Anfang warten alle darauf, daß die Leiterin den Ton angibt. Manche Mitglieder imitieren sie mit großer Lust. Auf die oberflächliche Nachahmung folgt eine vertiefte Assimilation der Werturteile der Gruppenleiterin. Überschätzungen der

»Therapeutin als gutes Beispiel« sind möglich. Das zu konkrete Verständnis von FREUDS Beschreibung des Leiters als Ich-Ideal kann manche Gruppentherapeuten verleiten, sich selber zu überschätzen. Sie erwarten von ihren Gruppenmitgliedern mehr Imitation und damit Gehorsam, statt inneres und eigenes Wachstum zu fördern.

Interpersonales Lernen

Dieser Aspekt hat sich in der Auswertung als besonders wichtig erwiesen. Er steht bei der therapeutischen Wirksamkeit der Gruppe vorne an. Die Patientenaussagen, die interpersonales Lernen sehr hoch bewerten, stehen im Gegensatz zu einer umfangreichen therapeutischen Literatur, die auf Lernen viel weniger Wert legt als z. B. auf das Abreagieren von Gefühlen oder das Gewinnen von Einsichten in die frühe Familienkonstellation.

1. *Zwischenmenschliche Beziehungen* können aus Gruppen erwachsen, wo vorher keine Beziehungen bestanden. Dies gilt besonders für Patientinnen, die eine Psychose durchgemacht haben oder für andere schwer geschädigte Personen. Die Psychoanalyse (und besonders die Objektbeziehungstheorie), betrachtet die Mutter-Kind-Beziehung als Anfang jeder Entwicklung und als Grundstein aller Objektbeziehungen. Diese sind definiert als die internalisierte Fähigkeit, Beziehungen mit anderen einzugehen. Man spricht vom Urvertrauen. Gruppenteilnahme kann die innerliche Isolierung beheben und sehr scheue und einsame Menschen, wie etwa chronisch psychisch Behinderte in die menschliche Gesellschaft zurückbringen.

> Bei Treffpunkten für psychisch Behinderte, in offenen durch freiwillige Helferinnen geleiteten Sozialisierungsgruppen, wird sichtbar, wie schizophrene Menschen sich durch den Treffpunkt eine Brücke bauen, um wieder an irgend etwas teilzuhaben. Viele Teilnehmerinnen haben keinen anderen menschlichen Kontakt als den Treffpunkt. Die stabilisierende Wirkung solcher entstehender Beziehungen kann kaum überschätzt werden. Patienten, die vorher wiederholt Krisen oder Rückfälle erlitten, werden stabil und müssen nicht mehr oder seltener in die Klinik aufgenommen werden.

Sogenannte Borderline-Patienten, die kein Urvertrauen haben, können sich in einer Gruppe meist besser zurechtfinden, als in einer individuellen Beziehung. Die Funktion der Gruppe als Übergangsobjekt nach WINNICOTT (1969) läßt sich therapeutisch nutzen.

Ein sehr intelligenter Borderline Student, hatte in einer längeren Gruppentherapie alle seine wichtigen Kindheitsbeziehungen mit Hilfe vielfacher zeitweiliger Übertragungen bearbeitet. Seine Mutter, eine manisch-depressive Frau, hatte ihm durch ihre häufigen Abwesenheiten in Spitälern, und wohl noch mehr durch ihre emotionale Unzugänglichkeit, kein Vertrauen in die Menschheit vermitteln können. Die Gruppe gab ihm – mit der Zeit – einen sicheren Ort, an dem er menschliche Beziehungen neu als gut und vertrauenswürdig erleben konnte.

2. *Die korrigierende emotionale Erfahrung* ist ein Konzept aus der Psychoanalyse (ALEXANDER 1950) Die psychoanalytische Behandlung wird nicht nur als Bewußt-Machen des bisher Unbewußten angesehen, sondern auch als eine Lebenserfahrung, durch die schlechte oder verzerrte Erlebnisse und Beziehungen, die bis dahin nicht bewältigt waren, unter günstigeren Umständen durchgearbeitet und damit durch neue ersetzt werden können. In der Gruppe können ungelöste Probleme mit Hilfe der anderen Gruppenmitglieder und der Therapeutin gemeinsam gelöst werden, denn die therapeutische Gruppe macht sich die Lösung zwischenmenschlicher Probleme zur Aufgabe.

3. *Die Gruppe als sozialer Mikrokosmos* war schon den frühesten Gruppentherapeuten geläufig. Stationäre Gruppen z. B. werden als beschütztes Übungsfeld betrachtet, auf dem man die Verhaltensweisen lernen kann, die in der Gesellschaft »draußen« notwendig oder nützlich sind. Es gibt unzählige Situationen, in denen sich ein Gruppenmitglied über irgendwelche sich wiederholenden Unglücksfälle oder Frustrationen durch andere Leute beschwert. Für andere Gruppenteilnehmerinnen ist es ein leichtes, das Verhalten des Klagenden zu erkennen und klarzumachen, wie und wieso er Zurückweisungen von anderen Menschen erfährt. Der Klagende hat sein übliches Verhalten auch in die Gruppe hineingetragen, und die Gruppe wird wie die Außenwelt urteilen. Durch den geschützten Rahmen aber werden hier keine Strafen oder Zurückweisungen verhängt. Statt dessen kann der Klagende etwas *lernen.*

Vorurteile, die die Patientin mitbringt, und die eventuell in ihre Persönlichkeitsstruktur eingegangen sind, werden in der Gruppe aufgerollt, demonstriert und auf ihren Wahrheitsgehalt geprüft.

Allgegenwärtiges Beispiel ist das Vorurteil: »Alle Männer sind nur auf eines aus«, das eine intelligente, aufstrebende junge Lehrerin daran gehindert hatte, eine dauernde Beziehung mit einem Mann einzugehen. Sie wollte ursprünglich nur in der Gruppe mitmachen, weil sich dort vielleicht »gute« Männer finden würden. Ihre Enttäuschung war nicht gering. Doch mit der Zeit konnte sie verstehen, wie sehr sie nach vorgefaßten Meinungen aus ihrer Kindheit und Jugend lebte, statt nach ihrem eigenen besseren Wissen. Sie fand einen Partner außerhalb der Gruppe.

Die Gruppenkohäsion

In Kapitel 4 haben wir darauf hingewiesen, wie wichtig es in den frühen Stadien der Gruppe ist, auf die Kohäsion hinzuarbeiten. Was für die individuelle Therapie die Klientin-Therapeuten oder die Ärztin-Patienten-Beziehung ist, das ist für die Gruppentherapie die Gruppenkohäsion, man könnte auch sagen: das Beziehungsnetz. Es ist nicht nur wichtig, daß sich eine vertrauensvolle, offene und unterstützende Beziehung zur Gruppentherapeutin entwickelt, sondern auch, daß Vertrauen unter den Gruppenmitgliedern entsteht. Wie schon früher ausgeführt sind die Beziehungen der Mitglieder untereinander zunächst bestimmt durch die Identifikationen, die sie miteinander eingehen. Aus der Identifikation – aus dem Gleichsein – erwächst die erste stützende Funktion. Wenn sichtbar wird, daß auch die anderen Mitglieder Akzeptanz, Wertschätzung oder altruistische Hilfe bieten, wird die Gruppenkohäsion ein entscheidender Faktor für den Erfolg der Therapie.

> Eine sehr gut geleitete Gruppe jugendlicher Delinquenten in den USA drückte nach vielem Streit und Konkurrenzverhalten ihre endlich gefundene Kohäsion in der Formulierung »the lucky seven« (»die Sieben im Glück«) aus.

Die Gruppenkohäsion gibt jeder Gruppe ihren einmaligen Charakter. Mit dem folgenden Beispiel wollen wir erläutern, was die Kohäsion für einen Unterschied macht: eine mehr charismatisch geleitete Gruppe und eine mehr reflexiv, auf den Gruppenprozeß ausgerichtete Gruppe werden einander gegenübergestellt.

> Die Ereignisse wurden dadurch ausgelöst, daß zwei Assistenzärzte sich während ihrer dreiwöchigen Ferien in ihren noch ziemlich neuen Psychotherapiegruppen im Spital gegenseitig vertraten. Die beiden jungen Ärzte hatten kontrastierende Behandlungsstile. Beide Gruppen hatten sich deshalb für drei Wochen mit einem Aushilfsleiter anderen Stils abzufinden. Gruppe B war von einem reflektierenden, am Gruppenzusammenhang orientierten Leiter gegründet und geführt worden. Sie hatte wenig

Schwierigkeiten den Aushilfsleiter A zu akzeptieren, ja sie fühlte sich etwas erleichtert angesichts des offenen, freundlichen und sehr aktiven jungen Mannes. Die Gruppe erlebte sich auch nicht so schwer »drangenommen« wie vom eigenen Leiter. Anders erging es der Gruppe A. Sie hatte ein gutes Gefühl zu dem freundlichen, aktiven A – Leiter entwickelt und war sehr verblüfft, als der reflexive Leiter sie als Gesamtgruppe ansprach oder sie aufforderte, ihre eigenen Gefühle für einander zu äußern. Die Gruppe hatte zwar eine gute Beziehung zu ihrem charismatischen Leiter gehabt und wollte ihn dringend zurückhaben, sie hatte aber noch keine Kohäsion entwickelt. Dies geschah nun in einer eher dramatischen Weise während der Ferien des eigenen Leiters, und zwar so stark, daß dieser nach seiner Rückkehr seine eigene Gruppe kaum wiedererkannte. Sie war inzwischen durch internen Zusammenhalt viel unabhängiger von ihm geworden und hatte ein Eigenleben entwickelt.

Wir kommen mit dem Beispiel auf den Gegensatz von leiterzentrierten und gruppenzentrierten Therapien zurück. Beide zeigen ihre Wirkung. Der Faktor »Kohäsion«, der eine wichtige therapeutische Funktion hat, kommt jedoch nur bei der gruppenzentrierten Therapie zum Zuge.

Katharsis

Die Katharsis oder das Durchleben aufkommender Gefühle hat eine lange und ehrwürdige Geschichte. Seit FREUDS frühen Studien über Hysterie, die zum Grundstein der Psychoanalyse wurden, wird Katharsis in jeder Psychotherapie hoch geschätzt. Viele der modernen Therapietechniken berufen sich fast ausschließlich auf dieses Durchleben aufkommender Gefühle. Schon die Aufforderung »Sprich dir alles von der Seele!« ist dafür typisch. Es war daher keine Überraschung, daß die Gruppenmitglieder, die am Q-Sortier-Test YALOMS teilnahmen, Aussagen, die auf freie Gefühlsäußerung hinzielten, wie etwa »sich Aussprechen, statt Gefühle für sich behalten« vielfach als hilfreich nannten. Wir wissen inzwischen, daß Aussprechen oder Hinausschreien aufkommender Gefühle allein nicht genügt. Die Verarbeitung muß folgen. Das so oft gepriesene Aufgeben von Hemmungen kann nicht als Universalheilmittel angesehen werden. Vielmehr kann es zum Problem werden. Vermehrt leiden Menschen heute darunter, daß sie keine Kontrolle über ihre Gefühle und Aktionen haben. Sie suchen nach Leitlinien. Die Aufforderung, Hemmungen aufzugeben, weckt bei ihnen Angst vor dem Chaos.

Die existentiellen Erfahrungen

Hier geht es um schwierige Probleme – um Lebens-Erkenntnisse –, die in einer hoffnungsvollen, auf Anpassung, Erfolg oder Selbstverwirklichung gerichteten Therapie gar nicht beliebt sind. Therapeutinnen haben dafür keine Rezepte oder gültige Antworten. Die folgenden Punkte zeigen aus der Perspektive der Mitglieder, was gemeint ist:

Als einzelne(r) muß ich

1. erkennen, daß das Leben manchmal unfair und ungerecht ist, daß ich also oft nicht Recht bekommen kann, auch wenn ich im Recht bin;

2. erkennen, daß ich gewissen Nöten des Lebens wie dem Tod nicht entgehen kann. Wir denken hier auch an chronische Krankheiten;

3. erkennen, daß ich, so nah ich anderen auch kommen mag, dem Leben allein gegenübertreten muß, denn jede Unterstützung und Abhängigkeit hat ihre Grenzen;

4. erkennen, daß ich mich den Grundfragen des Lebens und meines Todes zu stellen habe, und so mein Leben ehrlicher leben muß und mich weniger von Belanglosigkeiten einfangen lassen sollte;

5. lernen, daß ich die letzte Verantwortung für die Art, wie ich mein Leben lebe, selbst übernehmen muß, gleichgültig wieviel Anleitung und Unterstützung ich von anderen bekomme. Schließlich bin ich auch für mich verantwortlich, wenn widrige Umstände und Gegner mir das Leben erschweren.

Vor allem die Frage der durchgehenden Selbstverantwortung kommt dem Existentiellen an der therapeutischen Erfahrung sehr nahe. Wir als Therapeuten und Therapeutinnen haben es in der Therapie mit »Realitäten« sehr schwer. Es gibt selbstverständlich von Patienten herbeigeführte Realitäten oder »Sachzwänge«, die erörtert, in Frage gestellt und verändert werden können. Wenn wir aber sagen, daß Realitäten der größte Widerstand in der Therapie sind, stellen wir die Sache auf den Kopf. Existentielle Realitäten sind unvergleichlich viel wirksamer als alle Therapie und können nicht als Widerstand gegen die Therapie betrachtet werden. Wir müssen uns angesichts *existentieller Realitäten* mit dem abfinden, was wir oder die Patientinnen tun können bzw. nicht tun können. Als Therapeuten müssen wir etwas vom Erfolgszwang und der mit dem Erfolg verbundenen narzißtischen Befriedigung abgeben.

Die Bewertung all der aufgeführten therapeutischen Hilfsmittel durch die von Yalom befragten Patienten lohnt der Betrachtung. Die Kategorie »Interpersonales Lernen« nahm eine Vorrangstellung ein. Die Einzelantwort »Katharsis« fand ebenfalls viel Anklang, die Kategorie »Durchleben früherer Ereignisse besonders in der Kindheit«, d. h. Gruppe als Familienreplikation, wird von psychoanalytisch orientierten Therapeuten viel höher bewertet, geringer aber von Patienten und Patientinnen. Allgemein scheint den Patienten die Natur der *Beziehungen* zum Leiter und zu anderen Mitgliedern das wichtigste an der Gruppe zu sein, während ihnen raffinierte Interpretationen von ursächlichen Zusammenhängen weniger bedeuteten.

Die *Art der Gruppe* bestimmt zum Teil, welche therapeutischen Hilfsmittel die vorherrschende Rolle spielen: Für Gruppen aus hospitalisierten Akutpatienten ist Hoffnung-Wecken wahrscheinlich die wirksamste Kategorie. Hoffnung schöpfen die Patientinnen aus dem Kontakt mit Mitpatienten, die die schwerste Krankheitsphase bereits hinter sich haben. Längerdauernde psychotherapeutische Gruppen profitieren eher vom sozialen Lernen. Vergangenheitsbewältigung mag mitspielen. Für alle Gruppen aber sind die menschlichen Beziehungen im Hier und Jetzt das Entscheidende.

Therapeutische Grundmuster der Therapeutin

Wie schon erwähnt sind Therapeutinnen im allgemeinen überzeugt, daß ihre Technik und Theorie, die sie sich in ihrer Ausbildung angeeignet haben, zusammen mit ihrer Erfahrung die heilsame Wirkung ausmachen. Psychoanalytische Therapeuten sehen vor allem die von der Patientin zu erwerbende *Einsicht*, d. h. die Einsicht in den Zusammenhang gegenwärtiger Ereignisse mit in der Kindheit erlebten Frustrationen, Traumen oder anderen Störungen der Entwicklung als maßgeblich an. Daß für unser Verständnis des Patienten diese Faktoren wichtig sind, steht außer Zweifel. Den alles prägenden Stellenwert hat die Kindheit aber nicht.

Den Faktor »Therapeut« auf seine therapeutische oder nicht-therapeutische Wirkung zu untersuchen, drängte sich in den Vereinigten Staaten anfangs der 70er Jahre förmlich auf. In den 60er Jahren hatten sich die Psychotherapien im allgemeinen, die Gruppentherapien und auch die quasi-therapeutisch geleiteten Begegnungsgruppen rasant ausgebreitet. Zu Beginn der 70er Jahre gab es, vor allem in Kalifornien, ein riesiges und sehr verschiedenartiges Angebot von Techniken und Methoden, und damit fast ideale Untersuchungsbedingungen.

Die Arbeit von YALOM, LIEBERMAN und MILES (1972) wurde nicht mit Hilfe der Therapiegruppen ausgeführt, sondern in den damals sehr beliebten, nur kurzfristig bestehenden Begegnungsgruppen (»Encounter groups«). Zweck der Untersuchung war, innerhalb absehbarer Zeit Klarheit darüber zu bekommen, welches Verhalten der Therapeuten die hilfreiche Funktion für die Gruppe ausmacht. Die erhobenen Daten wurden mit Hilfe überzeugender Methodologie gewonnen und fielen sehr klar aus. Die Einsichten können auch als allgemein gültig für Gruppentherapien und Gruppentherapeuten erachtet werden.

Encountergruppen wurden in den 60er und 70er Jahren in wenig kontrollierter Weise von sogenannten »Trainern« geleitet, die meistens auch Gruppenerfahrung als Therapeuten hatten. Brisanter Anlaß für die Studie waren die negativen Auswirkungen, die sich bei manchen Encountergruppenleitern gezeigt hatten. Psychiater begannen, sich über die neuartigen Behandlungsmethoden mancher Leiter Sorgen zu machen.

Aus etwa 200 Studenten der Stanford University bildeten die Forscher nach dem Zufallsprinzip 18 Gruppen mit je 10-13 Teilnehmerinnen und Teilnehmern. Die 18 Gruppenleiter vertraten zehn verschiedene Therapierichtungen, die unterschiedliche Überzeugungen über die richtige Art der Gruppenführung vertraten. Sie waren jedoch alle als erfahrene Therapeuten ihrer Methode anerkannt und hatten mindestens zehn Jahre Gruppenerfahrung. Vertreten waren u. a. die psychoanalytische Schule, die Gestalttherapie, die Transaktionsanalyse, die Esalen-Schule mit körperbezogener Technik; Synanon, eine ursprünglich aus der Drogenrehabilitation hervorgegangene konfrontative Technik; die Marathontechnik, mit sehr langen Sitzungen, sowie die Berzon-Tonbandaufnahmen, die in der Gruppe von einem Tonbandgerät abgespielt werden konnten, ohne daß eine Person als Leiterin anwesend war. Das Training dauerte für alle Gruppen 30 Stunden.

Alle Studenten und Studentinnen wurden vor und nach dem Gruppentraining ausführlich getestet, und nach sechs Monaten nochmals untersucht, um eventuelle Spätwirkungen zu erfassen. Die Untersuchungen umfaßten unter anderem eine Selbsteinschätzung, die Benennung und Bewertung persönlicher Probleme, der akademischen Leistung und des Sozialverhaltens. Die Leiter bewerteten die Studenten, und diese ihrerseits die Leiter. Alle Gruppensitzungen wurden von einem Mitglied der Forschungsgruppe beobachtet. Damit die Beobachterin neutral blieb, mußte sie nach jeder Sitzung zu einer anderen

Gruppe wechseln. Die Beobachtung sollte vor allem das Verhalten des Gruppenleiters beschreiben und quantitativ erfassen. Die erhobenen Daten wurden faktoranalytisch ausgewertet.

Eine Kontrollgruppe wurde mit denselben Erhebungsinstrumenten untersucht. Diese Gruppe hatte aber keinerlei Gruppentraining. 85 % der Teilnehmerinnen zeigten überhaupt keine Veränderung.

In den therapeutischen Untersuchungsgruppen aber hatte etwa ein Drittel der Mitglieder offensichtliche Fortschritte erzielt; 38 % zeigten keine Veränderungen, und bei 29 % war der Gesamtzustand nach der Gruppenerfahrung in größerem oder geringerem Maße schlechter. Das Ergebnis gab zu denken, denn Polikliniken und Beratungsstellen erzielen üblicherweise bei etwa zwei Drittel der Behandelten Verbesserungen.

Ein weiteres Ergebnis war ebenfalls allgemeiner Natur. *Die Überzeugung des Gruppenleiters – seine Ideologie – spielt keine Rolle.* Zwei Vertreter derselben Schule konnten divergierende Erfolge in ihren Gruppen erzielen. Zum Beispiel war der eine von zwei Transaktionsanalytikern sehr erfolgreich; in der Gruppe des anderen ging es vielen schlechter. Ebenso verhielt es sich bei zwei Gestalttherapeuten. Die Ideologie konnte den Unterschied nicht erklären. Unterschiede im Erfolg der einzelnen Leiter waren aber sehr wohl auszumachen. Bei einem »Trainer« hatte sich der Zustand von zehn seiner zwölf Teilnehmer verbessert; bei einem anderen hatten sich sieben von 13 Teilnehmerinnen verschlechtert. Ein Leiter erreichte bei allen Teilnehmern überhaupt keine Veränderung.

Wenn es also weder die Methode noch der Stand der Ausbildung noch die Erfahrung der einzelnen Leiter war, was konnte dann so verschiedene Ergebnisse hervorbringen? Mit anderen Worten: weder die Methode, noch die Ausbildung oder Erfahrung der Therapeuten konnte gute Resultate garantieren. Wodurch z. B. kamen die schlechten Resultate zustande?

Die Antworten auf diese Fragen waren das Hauptanliegen der Untersuchung. Die Forscher konnten durch sorgfältige Beobachtungen zeigen, daß der Schlüssel dazu im *Verhalten* des Leiters lag, also nicht in dem, was er selber als »therapeutisch« betrachtete, seiner Theorie oder Methode, sondern in dem, was er effektiv *tat*, seiner beobachtbaren zwischenmenschlichen Technik, nicht dem was er als die Praxis seiner Schule angab.

Zu diesem Ergebnis ist jedoch eine Einschränkung zu machen in Bezug auf die Anwendung dieser Resultate auf alle Gruppentherapien.

Sie ist uns insbesondere wichtig, weil wir auch und gerade über Gruppen mit Schwerkranken, auch mit Psychosekranken sprechen. Die untersuchten Encountergruppen zeichneten sich dadurch aus, daß sie von Studentinnen und Studenten besucht wurden. YALOMS Gruppen wurden nur im Ausnahmefall von Psychosekranken besucht (vgl. YALOM 1996, 404).

Neuere Untersuchungen haben gezeigt, daß die spezielle Methode oder die Ideologie der Therapeuten eine intervenierende Rolle spielen. Diese wird um so größer, je kränker die Patientinnen und Patienten sind. Gesunde und relativ stabile Patienten können sich gewissermaßen von der Theorie »aussuchen«, was sie gebrauchen können. Für die Schwerkranken wird der Spielraum immer enger (MILLER et. al. 1993; BERGIN/GARFIELD 1994).

Zurück zur Studie über die Wirkung des Verhaltens der Therapeuten. Die Art und Weise, in der der Leiter sich in der Gruppe engagierte, faßte die Forschungsgruppe in vier Hauptkategorien von Verhalten. Diese wurden mit dem jeweiligen Erfolg oder Mißerfolg der Studentinnen korreliert. Die folgenden vier charakteristischen Verhaltenstendenzen sind nicht in Reinkultur vorhanden. Aber die einzelnen Verhaltensweisen der Leiter führen meßbar stärker oder schwächer in die eine oder andere Richtung.

Der »Anreger«: Als solcher wird jener Trainer bezeichnet, der immer wieder die Gruppenmitglieder anregt, ihre Gefühle zu zeigen, sich auszusprechen, ihre Hemmungen abzulegen und ihre Emotionen frei zu äußern, wenn dies angebracht ist. Die Methode ist charakteristischerweise leiterzentriert und schließt viele Zwiegespräche mit einzelnen ein. Die Technik beinhaltet gelegentliche körperliche Kontakte mit der Teilnehmerin. Gruppenübungen werden benutzt, um deutliche Gefühle zu wecken und Widerstände gegen die offene Aussprache zu überwinden. Manche der moderneren Gruppentechniken, denen größere öffentliche Aufmerksamkeit zuteil wurde, arbeiten mit der Provokation von Gefühlen, während die konservativeren gruppendynamischen Vorgehensweisen, psychoanalytisch orientiert, oder an den kleingruppendynamischen Befunden nach Kurt LEWIN, die emotionale Provokation niedrig zu halten suchen.

Die »Fürsorgerin«: Hier zeigt sich die Leiterin persönlich interessiert am Schicksal ihrer Gruppenmitglieder. Sie sucht eine Beziehung zu ihrer Gruppe und den einzelnen Teilnehmern und läßt sie spüren, daß sie ihr als Menschen wichtig sind. Sie gibt auch Persönliches preis, wenn sie den Eindruck hat, dies helfe der Gruppe weiter. Der Gegenspieler der Fürsorgerin ist der rein technische Leiter, der mehr seiner Methodik als den Menschen verpflichtet ist. Er kann z. B. sagen: »Ich tue das, was ich immer tue; wenn die Leute nichts damit anfangen können, ist das ihr Problem, nicht meines.« Die Fürsorgerin dagegen ist bereit, sich persönlich einzusetzen und unterscheidet sich vom bloß anregenden Leiter vor allem dadurch, daß sie menschliche Teilnahme und Verständnis zeigt und nicht nur zur Entstehung der Aktivität beiträgt.

Der »Deuter« oder klärende Interpret: Der so beschriebene Gruppenleiter hilft den Teilnehmerinnen, besser zu verstehen und innere Zusammenhänge in der Gruppe und in ihnen selber zu erfassen. Der in der Studie gebrauchte englische Ausdruck »meaning attribution« ist etwas allgemeiner als das deutsche Wort »deuten« und heißt so viel wie, den vielfältigen Ereignissen in der Gruppe eine Bedeutung, einen Sinn zu geben. Diese Haltung schließt alle traditionellen psychotherapeutischen Funktionen von Erklären, Interpretieren und Durchsichtigmachen mit ein. Sie bezweckt, das tatsächliche psychische Geschehen zu benennen und darzustellen. Es ist die für Psychotherapeuten bekannteste Art der Gruppenführung. Der »Deuter« soll dabei nicht im voraus einen festen theoretischen Rahmen geben. Vielmehr läßt er das Geschehen zum Vorschein kommen. Er versucht, die psychologischen Zusammenhänge zu erkennen und der Gruppe mitzuteilen. Dabei spielt es keine Rolle, welches theoretische Vokabular der einzelne Trainer benützt, so lange er sich der Gruppe verständlich machen kann. Er kann in psychoanalytischer Sprache, Transaktionssprache oder sonst in einer sinnvollen Form sprechen, am besten ohne viele Fachwörter.

Der »Manager«: Damit kann man jenen Trainer bezeichnen, der seine Gruppe aktiv kontrolliert, ja sogar manipuliert. Er eröffnet und schließt die Gruppe, er greift ins Gruppengeschehen ein, unterbricht die Diskussion, beendet das Thema der Konversation, erteilt das Wort plötzlich einem anderen oder stellt der Gruppe Aufgaben und macht Spiele. Das Gegenteil wäre etwa mit dem Ausdruck »laissez-faire« zu bezeichnen. Hierbei überläßt der Leiter die Gruppe sich selbst.

Natürlich werden die meisten Leiterinnen und Leiter je nach Gruppensituation von allen verschiedenen Verhaltensmöglichkeiten Gebrauch machen. Auf was es ankommt, ist, wie häufig und in welchen Kombinationen sie diese Verhaltensweisen anwenden.

Welche Erfolge oder Mißerfolge hatten die einzelnen Gruppenleiter mit den spezifischen Profilen ihres Verhaltens? Wie korreliert der Erfolg oder Mißerfolg mit den verschiedenen Verhaltensweisen? Mit der Antwort auf diese Kernfrage können die Forscher etwas darüber aussagen, welche Kategorie oder Kombination der vier Kategorien die besten Erfolge erzielt.

Anregung

Im ganzen gesehen waren die Ergebnisse dieses Gruppenleiterverhaltens nicht schlüssig. Jedoch waren die Folgen bei starker und bei geringer Anregung kaum verschieden voneinander: Beide waren eher schlecht. Zeichnete man alle Resultate graphisch auf, ergab sich eine etwa halbkreisförmige Kurve: Die guten Ergebnisse lagen in der Mitte. *Gemäßigte Anregung*, wie z. B. einfache Aufforderungen an die Teilnehmerinnen, ihre Gefühle zu äußern, haben also den größten Erfolg.

Fürsorge

Verhielt sich eine Leiterin ihrer Gruppe gegenüber menschlich engagiert, zeigten sich bessere Resultate. Auch wenn die Korrelation zwischen Fürsorge und Erfolg in der Gruppe nicht eng war, so schien doch fürsorgliches Engagement wichtig zu sein, denn die rein technische Leitung der Gruppe erwies sich durchgängig als schlecht.

Klärendes Interpretieren

Die erklärende Sinngebung der *gruppendynamischen* Vorgänge war überraschenderweise diejenige Verhaltensweise des Trainers, die am meisten Erfolg brachte. Es ließ sich sogar eine genaue und starke Beziehung zwischen der Anzahl klärender Interventionen und dem Erfolg des Trainers ablesen. Dieses Ergebnis zeigt sehr deutlich, wie gerechtfertigt jenes Vorgehen ist, den Gesprächsaustausch mit den Gruppenteilnehmerinnen in den Mittelpunkt zu stellen und der Teilnehmerin das, was der Leiter erkannt hat, auch mitzuteilen. Es ist also nicht richtig, daß »Therapie nicht durch den Kopf, sondern durch den Bauch« geht. Manche modernen, dramatischen non-verbalen Methoden bringen durch ihren Mangel an vermittelndem Verständnis und ihre Ausrichtung auf Emotionen allein mehr Schaden als Nutzen.

Management

Das Management zeigt ähnliche Ergebnisse wie das Anregen: Die Erfolge waren gering, wenn das Verhalten überbetont wurde. Das Optimum lag in der Mitte. Ganz allgemein befriedigten die Ergebnisse in den »laissez-faire« Gruppen nicht. Das Geschehen-Lassen führte am zweithäufigsten zu »Unglücksfällen«. Der Leiter hatte dabei die einzelnen nicht genügend vor der Aggression seiner Kollegen beschützt. Andererseits konnte ein Trainer, der die Gruppeninteraktion durch Gruppenaufgaben und Gruppenspiele von A bis Z kontrollierte, bei den einzelnen Mitgliedern nichts bewegen.

Leiter-Typologien

Aus Kombinationen dieser vier einseitigen Verhaltensmuster konnten die Untersucher, als ersten Ansatz einer Typologie, zwei vorherrschende Leitertypen ausmachen.

Der eine wird oft als *charismatischer Gruppenleiter* bezeichnet. Sein Verhalten ist duch ein hohes Maß an Anregung und Fürsorge gekennzeichnet. Er wird von den Forschern als Ernergiebündel (»Energizer«) bezeichnet und hat regelmäßig eine ansehnliche Gefolgschaft von Bewunderern. Er versucht, seine Teilnehmer anzukurbeln, versteht es, mit seiner Ausstrahlung Begeisterung zu wecken, führt seine Gruppen in sehr persönlicher Art und kann mit Erfolg die eine oder andere Ideologie propagieren. Sein bevorzugter Arbeitsmodus ist die *leiterzentrierte Gruppe*. Es gibt ausgezeichnete Videobänder von derartigen Leitern. Die therapeutischen Erfolge sind nach den Beobachtungen der Forscher aber eher bescheiden, sogar unter dem Durchschnitt. Der charismatische Leiter übt einen zunächst sehr starken Einfluß auf die Gruppe aus. Er weckt hohe Erwartungen. Da er aber zugleich stark kontrollierend und selbstzentriert ist, ergibt sich das Bild einer abhängigen Gruppe. Die Gruppe zerfällt in begeisterte Anhänger und zutiefst enttäuschte »Ungebesserte«. Diese schreiben aber ihr eigenes Versagen nicht dem Verhalten des Leiters zu, sondern sich selber. Der Leiter wird nach wie vor in hohen Ehren gehalten.

In der beschriebenen Untersuchung verkörperten fünf der achtzehn Leiter den charismatischen Typ. Sie hatten miteinander mehr als die Hälfte der »Unglücksfälle« bei den Teilnehmern zu verzeichnen. Damit sind sie recht eigentlich die »Rattenfänger von Hameln« der Gruppendynamik, vor denen man sich hüten sollte.

Ihr Gegenspieler ist der Typ des »*Providers*«, *des Ernährers*. Sein Vorgehen ist charakterisiert durch mäßiges, sorgfältiges Anregen und ebenso mäßiges und beherrschtes Eingreifen in die Gruppe als Manager, wenn nötig. Hingegen zeigt er ein gutes Maß an Fürsorge und leistet vor allem Hilfe durch sein klärendes Interpretieren des Gruppengeschehens. Jener Trainer, dem es gelang, zehn von seinen zwölf Gruppenteilnehmern weiterzuhelfen, verkörperte diesen Typ.

Verstehen und Deuten des Gruppengeschehens sind also viel wichtiger als die bloße Äußerung von Gefühlen. Es ergeben sich auch klare Richtlinien für das Verhalten der therapeutischen Leiterin in der Gruppe. Sie soll ein Maximum an Kommunikation und Einsicht herbeiführen, d. h. *dem Gruppengeschehen einen Sinn geben.* Sie soll sich persönlich um die Teilnehmerinnen und Teilnehmer kümmern, dabei nur beschränkt individuell anregen und nur vorsichtig in das Gruppengeschehen eingreifen.

Folglich ist es wichtig, was man *in der Therapie tut.* Der Satz, wichtig sei nur, was man selber als Person ist, nicht so sehr was man tut, hat keine Gültigkeit. Die Studie konnte zeigen, daß dieselben Handlungen zum selben Ergebnis führten, auch bei verschiedenen Therapeuten mit unterschiedlichen Persönlichkeiten. Ernüchternd ist die Tatsache, daß die Leiterin sich nicht auf ihre »gute« oder »heilende« Persönlichkeit verlassen kann. Vielmehr muß sie die richtigen Verhaltensweisen als Therapeutin *erlernen.*

Die Studie wurde in einer Zeit durchgeführt, in der die Encounterbewegung nicht nur gute Erfolge verbuchte, sondern auch viele Notfälle verursachte. Die große Anzahl von 29 % Verschlechterungen machte betroffen; im besonderen entwickelten etwa 10 % aller Teilnehmer schwerere Störungen, meist depressiver Art. Eine gesonderte Untersuchung dieser »Gruppenversager« drängte sich auf. Als häufigster Grund für Angst oder Depression bei diesen Gruppengeschädigten wurden Aggressionen des Leiters gegen die Betreffenden angegeben. Zu einem geringeren Anteil kamen die Aggressionen von anderen Gruppenmitgliedern. Sie waren vom Leiter nicht kontrolliert worden.

Das psychologische Profil des »Gruppenversagers« wurde ausgearbeitet. Es hatte folgende Eigenschaften:

a) niedriges Selbstbewußtsein

b) Neigung zur Verleugnung und zu Fluchtreaktionen

c) hohe Erwartungen an den guten Effekt der Gruppen oder der Gruppenleiter. Große Heilserwartungen wurden in der Regel enttäuscht. Die Leute, die zunächst gegenüber Gruppen skeptisch waren, fuhren im allgemeinen besser als die Gruppenenthusiasten.

Als man aber dieses Profil bei allen Teilnehmern überprüfte, stellte sich heraus, daß doppelt so viel Teilnehmerinnen das »Versagerprofil« aufwiesen, als wirklich »versagt« hatten. Die gesund gebliebene Hälfte

hatte an eher beschützenden Gruppen teilgenommen, bei den sogenannten »Providers«, während die Geschädigten bei den charismatischen Leitern, den »Energizers« zu finden waren.

Soll also eine Selbsterfahrungsgruppe, ein sensitivierendes Wochen-
ende oder ein anderes intensives Gruppenerlebnis empfohlen werden,
gilt es nicht so sehr, die prospektive Teilnehmerin zu untersuchen – es
sei denn, es geht um die Frage einer schweren psychischen Krankheit –,
sondern etwas über das therapeutische Verhalten des Leiters in Erfahrung zu bringen. Vorsicht ist besonders bei allen Persönlichkeiten geboten, die ein besonders markantes Profil haben und sich durch neuartige,
risikoreiche Techniken anpreisen. Sie haben am meisten Mißerfolge.

Die Untersuchung wirft ein neues Licht auf die *Qualifikationen des
Gruppenleiters*. Die Amerikanische Gruppentherapiegesellschaft hat es
sich schwer gemacht, als sie von einer Interessenorganisation verschiedener Berufsgruppen zu einer Kompetenzorganisation wurde, die
durch Mitgliedschaft auch Qualifikation bezeugte. Berufsausbildung,
eigene Psychotherapie, spezifische Gruppentherapiekenntnisse und Erfahrung unter Supervision gehörte dazu. Es bestand Einigung darin,
daß die Erfahrung als Gruppenleiterin unter Supervision eines aner-
kannten Therapeuten das Wesentliche sei, nicht die Berufskategorie.
Denn neben Psychiaterinnen, Psychologen und Sozialarbeiterinnen
konnten auch Erzieher oder Psychiatriepfleger oder -schwestern anerkannt werden. Die Gesellschaft hat u.E. richtig entschieden, denn
Gruppenfähigkeiten sind nicht das Privileg einer bestimmten Berufsgruppe. Selbst Anfänger in Gruppentherapie können unter Supervision
beträchtliches leisten. Die Unterschiede innerhalb einer Berufsgruppe
können dabei ebenso groß wie oder größer als die Unterschiede zwischen Berufsgruppen sein. Am häufigsten in der Sozialpsychiatrie sind
interdisziplinäre Gruppen mit zwei Kotherapeuten aus verschiedenen
Berufsgruppen. Da vor allem das Zustandekommen der Gruppe und
ihr Aufbau sich vom Anfang einer Einzeltherapie unterscheidet, ist es
oft leichter mit jungen Therapeutinnen zu arbeiten, die noch wenig
Einzelerfahrung haben, wie z. B. junge Psychiatrie-Assistenten oder
Psychiatriepflegepersonal. Schwestern und Pfleger haben überdies einen Vorsprung, da sie schon auf den Abteilungen mit einer Vielzahl von
Patienten zugleich arbeiten mußten und Interaktionen beobachten und
erleben konnten.

Nach der Besprechung der therapeutischen Hilfsmittel aus der Sicht
der Patienten und der Grundmuster des therapeutischen Verhaltens

sind wir vorbereitet, uns der eigentlichen therapeutischen Aufgabe der Gruppenpsychotherapie zuzuwenden. Das heißt selbstverständlich nicht, daß bis anhin, also im Entstehungsstadium der Gruppe, keine Therapie oder Besserung eintritt. Manche Gruppenmitglieder beobachten schon nach wenigen Sitzungen deutliche Veränderungen bei sich selbst. Aber die schwere Arbeit der Psychotherapie, das Bewußtwerden, Umdenken und das veränderte Erleben kann sich erst entwickeln, wenn die ersten Aufgaben der Gruppe getan sind: die Kohäsionsbildung, das Sich-Kennenlernen und das gegenseitige Vertrauen. Gewisse Gruppen kommen sehr schnell in eine mittlere oder »therapeutische« Phase, andere brauchen länger, im besonderen die Sozialisierungsgruppen mit schwerer geschädigten Menschen. Das Tempo hängt vor allem von der Bereitschaft der Mitglieder und – man kann hinzufügen – des Therapeuten ab, sich auf eine fordernde und sehr persönliche enge Beziehung mit einer Gruppe von Menschen einzulassen.

Die mittlere Phase der Gruppentherapie ist charakterisiert durch gesteigertes Sichtbarwerden des Gruppenprozesses sowie die Intensivierung aller Beziehungen und damit auch der Übertragungen auf die Leiterin und die anderen Mitglieder.

In Kapitel 7 werden der Gruppenprozeß und die darauf bezogenen Theorien von BION und STOCK-WHITAKER und LIEBERMAN ausführlicher besprochen. Kapitel 8 beschäftigt sich mit der Übertragung und Gegenübertragung.

Literatur

ALEXANDER, F. (1946): Analyse der therapeutischen Faktoren in der psychoanalytischen Behandlung. Psyche 4, 401-416

ALEXANDER, F. und FRENCH, T.M. (1946): Psychoanalytic Therapy. Ronald Press, New York

BERGIN, A.E.; GARFIELD, S.L. (Hg.) (1994): Handbook of Psychotherapy and Behaviour Change. Wiley, New York, 4. Aufl.

FRANK, J.D.und FRANK, J.B. (1961): Persuasion and Healing. A comparative Study of Psychotherapy. The Johns Hopkins University Press, 3.Aufl. 1993. Deutsch (1992): Die Heiler. Klett-Cotta, Stuttgart, Übesetzung der 2. Aufl.

GRAWE, K., DONATI, R., und BERNAUER, F. (1994): Psychotherapie im Wandel. Von der Konfession zur Profession. Hogrefe, Göttingen

LIEBERMAN, M.A., YALOM, I.D. und MILES, M.B. (1973): Encounter Groups: First Facts. Basic Books, New York

MILLER, N.E., LUBORSKY, L., BARKER, J.P. und DOGHERTY, J.P. (Hrsg.) (1993): Psychodynamic Treatment Research. Basic Books New York

SHEPHERD, M., und SARTORIUS, N. (Hrsg.) (1989): Non-Specific Aspects of Treatment. Huber Publishers Bern, New York

WINNICOTT, D.W. (1969): Übergangsobjekte und Übergangsphänomene. Psyche 23, 666-682

YALOM, I. (1996): Theorie und Praxis der Gruppentherapie – ein Lehrbuch. Verlag J. Pfeiffer, München, 4. Auflage

7. Der Gruppenprozeß

Der Gruppenprozeß kann leichter demonstriert als beschrieben werden. Am einfachsten ist es, ihn mit dem *Inhalt* eines Gespräches zu kontrastieren. In einer Wahlversammlung z. B. sollen drängende politische Probleme diskutiert werden. Möglicherweise wird noch ein Experte beigezogen. Inhalt des Gespräches ist in der Tat das anstehende Problem, der Prozeß aber besteht darin »die Gunst der Wähler zu gewinnen«. Der Inhalt wird meist nicht sachlich besprochen. Der Prozeß, d. h. den Gegner zu schlagen, vermischt sich mit der Thematik und wird schließlich das wichtigte, über das auch die Presse berichtet. Das Thema wird verblassen; der Wahlkampf ist als *Prozeß* ein persönlicher und soll für beide Gegner dazu dienen, das Publikum zu beeindrucken, vom Experten Recht zu bekommen oder der eigenen Geltung genüge zu tun.

Inhalt und Prozeß

In der Gruppentherapie ist das Verwobensein von Inhalt und Prozeß Dauerthema. Die therapeutische Veränderung wird vom Bewußtwerden des individuellen Prozesses im »Hier und Jetzt« erwartet. Die versteckten Fragen der Therapeutin lauten dabei immer: *»Was hat diese Aussage für eine Bedeutung für die Gruppe?«* oder »Wie beeinflußt sie die Stellung des Redenden in der Gruppe?«, »Was will er *bewirken?«*
    In den 50er und 60er Jahren wurde der »Gruppenprozeß« in England und in den USA »entdeckt«. Das bis dahin übliche psychoanalytische Vokabular der Slavson-Schule wurde ersetzt durch die Beschreibung des Gruppenprozesses. *Der Gruppenprozeß liegt dem kommunizierten Inhalt zugrunde.* Auf ihm beruht die Kommunikation in der Gruppe und das, was in der zwischenmenschlichen Interaktion etwas bewirken soll. Der Gruppenprozeß spielt sich im *Hier und Jetzt* ab, auch wenn sich das Gespräch um die Vergangenheit dreht. Er ist zum ersten bedingt durch die emotionale Situation der einzelnen, zum zweiten durch die Existenz der funktionsfähigen Gruppe und, wenn wir auf Bion hören, zum drit-

ten, durch die gerade vorherrschende »Grundannahme« der Gruppe. Davon später mehr. Bei der Erforschung des Gruppenprozesses gehen wir davon aus, daß die *Interaktion der Teilnehmer und Teilnehmerinnen untereinander im Hier und Jetzt* das wesentliche der Therapie ausmacht. In der psychoanalytischen Schule wird das Aufdecken unbewußter Inhalte – die Einsicht – an erster Stelle gesehen. Mit dem Prozeßdenken fordert die Gruppentherapie massives Umdenken von denen, die bisher tiefenpsychologisch fundierte Einzeltherapie betrieben haben. Statt mit dem einzelnen »in die Tiefe« zu gehen, müssen sie »horizontal« wahrnehmen. Es kommt darauf an, sich auf das nach außen gerichtete und interpersonelle Geschehen zu konzentrieren und nicht in erster Linie auf das Innenleben des einzelnen. Statt auf Worte zu hören, die Geheimnisse verraten könnten, muß der zwischenmenschliche Dialog nicht als inhaltsreicher Wortwechsel, sondern als *Austragen (»Ausagieren«) eines inneren Anliegens* verstanden werden.

Agieren hat in der Einzeltherapie einen schlechten Ruf. Zwischenmenschliche Prozesse werden nur im Hinblick auf die Übertragung wahrgenommen und analysiert. In der Gruppe bedeutet jede Aussage ein »Agieren« oder Austragen. Sie wird auf ihren zwischenmenschlichen Gehalt geprüft. Agieren ist deshalb wichtig. Agieren außerhalb der Gruppe ist allerdings unerwünscht. Insbesondere, wenn es geheim bleibt und nicht in die Gruppe zurückgetragen wird.

Theorie (Teil 2): Die prozeßorientierten Gruppentheorien W. R. Bion; D. Stock-Whitaker und M. Lieberman

Von der Beschäftigung mit dem Gruppenprozeß ist es nur ein kleiner Schritt zur Betrachtung der *Gruppe als Ganzes.* Wilfred BION hat während des zweiten Weltkrieges in englischen Militärspitälern zusammen mit seinem Kollegen John RICKMAN Gruppen erkrankter Soldaten beobachtet. Beide interessierten Phänomene wie die gute oder schlechte Stimmung auf der Abteilung, ein Aspekt, der heute der Milieutherapie zugerechnet würde. Später beschrieben sie ihr Ziel als Erforschen der *Spannungen innerhalb der Gruppe,* nicht etwa als die »Heilung« einzelner Mitglieder. Aus BIONs Beobachtungen, die er aus einer »versagenden« analytischen, nicht sehr menschlichen, Haltung machte und aus einer bestimmt nicht freundlichen Technik, gewann er nichtsdestoweniger wichtige Einsichten in das Gruppengeschehen. Seine Technik, die wir anläßlich der ersten Sitzung kennengelernt haben, ist für die Therapie von Patientinnen nicht geeignet und wird nur zu Ausbildungszwecken verwendet. Wenn deshalb auch seine Technik, das sogenannte Tavistock-Verfahren, an Ansehen verloren hat, sind doch seine Befunde von großer Wichtigkeit. Sie sind die Basis des Prozeßdenkens geworden und gelten für alle längerdauernden Gruppenpsychotherapien.

Der theoretische Ansatz von Wilfried Bion

BION erforschte im Militärspital zunächst das Problem der Stimmung auf der Abteilung, also eine Eigenschaft der gesamten Gruppe. Die Themen der Gruppenatmosphäre, des Gruppenklimas oder, wie es später heißt, *der Grundannahme*, unter der die Gruppe lebt, sind damit umrissen.

Die weitere Ausarbeitung seiner Theorien fällt in die Jahre 1948 bis 1952. In dieser Zeit arbeitete BION an der Tavistock Clinic in London und publizierte eine Serie von Beiträgen, die er später in einem Buch zusammenfaßte (BION 1961, deutsch 1990). Er sah Ähnlichkeiten zwischen der Psychoanalyse der Gruppe und der psychotischen Dynamik des einzelnen, in der die Abwehrmechanismen der Leugnung und Projektion vorherrschen. Hierbei orientierte er sich an den Theorien von Melanie KLEIN. Seine Publikationen zur Gruppendynamik hatten trotz seiner komplizierten Sprache einen unerwartet großen Einfluß auf alle Gruppentherapeuten, die sich nicht ganz der SLAVSONschen Schule verschrieben hatten. Besonders groß war BIONs Einfluß auf diejenigen, die auch mit schwer persönlichkeitsgestörten oder psychotischen Patienten arbeiteten. SLAVSON hatte in New York schon 1934 begonnen, Gruppen zu behandeln. Er baute auf FREUDS Theorie auf – die Identifikation der Mitglieder untereinander. Er und seine Schüler nutzten ein unterstützendes Gruppensetting, um mit den einzelnen Mitgliedern tiefenpsychologisch orientierte Psychotherapie zu betreiben. SLAVSONs Meinung zum Gruppenprozeß war, daß dieser die therapeutische Arbeit der Mitglieder störte und als Widerstand zu gelten habe. Seine Theorie war vor allem auf neurotische und leichtere Persönlichkeitsstörungen zugeschnitten, während BIONs Prozeßdenken auch für schwerere Störungen hilfreich war.

BION nimmt mit LE BON und Sigmund FREUD an, daß durch das Gruppenzusammensein Menschen in der Gruppe und vor allem in der Masse zu »primitiven«, »triebhaften«, eher durch Phantasie als durch Logik bestimmten Reaktionen neigen. BION geht daran, die Natur dieser Regression zu erforschen. Von FREUD übernommen hat BION auch die Annahme der *Identifikation* der Mitglieder untereinander. Diese Annahme erweitert BION erheblich, wenn er von vornherein die Gruppe als Einheit betrachtet. Die Aussagen einzelner Mitglieder betrachtet BION in erster Linie als Aspekte der Gesamtgruppenatmosphäre.

Daneben taucht bei BION der längst überfällige *Arbeitsaspekt* der Gruppe auf. Gruppen teilen nicht nur »Grundannahmen«, Gefühle und regressive Triebhandlungen, sondern sie arbeiten auch. (Bei FREUD wird der strukturierende, auf Arbeit oder Leistung gerichtete Ansatz, nur kurz besprochen.) Gruppen haben also auch eine *Aufgabe*, die ihnen entweder zugewiesen wird, wie etwa in Arbeitsgruppen, Kommissionen, behördlichen Gremien, Verwaltungsräten etc., oder die sie sich selbst stellen. Der Arbeitsaspekt ist die Vorgabe oder die Traktandenliste, kurz das was die Gruppe sich vornimmt zu bearbeiten. Für Therapiegruppen besteht die Arbeit im Lösen von Problemen, seien es individuelle Probleme oder die interpersonellen Spannungen, die sich innerhalb der Gruppe ergeben. In BIONS Werk ist der Arbeitsaspekt nur ungenügend beschrieben. Wir finden z. B. wenig über gute, für die Arbeit geeignete Strukturen. Sein Interesse gilt, wie das FREUDS, den unbewußten Einflüssen, man könnte auch sagen, den *Störungen des Arbeitsprozesses*. Er sieht jedoch das ganze Gruppengeschehen immer als Wechselwirkung zwischen Arbeit und Grundannahme. Der Beitrag Dorothy STOCK-WHITAKERS und Morton LIEBERMANS in Chicago bestand darin, den »Ich-Aspekt« der Gruppe zu erhellen und als Hauptarbeit der Gruppe das Problemlösen im *Hier und Jetzt* zu formulieren.

Man hat BION große Schwächen in seiner Theoriebildung vorgeworfen: Definitionen hat er im Laufe der Arbeit verändert. Manche Ausdrücke hat er an verschiedenen Stellen mit unterschiedlichen Bedeutungen belegt. Auch seine sprachliche Darstellung ist stellenweise undurchsichtig, unklar und im Stil gewunden. Die deutsche Übersetzung seines Buches ist viel lesbarer als das englische Original. Aber seine Betrachtung der Gruppe als Einheit kann wesentliche Prozesse abbilden. Eine ganze Generation von Gruppentherapeuten und Gruppenforscherinnen hat er inspiriert, eine zusammenhängende Theorie der Gruppenpsychotherapie zu schaffen. Deshalb stellen wir seine Theorie ausführlich vor.

Die wichtigsten Begriffe

Die Gruppe arbeitet somit auf zwei Niveaus gleichzeitig: auf der bewußten, geplanten Ebene, in der Regel mit einem vorgegebenen Ar-
beitspensum, und auf der vorbewußten, mehr gefühlshaften. Hier geht
es in erster Linie um reale und Übertragungsbeziehungen. Die Zusammenkunft der Gruppe dient einem Zweck. In der Gruppentherapie
steht die Bearbeitung persönlicher Probleme auf dem Plan. Daneben
gibt es die heimliche Traktandenliste, den Gruppenprozeß. Ein Spaß-
vogel kann mitten in einer Geschäftssitzung einen Witz erzählen. Der
gehört nicht zur Sache. Der Redner stellt sich aber ins Zentrum der
Diskussion und untergräbt die Autorität des Vorsitzenden. Wie sein
Witz aufgenommen wird, hängt von der Stimmung gegenüber dem
Vorsitzenden, von der Spannung und dem Ernst der Aufgabe ab. Das
»heimliche« Traktandum mag sein, für Entspannung zu sorgen, den
Leiter von seiner hohen Position herunterzuholen oder etwas Humor in
eine allzu ernste Situation zu bringen.

Da die Gruppentherapie die Bearbeitung zwischenmenschlicher
Konflikte zum Ziel hat, steht die Beziehungsdynamik auf der Tagesord-
nung. Der inhaltliche Verlauf des Gesprächs ist zweitrangig. Das Au-
genmerk liegt auf den Unterbrechungen, die den Vorgang stören. Gerade diese sagen etwas über die Interaktionen aus, die in der Gruppe
stattfinden. Sie sagen etwas über das Wesen der Krankheit des einzelnen oder des Gruppenbefindens. Nach Ruth COHN haben Störungen
Vorrang (COHN 1994).

BION nennt die beiden Niveaus die Arbeitsfunktion und die Grundannahme. Mit Arbeitsfunktion wird die bewußte, geplante Diskussion
bezeichnet, die ein Thema zum Inhalt hat und Ergebnisse erbringen
soll. Die Grundannahme meint den emotionalen Hintergrund, der, oft
ohne bemerkt zu werden, mitschwingt und den Gruppenprozeß beeinflußt. Nicht selten bewegt sich die Beziehungsdynamik in eine der
Arbeitsfunktion entgegengesetzten Richtung.

BIONS Interesse galt vor allem der Grundannahme, die er den Gruppen sichtbar machen wollte, ähnlich wie der Psychoanalytiker den unbewußten Prozeß der Analysandin in der Therapeut-Klientinnen Beziehung zum Bewußtsein bringen will. Um die Grundannahmen für die
Gruppe erkennbar werden zu lassen, muß die Gruppenleiterin sowohl
den Inhalt der Diskussion wie auch die Arbeitsfunktion zeitweilig zurückstellen, jeden Leistungsanspruch zurücknehmen und ihre Leiterrolle aufgeben. Inhaltliche Arbeit ist in dieser Situation nicht möglich.

Die Konzentration muß sich auf die *Deutung* der unbewußten oder *nicht beachteten* Grundannahmen, auf die Deutung des Gruppenprozesses richten. Das Zurückstellen der Leiterrolle wird von der Gruppe immer als Provokation erlebt. Das Arbeitsprinzip erfordert die Leiterin, damit die Diskussion gut verläuft. Deshalb steht am Anfang jeder Gruppe eine eher themenzentrierte Diskussion (Cohn 1994). Das spätere Deuten der Grundannahmen aber ist oft ebenso frustrierend wie das Schweigen des Psychoanalytikers hinter der Couch, das einen guten Dialog unmöglich macht. Interpretationen der Grundannahme werden oft als »an den Haaren herbeigezogen« oder als »nicht zum Thema gehörig« abgetan. Beträchtlicher Widerstand muß überwunden werden, bis die tieferen Einsichten in das Gruppengeschehen für die einzelnen faßbar werden. Wenn aber die Grundannahmen stimmig und klar, zum richtigen Zeitpunkt eingeführt werden, bringen sie die Gruppe im Verständnis ihrer selbst schnell vorwärts und werden damit zu potenten Werkzeugen für die Therapie.

Was sind die Grundannahmen?

Die Grundannahmen in der Ärztin-Patienten-Beziehung implizieren, daß der Patient als Hilfsbedürftiger zum Arzt kommt. Die Ärztin »tut etwas« am oder für den Patienten. Dieser wird zum passiven Objekt ihrer Hilfeleistung. Die Grundannahme »*Abhängigkeit*« (dependency) meint nichts anderes. Die Patientinnen einer neuen Gruppe sitzen erwartungsvoll herum und nehmen an, daß der Leiter, wenn er erscheint, »etwas tut«. Wenn dies, wie in Bions analytischen Gruppen, nicht geschieht, wenn der Therapeut die Gruppe nicht »leitet«, ist die Reaktion Bestürzung, Angst, Enttäuschung und auch Wut. Nach einer Weile sucht die Gruppe nach einem besseren Leiter, der das tut, was der Therapeut hätte tun sollen, nämlich eine Struktur schaffen und die Diskussion in Gang bringen, Fragen beantworten und Probleme lösen. Bekanntermaßen erwarten alle aufgabenorientierten Gruppen, wie Aktionsgruppen, Arbeitsteams, Kommissionen etc. zu Anfang eine gute Einführung durch den Leiter.

Eine Gruppe mit der Grundannahme Abhängigkeit, wie das die meisten Gruppen zu Anfang sind, scheint vom Gruppenprozeß her zu existieren, um vom Leiter »gefüttert« zu werden. »Futter« wären Antworten, Lösungen, Medikamente, Informationen, Anweisungen, wie das Leben zu leben wäre etc. Nota bene: Während es zu Beginn der Gruppentherapie vernünftig ist, den Abhängigkeitswünschen etwas entgegenzukommen, um etwas in Gang zu bringen, sollte die Abhängigkeit im weiteren Verlauf interpretiert werden. Dadurch wird die Gruppe selbständiger. Viele Gruppentherapeuten aber befördern die Gruppenabhängigkeit während der ganzen Therapie. Sie tendieren dazu, der Gruppe das zu geben, was von ihnen verlangt wird.

In der abhängigen Gruppe kommen vor allem Depressive, Hilflose und Schuldige zu Wort. Die Schwächsten und Hilflosesten werden gefeiert und erfreuen sich großer Zuwendung. Aggressionen entstehen in Form enttäuschter Erwartungen. Die abhängige Gruppe verleitet Patientinnen dazu, wegzugehen oder wegzubleiben (Drop-Outs). Die häufigste Begründung für das Wegbleiben lautet »diese Gruppe bringt mir nichts« oder »nicht genug«. Unter den Mitgliedern findet sich keine »Leiterin«. Die Leitung übernimmt allenfalls der Monopolist. Er hat die größten und schwersten Probleme und will auch über sie reden.

Jede beginnende Gruppe hat sich mit der Frage der Abhängigkeit zu befassen. Die Leiterin steht in diesem Stadium unter sehr großem Druck, die bodenlos unbefriedigten Menschen zu erfüllen. Wenn die Leiterin die Situation aber begreift als die normale Abhängigkeits-Grundannahme und sich nicht selber Vorwürfe macht, nicht genug für die Gruppe zu tun, kann sie eine Interpretation wagen, die sich nicht auf die unzähligen Bedürfnisse der einzelnen bezieht, sondern auf das vorherrschende Gruppengefühl. Sie könnte etwa sagen, daß offenbar die meisten dächten, es sei nichts zu wollen. Nichts könne gelingen. Die kollektive Hilflosigkeit zu realisieren, fordert die einzelnen heraus. Sie denken darüber nach, was man etwa füreinander und miteinander machen könne. Die erste Reaktion besteht häufig in nicht ausführbaren Vorschlägen, z. B. spazieren zu gehen statt zu sprechen oder irgend etwas zu unternehmen. Der Inhalt der Vorschläge ist nicht wichtig. Die Tatsache, daß Vorschläge aus der Gruppe kommen, die Gruppe also etwas tut, ist für die Entwicklung der Gruppenkohäsion entscheidend. Eine Gruppe, die diesen wichtigen Punkt, das Gewahrwerden der Abhängigkeit, nicht überwindet, wird nicht als Gruppe zusammenfinden, sondern nur von der Leiterin abhängig bleiben.

Die *Kampf-Flucht Haltung* (fight-flight) ist der ersten Grundannahme ganz und gar entgegengesetzt. Bei diesem Gruppenklima scheint die Gruppe nicht zu existieren, um gefüttert zu werden, sondern um gemeinsam einen Feind zu bekämpfen bzw. sich vor ihm zu retten.

In einer Selbsterfahrungsgruppe von psychiatrischen Assistenten war der Feind zunächst außerhalb der Gruppe. Ihr erstes Anliegen war es, zunächst den Chefarzt, dann einen Oberarzt anzuklagen und abzuwerten. Die Gruppe lernte zusammenzuhalten, sich nicht von Autoritäten beeindrucken oder spalten zu lassen und die einzelnen konnten dann mit ihren Vorgesetzten besser umgehen.

Der Feind kann aber auch innerhalb der Gruppe sein, wie dann, wenn der »Sündenbock« bestimmt und ausgestoßen wird. Die Therapeutin selber wird meistens ignoriert und nicht zur Feindin, vielleicht weil der Gedanke, daß sie später einmal gebraucht wird, präsent ist. Auffallend an der Kampf-Flucht Gruppe ist die überaus starke Zusammengehörigkeit der Mitglieder. Sie funktioniert beinahe instinktiv. Wir denken z. B. an die mühelose Zusammenarbeit, die eine Schulklasse aufbringen kann, wenn sie einen Aushilfslehrer quält und verballhornt. Die Gefahr, daß einzelne ausscheren, besteht nicht – es wäre Verrat. Die Stimmung der Gruppe ist eher positiv. Es gilt der »Esprit de Corps«, die Kamaraderie. Der Therapeut hat seine Stellung als mächtiger »Fütterer« verloren und wird als irrelevant beiseite geschoben. Die ehrliche Angabe des Gruppentherapeuten in der Supervision, er wisse nicht mehr, was mit ihm in der Gruppe geschehe, er scheine nicht mehr dazuzugehören, aber die Gruppe gehe gut, ist ein sicheres Zeichen für diesen Zustand. Statt des Therapeuten profiliert sich nämlich eine anderer »einheimischer« Gruppenleiter, der in der Art des Leithammels oder »Gangleaders« die Gruppe dominiert.

Aggressive Inhalte überwiegen im Gespräch. Die Hilflosen sitzen meistens unbeteiligt dabei. Der interne Leiter sticht öfter durch seine Aggressivität hervor. Vielleicht ist er gar delinquent oder paranoid. Den »Feind« sehen solche Gruppen beispielsweise in der Gesellschaft oder in Autoritätsfiguren. Mit der Zunahme der Suchtpatienten ist diese Kampf-Fluchtstellung in die Kliniken eingezogen. Während die depressiven oder chronisch psychotischen Patientinnen sich fast zwanglos in der Abhängigkeits-Grundannahme konstellieren, besetzen die sozial stärkeren Drogenabhängigen oder Alkoholikerinnen oft dominierende Positionen auf der Abteilung. Sind Abhängigkeitskranke auf der Station in der Minderheit, sondern sie sich fast regelmäßig in einer Untergruppe ab. Aus der Kampf-Flucht-Stellung äußern sie sich den anderen gegenüber aggressiv.

Interpretationen sind in dieser Position schwierig, da sie selten gehört werden. Äußerungen von Zweifel an der Beständigkeit der Gruppe mit der Frage, was geschehen wird, wenn der gemeinsame Feind nicht mehr da ist, werden kaum beachtet. Die Gruppe, die einen Sündenbock vertreiben will, aufzuspalten, indem man sich an die einzelnen richtet, wäre eine Möglichkeit, mit einer derartigen Gruppe umzugehen.

In einem Militärspital meuterte eine Patientengruppe. Die (nicht sehr kranken) Patienten weigerten sich, sich an der Reinigung der Abteilung zu beteiligen. Die rebellische Gruppe gab schnell auf, nachdem der interne Leiter – ein an der Grenze zur Delinquenz Lebender mit einem schwebenden Stafverfahren – zu Wort gekommen und ausführlich angehört worden war. Im Einzelgespräch mit dem ärztlichen Offizier (auch in Anwesenheit der Gruppe), fühlte er sich nicht stark genug, sich durchzusetzen.

Zur Illustration der beiden Grundannahmen, der Abhängigkeit und der Kampf-Flucht Position, dienen zwei Episoden, die einen abrupten Wechsel von der einen zu der anderen Grundannahme illustrieren. Die beiden Situationen werden in der Kontrastierung deutlich Zunächst BION:

»In einer therapeutischen Gruppe war ich drei oder vier Wochen lang sehr schlecht angeschrieben. Meine Beiträge wurden ignoriert – die Reaktion war meistens eine höfliche Pause und dann die Fortführung des Gesprächs, das sich, soweit ich erkennen konnte, durch meine Bemerkungen nicht von seinem Kurs hatte ablenken lassen.«

Ein Kommentar dazu: Wir erkennen die Situation als die der Kampf-Fluchtgruppe, bei der sich der Therapeut überflüssig vorkommt. Weiter BION:

»Dann plötzlich zeigte ein Patient Symptome von »Irrsinn«, wie die Gruppe meinte, und gab Äußerungen von sich, die auf Halluzinationen zu beruhen schienen. Augenblicklich stelle ich fest, daß ich wieder in die Gruppe aufgenommen war. Ich war der gute Führer, der Herr der Lage, der mit einer derartigen Krise ohne weiteres fertigzuwerden wußte – kurz: so offenbar der richtige Mann am richtigen Platz, daß es von jedem anderen Mitglied der Gruppe vermessen gewesen wäre, helfend einzugreifen zu wollen. Die Geschwindigkeit, mit der sich Bestürzung in größte Seelenruhe verwandelte, war geradezu unglaublich. Ehe der Patient die Gruppe in Schrecken versetzte, wurden meine Deutungen mit feierlichem Schweigen aufgenommen, als wären sie Orakelsprüche – aber die Sprüche eines im Abstieg begriffenen Orakels, denn niemand hätte es sich im Traume einfallen lassen, ihrem Inhalt Beachtung zu schenken. Nachdem aber der Schreck die Gruppe gepackt hatte, war ich der Mittelpunkt eines Kultes auf der Höhe seiner Macht. Vom Standpunkt eines gewöhnlichen Menschen betrachtet, der eine ernsthafte Arbeit verrichten will, war keine der beiden Situationen befriedigend.«

Soweit BION. Was ist hier passiert? Die Gruppe hatte sich zunächst weitgehend autonom bewegen können. Die Kohäsion war gut. Der Leiter wurde ignoriert. Die Krise aber mündete in den Schrei nach dem Experten und stellte ein ganz anderes Gruppenklima her: die Grundannahme Abhängigkeit, die durch Allmacht des Leiters und Hilflosigkeit der Mitglieder charakterisiert ist.

Im zweiten Beispiel findet das Umgekehrte statt. Aus einer abhängigen Grundannahme findet sich die Gruppe plötzlich in einer Kampf-Flucht-Annahme. Sie gewinnt dabei viel Selbstvertrauen und Kohärenz. Der Therapeut berichtet:

»Eine wohletablierte heterogene Therapiegruppe begann ihre Sitzung schleppend, und die diskutierten Inhalte waren hauptsächlich depressiver Art. Die Atmosphäre schien gedrückt. Schwere Luft hing über der Sitzung. Hauptsächlich sprach ein älterer depressiver Mann, der schon immer als der Hilfloseste der Gruppe gesehen wurde. Er weckte in der Gruppe Mitleid, zum Teil aber auch Irritation. Eine jüngere und motivierte Lehrerin, die bis dahin das Gruppenleben unterstützt hatte, äußerte Schuldgefühle, die in keiner Weise der Realität entsprachen. Andere stimmten in Schuld und Depression ein. Ich konnte die gedrückte Stimmung deutlich wahrnehmen und hätte sie wahrscheinlich auch in der Gruppe als Beobachtung zurückgegeben, wenn nicht plötzlich ein junger Mann, von dem wir wußten, daß er Schwierigkeiten mit seinem Vater hatte, das Wort an sich gerissen hätte. Er sagte, daß all das Gerede über Unzulänglichkeiten doch ein Blödsinn sei. Wir seien eine gute Gruppe und müßten uns nur zusammentun und – mit einem Seitenhieb gegen mich – uns ohne den Leiter zurechtfinden. Dies elektrisierte die Gruppe förmlich. Sehr schnell entstand eine lebendige Diskussion. Alle Depression, jegliche schwere Stimmung verflüchtigte sich voll und ganz. Durchsetzungsvermögen und Konkurrenzkampf wurden zu neuen Themen. Ich brauchte als Leiter nichts mehr zu sagen, und hätte ich es gewagt, wäre ich ignoriert worden oder abgeblitzt. Die Gruppe behielt ihre gute Stimmung während einiger Sitzungen. Der depressive alte Mann war zwar immer noch da, aber er verhielt sich ruhig und irritierte niemanden. Die Leitung war an den aggressiven jungen Mann übergegangen. Er konnte im neuen Klima einige wichtige eigene Probleme bearbeiten.«

Ist das Gruppenklima so ausgeprägt wie in diesen Beispielen, ist es nicht schwer zu erkennen. Oft ist es allerdings nicht klar ersichtlich, wie BION selber zugibt. Für den Fortschritt der Gruppe ist kein Gruppenklima in Reinkultur dem anderen überlegen. BION kommentierte: »Vom Standpunkt eines gewöhnlichen Menschen betrachtet, der eine ernsthafte Arbeit verrichten will, war keine der beiden Situationen befriedigend . . . « Aber die Grundannahmen der Gruppen sind unabdingbare Konstrukte, die sich nicht leicht ersetzen lassen – ähnlich etwa den »Trieben« im Unbewußten eines Individuums. Man muß ihnen Rechnung tragen. Sie setzen die Grenze dessen, was möglich und nicht möglich ist. Denn jeder Inhalt wird auf der Basis einer Grundannahme besprochen. Inhalte, die nicht zur Grundannahme passen, bleiben unausgesprochen oder – wenn sie doch ausgesprochen werden – unbemerkt.

Die folgende Tabelle gibt einen Überblick darüber, was bei jeder Grundannahme zu erwarten ist. Aus der Erfahrung läßt sich sagen, daß das Fortbestehen eines einzigen Gruppenklimas nicht so produktiv ist, wie der Wechsel von Zeit zu Zeit. Die Grundannahme Abhängigkeit haben wir zu Beginn der meisten Psychotherapiegruppen und auch bei Nachsorgegruppen chronisch psychotischer oder sozial schwacher Personen kennengelernt. Für solche Gruppen ist es ein großes Ereignis, wenn sie ihre Hilflosigkeit ablegen und entdecken, daß sie selber Ressourcen haben, daß sie sich gegenseitig helfen können auch ohne Leiterin, z. B. mit Aktionen gegen einen äußeren oder inneren Sündenbock.

Anders verhalten sich Jugendliche in der Gruppe. Sie haben von vornherein die Kohärenz einer Bande. Die Schwierigkeit besteht hier nicht darin, die Interaktion in Gang zu bringen, sondern als Leiter in irgend einer Weise in die Gruppe hineinzufinden. Auch hier sind Überraschungen möglich.

Kontrast: Abhängigkeitsgruppe und Kampf-Fluchtgruppe

Grundannahme Abhängigkeit	Grundannahme Kampf-Flucht
Die Gruppe ist hilflos; sie wünscht, von der Leiterin geheilt/gefüttert zu werden	Die Gruppe hat Angst vor Vernichtung, sie braucht den eigenen Leiter
Schwacher Zusammenhalt Jeder will Einzelkontakt	Guter Zusammenhalt. Esprit de Corps Gangmentalität
Enttäuschung über den Leiter Drop-Out als Ausweg	Der offizielle Leiter wird ignoriert. Zusammenhalt gegen den gemeinsamen Feind. Der Ausweg ist der Sündenbock
Die Sprecherin ist die hilfloseste oder depressivste Patientin	Die Sprecherin ist die aggressivste, oftmals paranoide Patientin
Themen des Gesprächs: Hilfeleistung, Körperklagen, Depression, Einsamkeit	Themen sind Konkurrenzkampf, Selbsterhaltung, Durchsetzung, Aggression (statt Angst)
Häufig beginnende Therapiegruppen. Homogene Gruppen, Nachsorgegruppen von psychisch Behinderten	Fortgeschrittene Gruppen. Jugendliche oder Delinquentengruppen

BION hat noch eine dritte Grundannahme postuliert, die er »*Pairing*« nennt. Paarung tritt auf, wenn die Gruppe schon einige Entwicklungsschritte hinter sich hat und individuelle menschliche Beziehungen entstanden sind. Der Mythos von der Heilkraft der Paarung ist im Volksglauben verankert, z. B. in der Hoffnung, daß Neurosen durch Heirat geheilt werden; daß Hysterie durch sexuelle Befriedigung gebessert wird etc. Der Glaube ist beim jungen FREUD noch zu finden. Er kann Patienten und Therapeutinnen zum Verhängnis werden, wenn sie sich statt therapeutisch sexuell betätigen. Ein Beispiel der Paarung kommt aus unserer Erfahrung (J.C.):

Eine Gruppe, die schon länger zusammen war, schien geraume Zeit gut und produktiv zu arbeiten. Mein Supervisor staunte Sitzung um Sitzung, wieviel Gutes herauskam und wie reif die Gruppenmitglieder miteinander umgingen. Dennoch äußerte er sein Unbehagen. Ich war stolz auf meine Arbeit (was fast immer ein Fehler ist) zugleich ängstigte mich die Reserve des Supervisors. Zum Zusammenbruch kam die gute Stimmung nach

Weihnachten (»Christmas«) Am Weihnachtstag traf sich ein Teilnehmer mit einer Teilnehmerin außerhalb der Gruppe. Sie begannen eine Liebschaft. Beide waren unverheiratet. Die Analogie zwischen meinem Namen (Christ) und dem Festtag »Christmas« blieb ihnen nicht verborgen. Sie beschlossen zunächst, der Gruppe nichts zu sagen. Dies gelang ihnen nur während einer Sitzung, danach wollte das Geheimnis heraus. Die Reaktion der Gruppe bestand in der Zuschreibung des Sündenbocks. Die beiden hatten sich aus der Gruppe herausgehoben, blieben aber in der Gruppe und saßen provokativ nebeneinander, was die anderen Gruppenmiglieder besonders iritierte. Sie sagten: »Wenn sie eine Affäre außerhalb der Gruppe hätten, dann sei das ihre Privatsache, aber wenn sie sie in der Gruppe haben, geht das nicht.« Die Gruppe wollte das Paar ausschließen, ließ sich aber überzeugen, die Angelegenheit stattdessen in der Gruppe aufzuarbeiten.

Es wurde bald klar, warum die Affäre nicht außerhalb, sondern gerade in der Gruppe stattfinden mußte. Bei beiden, bei Anne und bei Bert, war der Beziehung etwas vorausgegangen, wie erst in der Aufarbeitung klar wurde.

Anne hatte kurz vorher bei einer kleineren Verletzung die Notfallstation des Allgemeinspitals aufgesucht, in dem die Gruppentherapie stattfand. Sie hatte vom Notfallarzt verlangt, daß er mich rufen solle. Sie wollte einen Arzt »für alles« haben. Der Psychiater solle sie auch körperlich untersuchen. Die Paarung war also aus der Übertragungsliebe zu mir entstanden. Die zuständigen Ärzte hatten ihrem Wunsch nicht stattgegeben, aber sie erzählte das Ereignis in der Gruppe. Bert seinerseits hatte verschiedentlich versucht, sich auf meinen Platz in der Gruppe zu setzen. Als deutlich wurde, was seine Absicht war, nämlich sich an meine Stelle zu setzen, mußte das natürlich erörtert werden.

Das Agieren der beiden an meinem Festtag, »Christmas«, erfüllte also ödipale Wünsche der beiden: Anne hatte jetzt einen geistigen und körperlichen Kontakt, also »für alles«, zwar nicht mit mir, aber mit einem, der gerne an meinem Platz gewesen wäre. Bert konnte bei der Frau meinen Platz einnehmen, die, wie er ausführte, am längsten zur Gruppe gehört hatte und deshalb am meisten mir, dem Leiter, angehörte, und dies alles gewissermaßen an meinem Geburtstag. Die Gruppe konnte all dies in den Sitzungen durchsprechen. Die beiden hatten somit der Gruppe Gelegenheit gegeben, nicht nur Abhängigkeits- oder aggressive Probleme durchzuarbeiten, sondern auch ödipale. In der Folge verblich die Liebschaft und beide fügten sich wieder in die Gruppe ein.

Verschiedene Wissenschaftler haben die drei Grundannahmen BIONS in Analogie mit den Stufen der Libido-Entwicklung gesetzt. Unter ihnen auch William SCHUTZ (1958) mit dem von ihm entwickelten FIRO-Test. Die Abhängigkeit entspräche der oralen Stufe; die Gruppenfunktion heißt »inclusion« (gegenüber »exclusion«) und wird am besten mit »Teilnahme« oder »Dazugehören« übersetzt. Es schließt Einbezogensein, Wärme, Schutz, Akzeptanz, Fütterung etc. mit ein. Die Kampf-Flucht-Annahme entspricht der analen, aggressiven Phase; in der Gruppenfunktion wird sie zur »Dominanz« (gegenüber Unterwürfigkeit) mit den Qualitäten von Selbstsicherheit, Mut, Aggressivität, Durchsetzungsvermögen etc. Die Pairing-Grundannahme sieht BION mit Kreativität ausgezeichnet. Sie entspricht der genitalen Phase der Libidoentwicklung. Die Gruppenfunktion umfaßt hier Affektivität, Lieben, Geliebt werden, Auszeichnung, Selbstverwirklichung, Erfolg etc.

Der Vergleich stimmt einigermaßen. Die Testergebnisse haben gegenüber dem Bales-Test, der nur die formellen Interaktionen erfaßt und quantifiziert, den Vorteil, daß auch die emotionalen Aspekte der Gruppeninteraktion erfaßt werden können. BIONS Grundannahmen führen allerdings beim Versuch, sie genau zu erfassen zu den gleichen Problemen wie FREUDS frühe Trieblehre (FREUD 1905 und 1974) in den »Drei Abhandlungen zur Sexualtheorie«. Als Theorie wollen sie Grundlegendes über den Menschen, bzw. die Gruppe aussagen, sind aber in Behandlungen nicht direkt anwendbar. Auch BIONS Grundannahmen sind eher als Hintergrund zu betrachten, auf dem Therapie durchgeführt werden kann. Sie tragen zum Verständnis bei, ohne direkt verwendbar zu sein. Im Gegensatz zur Libidotheorie, die eine lineare Entwicklung von der frühesten oralen, über die anale zur genitalen Entwicklung postuliert, fordert die Theorie der Grundannahmen keine lineare Entwicklung. Grundannahmen wechseln in der Gruppe von Zeit zu Zeit ohne ersichtliche Ursache. Sie sind auch nur schwer durch die Therapeutin beeinflußbar.

Die Spannung zwischen Gruppenarbeit und Grundannahme
Hätte BION nur von den Grundannahmen gesprochen, wäre sein Beitrag zwar beträchtlich gewesen, hätte aber nicht die Bedeutung erlangt,

die er nach dem Erscheinen seiner Schriften fast unmittelbar bekam. Wir haben bereits davon gesprochen, daß die Gruppen*arbeit* die Grundannahmen als bewußtes und zielgerichtetes Wandeln einer zweckorientierten Gruppe kontrastiert. Arbeit ist das, was wir von unseren Therapiegruppen erwarten. Für sie bereiten wir sie vor und strukturieren sie in der Anfangsphase der Gruppe. Die Grundannahmen stellen sich, wie der Witz oder die Störung bei der Arbeit, von selbst ein. Die Spannung zwischen der Gruppenarbeit, die bei der Therapiegruppe im Erkennen zwischenmenschlicher Vorgänge besteht, und den Grundannahmen, dem klimatischen Hintergrund und zuweilen Störfaktor, macht das therapeutische Element in der Gruppe aus. Die folgende Tabelle zeigt dieses Spannungsverhältnis.

Kontrast: Gruppenarbeit und Grundannahme

Gruppenarbeit	Grundannahme
bewußt, geplant, rational	unbewußt, spontan, instinktartig
mit der Zeit fortschreitend, in vielen Schritten sich differenzierend	zeitlos, gleichbleibend, aber sich abwechselnd, ohne ersichtlichen Grund
Beziehungen der einzelnen durch Zusammenarbeit erworben, nicht selbstverständlich	Beziehung = sog. »Valenz«; spontanes Mitmachen, unmittelbar, ohne Arbeit, instinktiv (z. B. Schulklasse gegen Lehrer)
Gruppenzusammenhalt erarbeitet, bleibt zielgerichtet auf den vereinbarten Zweck	Spontanes selbstverständliches Zusammenfinden (ähnlich der Identifikation) zum Ausleben der Grundannahme
Inhalt des Gesprächs wird vom einzelnen bestimmt. Jede kann zum Fortschritt der Gruppe, zu sozialem Lernen und Selbstkenntnis beitragen	Inhalte sind vorgegeben und auf das durch die Grundannahme gegebene Feld von Emotionen beschränkt. Die Beschränkung wird vom Leiter als Inhalt der Übertragungen erkannt und zum Thema der Diskussion gemacht

Whitaker und Liebermans Beitrag

In den Vereinigten Staaten von Amerika wurde innerhalb der Psychoanalyse unmittelbar nach dem zweiten Weltkrieg die Ich-Psychologie
entwickelt (Übersicht in BLANK & BLANK 1974/1994). Heinz HART-
MANN und Erik ERIKSON sind die bekanntesten Vertreter. Auch für die
Gruppentherapie mußte deshalb etwas nachgeholt werden, was BION
nur teilweise beschrieben hatte. Die beste Definition der Gruppenarbeit, und damit ein Schema zur Gruppenentwicklung im Verlauf der
Zeit, verdanken wir Dorothy STOCK-WHITAKER und Morton LIEBERMAN
aus Chigago (1964). (Ihr Buch: »Therapy through the Group Process«
wurde leider nicht ins Deutsche übersetzt.)

WHITAKER und LIEBERMAN formulieren ihr Buch etwas pedantisch in
Lehrsätzen nach dem HEGELschen Prinzip von These, Antithese und
Synthese. Das Buch ist aber trotz seiner didaktischen Form keineswegs
langweilig. Die Grunddefinition der Gruppenarbeit ist die der *Konflikt-*
lösung im Hier und Jetzt.

Die Autoren sprechen von einem Fokalkonflikt. Gruppen machen sich
zur Aufgabe, die innerhalb der Gruppe entstehenden Konflikte, (nicht
inhaltlich, sondern im Prozeß) so zu lösen, daß ein für alle bindender
Konsens entsteht. Die altbekannte Einmütigkeit ist ein wichtiges Element für jede Kleingruppe in der Gesellschaft. Sie gibt der Gruppe
»Kraft«. Der »Gruppendruck« zur Konformität ist ebenfalls sehr geläufig. Wenn Einmütigkeit nicht erreicht werden kann, entsteht ein Lösungskonflikt, der seinerseits über Auseinandersetzung der Gesichtspunkte und Kompromißlösung (These, Antithese und Synthese)
überbrückt werden muß.

Ein Beispiel aus einer neuen Gruppe (eine der Gruppen der »Übriggebliebenen«), die sich daran machte, das Problem des Monopolisten
zu lösen, soll die Gruppenarbeit zur Problemlösung illustrieren:

> Die ersten fünf Sitzungen hatten sich in relativ friedlicher Weise so ent-
> wickelt, daß in jeder Sitzung ein Patient »dran kam«, seine Probleme zu
> erzählen. Aber den Patientinnen genügte es nicht, daß die Sitzungen
> jeweils auf eine Person ausgerichtet waren. Sie fragten sich, was zu tun sei
> und kamen zum Schluß, daß in Zukunft jeder zu jeder Sitzung etwas
> beizutragen hätte. Die Lösung wurde als vorgeschlagener Konsens von
> allen begrüßt, mit Ausnahme einer Frau, die sich über das Wort »beitra-
> gen« beschwerte. Sie sei nämlich nur gekommen, weil man sie zugewiesen
> hätte, sie wolle aber selber nichts beitragen. Die Gruppe versuchte, sie

freundlich aber bestimmt in den Gruppenkonsens einzubeziehen. Sie könne schweigen, solle aber weiterhin kommen. Es gelang der Gruppe aber nicht, den Lösungskonflikt in einen für alle akzeptablen Konsens überzuführen. Die Teilnehmerin kam noch einmal, schwieg während der Sitzung und schied dann ganz aus.

Bei den verschiedenen Arten von Lösungsversuchen der Gruppe wird das System von WHITAKER und LIEBERMAN besonders interessant. (1) Zum einen gibt es nämlich *restriktive* Gruppenbeschlüsse z. B. *»man solle nicht andere kritisieren, sonst könne man selber auch kritisiert werden«.* Hier diktiert die *Angst* den gewählten Beschluß. Solche restriktiven Regeln werden oft am Anfang der Gruppentherapie aufgestellt. Die Gruppenmitglieder, die sich gegenseitig noch nicht kennen und sich vor Verletzungen schützen wollen, legen sich auf diese Weise fest und können sehr rigide werden. (2) Zum zweiten gibt es Gruppenlösungen, die weitere Möglichkeiten eröffnen (»enabling solutions« = fördernde Lösungen). Sie bieten den Mitgliedern bessere Ausdrucksmöglichkeiten. Ein Beispiel wäre etwa: *»Wer etwas Negatives berichtet, ermöglicht damit sich und anderen, etwas wichtiges herauszufinden.«* Bei Gruppen von psychotischen oder sehr regredierten Patientinnen müssen fürs erste überwiegend restriktive Lösungen in Kauf genommen werden.

> Bei der Vorstellungsrunde in einer Rehabilitationsgruppe aus schwer gestörten Patienten und Patientinnen sagte ein Teilnehmer etwas Persönliches. Den Versuch der Therapeutin, weiter zu fragen, unterbrach eine andere Teilnehmerin: »Wir reden jetzt nicht, wir machen nur eine Vorstellungsrunde.« Sie hatte wohl selbst Angst, befragt zu werden und dadurch schnell den andern näher zu kommen. Sie brach den Versuch des vertieften Kontakts sofort ab. Dabei handelte sie nach der damals noch bestehenden Gruppenregel, daß Ausfragen der Leute durch die Therapeutin nicht erwünscht sei.

Nach der erfolgreichen Lösung von Fokalkonflikten entwickelt sich die Konfliktbewältigung weg von restriktiven hin zu öffnenden Lösungen. Eine »erwachsene« Gruppe hat viele gruppeninterne Konflikte bearbeitet, oft ohne, daß sie sich Rechenschaft darüber gibt. Sie hat zeitweilige oder endgültige Lösungen gefunden, auch wenn lange nicht alle ausgesprochen werden. Die erfolgreichen Lösungen werden von der Gruppe gespeichert. Daraus entsteht ihre Norm, die hinfort gilt. Bei Gelegenheit wird sie hervorgeholt und angewendet. Man spricht zuweilen von einer »Gruppenbibel«, d. h. einem imaginären Buch der Gruppe, das alle wichtigen Lösungen enthält und als Leitfaden für die Gruppe dient. Die Gruppengeschichte und ihre inhaltsreiche Gruppenbibel hat eine enorme Macht. Diese helfen, leiten und klären meist besser als die Therapeutin allein. Das gemeinsam Erarbeitete ist konsensfähig und verbindlich.

WHITAKER und LIEBERMAN beschreiben in ihrem Buch, wie der Gruppenprozeß den einzelnen hilft. Gruppenfokalkonflikte werden benannt. Wie sie sich bei bestimmtem Gruppenklima und mit wechselnden Grundannahmen entwickeln, wird besprochen. Jeder Teilnehmer und jede Teilnehmerin bringt den eigenen *inneren Fokalkonflikt* mit. Bewegt sich der Gruppenkonflikt auf ein ähnliches Problem zu, wächst im betreffenden Mitglied die Angst. Im vorherigen Beispiel wollte die Teilnehmerin nicht befragt werden. Aus der eigenen Angst heraus griff sie in den Gruppenprozeß ein und machte den Vorschlag einer restriktiven Lösung. Die Gruppe mag es vielleicht bei diesem Vorschlag nicht bewenden lassen. Die Ausarbeitung einer fördernden Lösung kann beginnen. Erreicht die Gruppe einen Konsens, ist er auch für jedes Mitglied verbindlich. Im Schutz der Gruppe wächst Einsicht und Fortschritt. Die Heilung durch Einsicht verpflichtet. Allerdings geht es nicht mehr um die rein intraindividuelle Einsicht in Zusammenhänge des Konfliktes mit der persönlichen Vorgeschichte. Vielmehr wird die Einsicht in zwischenmenschliche Prozesse gefördert, ähnlich dem »sozialen Lernen«, das YALOM als hauptsächliches therapeutisches Hilfsmittel ansieht.

Im Beispiel der Teilnehmerin, die nicht akzeptieren konnte, daß jeder etwas beizutragen hätte, um die Angst vor der Monopolistensituation zu überwinden, geriet die Teilnehmerin in einen individuellen Fokalkonflikt zwischen aktivem Beitragen gegenüber passivem Widerstand-Leisten. Er war durch den Konsens »jeder soll etwas beitragen« ausgelöst worden. Die Teilnehmerin bekam Angst. Sie mußte eingreifen und den Konsens anfechten. Da die Gruppe sich ihrer Forderung nicht anschließen konnte und damit erheblichen Gruppendruck ausübte, wurde das Mitglied zur Außenseiterin. Fortgeschrittene Gruppen sind toleranter. Mit Humor oder einem Kompromiß hätte die Teilnehmerin vielleicht in der Gruppe gehalten werden können.

Die wichtigste Folge der »Therapie durch den Gruppenprozeß« ist die endgültige Akzeptanz der Theorie vom Gruppenprozeß. In den 50er Jahren war sie vor allem durch BIONS Buch gefördert worden. Mit der Ausweitung der Theorie war es jetzt möglich, nicht nur »einsichtsfähige« ambulante Patientinnen, sondern auch Psychosekranke in den Kliniken, Strafgefangene in der Rehabilitation und andere schwierige Patienten mit Persönlichkeitsstörungen zu behandeln. Bis in die Sechzigerjahre hinein war die Gruppentherapiebewegung von SLAVSON und seinen psychoanalytisch ausgerichteten Schülern dominiert worden. Jetzt entwickelte sie sich zu einer nationalen Bewegung, von der viele weitere Patienten profitierten.

Kliniken bieten vielerlei Gruppenerfahrungsmöglichkeiten: In der abteilungseigenen Milieutherapie, oder in spezifischen Kleingruppen für die eigentliche Gruppenpsychotherapie. Schwerer gestörte Patienten sind oft nur mit größter Schwierigkeit in der Einzeltherapie behandelbar, für Gruppenprozesse sind sie eher zugänglich, ja sie haben ein Gespür dafür. Ihre Fähigkeit zur »Valenz«, d. h. sich spontan in die jeweilige Grundannahme der Gruppe einzufügen, wurde bisher kaum beschrieben. Sie ist sehr bedeutsam.

In einer Gruppe chronisch psychotischer Klinikpatientinnen waren über längere Zeit abhängigkeitsorientierte Themen diskutiert worden. Plötzlich begab sich die Gruppe auf neues Gebiet. Die bisher so gefügig und freundlich scheinenden chronischen Patienten sprachen über ihre destruktiven und grandiosen Wahnideen. Das Gespräch verlief sehr spontan. Die Patientinnen, die sonst zu keiner aggressiven Äußerung fähig schienen, stimmten energisch mit ein. Der Assistenzarzt, der die Gruppe leitete, fühlte sich wie der Zauberlehrling in GOETHES Gedicht. Die Gruppe war ihm entglitten. Nach der Sitzung fühlte er sich »als schweißtriefend noch einmal davongekommen«. Aber wie in GOETHES Gedicht legten sich die Wogen – ohne den Zaubermeister. Nach Abschluß der Sitzung – also mit Beendigung der Übertragung – kehrten die Patienten zu ihrem früheren freundlichen und gefügigen Verhalten zurück. Nur im Gruppenprozeß, der seltenen Kampf-Flucht-Stellung, war es diesen Menschen möglich gewesen, zusammen ihre »andere Seite« zu zeigen.

Über die Sitzung hinaus konnte diese Gruppe keinen großen Gewinn aus diesem plötzlichen »Griff in die Tiefe« davontragen. Unter ähnlichen Umständen kann aber eine Gruppe – bei längerer Dauer – etwas in Bewegung bringen, wo individuelle Therapie nichts ausrichtet.

Ein kataton schizophrener Patient konnte zwar nichts über sich selbst aussagen, aber in der Therapiegruppe machte er ein- oder zweimal in jeder Sitzung die besten Prozeßkommentare. Der Gruppentherapeut hatte gelernt, ihm gut zuzuhören, um zu begreifen, was vor sich ging. Derselbe Patient hatte so viel zwischenmenschliches Feingefühl, daß er, wenn ein sehr gestörter oder erregter Mensch neu auf die Abteilung kam, es jedesmal fertigbrachte, den Patienten in kürzester Zeit zu beruhigen.

Wir können also von Psychosekranken viel über Gruppenprozesse lernen. Der Fortschritt, den gestörte Patientinnen mit Hilfe der Milieugruppe machen, ist kein dramatischer. Häufig erkennen ihn die Mitpatienten eher als die Betreuenden.

Ein Beispiel der starken Wirkung des Gruppenprozesses

Die folgende, etwas längere Geschichte ist aus dem Bericht eines jüngeren Gruppentherapeuten entnommen. Sie spricht eine deutliche Sprache von der Wichtigkeit des Gruppenprozesses. In diesem Fall war der Prozeß der Störfaktor. Dort, wo er sich entwickelte, war er nicht erwünscht. Der Bericht stammt aus den späten 60er Jahren. Das Prozeßdenken ermöglichte den Gruppentherapeuten und -therapeutinnen zahlreiche Anwendungsgebiete über die ambulante Psychotherapie hinaus. Viele institutionelle Mitarbeiter aller Berufe, z. B. Psychiatriepfleger und -schwestern oder Sozialarbeiterinnen wurden auf die Möglichkeiten aufmerksam, die sich durch die Gruppen ergaben. Harte Diskussionen wurden geführt und Konflikte innerhalb der Fachvereinigungen ausgetragen. Sie sparten weder die höchsten Gremien noch Ausbildungsanlässe aus. Der junge Therapeut berichtet von einem solchen Ereignis während der Jahrestagung der Gruppentherapie-Gesellschaft. Er traf offenbar mitten in den Konflikt zwischen der selektiven psychoanalytischen Richtung und der Gruppe, die den Prozeßansatz vertrat. Die beschriebene Gruppe ist keine Patientengruppe, sondern eine Gruppe von Berufstätigen auf dem Gebiet der psychiatrischen Gesundheitspflege. Diese besuchten die jährliche Zusammenkunft der gruppentherapeutischen Gesellschaft, um an der zweitägigen Intensivweiterbildung teilzunehmen. Hier der Bericht:

Ich war Ko-Leiter eines Seminars in Gruppentherapie und wurde einem nicht-prozeßorientierten älteren Mann der traditionellen psychoanalytischen Slavson-Schule zugeordnet. Wir kannten uns vorher nicht, waren uns aber bei der ersten Begegnung vor dem Beginn der Gruppe sympathisch.

Die Mitglieder des Gruppenseminars, das immerhin einige erfahrene Leute versammelt hatte, brachen aber den latenten Konflikt zwischen unseren fachlichen Orientierungen an die Oberfläche, einen Konflikt, der sich im Laufe des Seminars zu heftigen Emotionen aufschwingen sollte. Selbst seriöse und sonst wohltemperierte Wissenschaftler wurden in der Situation sehr wütend. Es war klar, daß hier ein Prozeß im Gange war, der weit über wissenschaftliche Differenzen hinaus störte. Was war geschehen?

Das Seminar war als didaktische Veranstaltung ausgeschrieben, als »Anleitung zur Gruppentherapie«. Der Zwei-Tage-Intensivkurs war keine Selbsterfahrungsgruppe, in der man hätte frei sprechen oder Prozeßkommentare erhalten können. Allerdings haben Seminarien, Schulklassen, Kommissionssitzungen etc. auch einen Prozeß. Nur hofft man dort, dieser störe nicht zuviel, indem z. B. jemand die seriösen Erörterungen mit einer Nebenbemerkung unterbricht. Mit dem Ko-Leiter hoffte ich, daß keine Störungen durch einen unerwünschten Prozeß aufkommen würden. Störungen sollten hier, anders als in der Therapie, keinen Vorrang haben. In der gegebenen Situation dieser Jahre, der schwelenden Kontroverse zwischen Prozeß und Nicht-Prozeß und mit zwei verschieden orientierten Ko-Leitern der Seminargruppe, konnte es aber beinahe nicht anders kommen. Der Fokalkonflikt in der Gruppe – Prozeß oder Inhalt – zeigte sich schon bei der ersten Vorstellungsrunde, in der die Mitglieder und die beiden Ko-Leiter etwas von sich selbst und ihrer Erfahrung erzählten. Der ältere Leiter berichtete von seiner Beziehung zu Sam SLAVSON, dem –Vater der Gruppentherapie– in den USA und von seiner ambulanten Gruppentherapiepraxis. Ich berichtete von meiner Spitalerfahrung und dem laufenden Gruppenprogramm, das ich dort aufgebaut hatte. Es traf sich, daß die allermeisten Mitglieder in Institutionen tätig waren und vor allem etwas von mir hören wollten.

Unmittelbar nach der Vorstellung, als das eigentliche Seminar noch gar nicht begonnen hatte, geschah etwas, das mir immer in Erinnerung bleiben wird. Hinten im Raum erhob sich plötzlich ein junger Mann – er sah kreideweiß aus wie ein Leintuch – und sagte mit deutlich geängstigter Stimme, daß er an dieser Veranstaltung nicht teilnehmen könne. Sie würde nichts Gutes bringen; sprach's und verließ den Raum, ohne Reaktionen abzuwarten. Ein weiser Supervisor, dem ich die Geschichte später erzählte, sagte mir, der junge Mann habe wohl seinen Vater töten wollen. Ich selber konnte im Moment die Zusammenhänge nicht sehen und war bereit, das Seminar in Zusammenarbeit mit dem älteren Leiter in didaktischer Weise durchzuführen.

Das Seminar begann, wie es sich ziemte, mit dem älteren Leiter. Er erzählte vom Planen und Einstieg in eine ambulante Gruppe in der Praxis, von Selektionskriterien und ähnlichem – von den Themen, die in den früheren Kapiteln dieses Buches auch angesprochen wurden. Nach einer Weile hatte auch ich Gelegenheit, mich zu äußern, und zunächst schien alles zu gehen wie erwartet.

Bald aber begann eine lebhafte Auseinandersetzung um das ganze Setting des Seminars, vor allem in den Pausen zwischen den Sitzungen. In dem dringenden Wunsche nach Prozeßkommentaren von mir, fand und schürte die Gruppe einen Konflikt zwischen mir und dem älteren Leiter. Anfänglich sah ich den Konflikt nicht. Nachdem er deutlich geworden war, wollte ich ihn lieber vermeiden. Ich sollte die Leitung allein übernehmen und die Gruppe zu einer wirklich signifikanten Gruppe machen, der durch Prozeßkommentare tiefergreifende Einsichten vermittelt würden. Der kreideweiße junge Mann hatte also Recht gehabt. Das Seminar sollte nichts Gutes bringen. Eine Art Vater-Sohn Konflikt bahnte sich offenbar zwischen den beiden Leitern an. Die Frau oder Mutter im Spiel war die Gruppe selber. Retrospektiv waren es vor allem die Teilnehmerinnen, die diesen Konflikt angesprochen hatten, schürten und ausgetragen sehen wollten.

Der ältere Gruppenleiter erlag dem Druck zuerst. Es war ihm sehr wohl klar geworden, was die Gruppe wollte. Wir hatten von Anfang an darüber gesprochen, uns aber wiederholt im Sinne des Auftrags darauf geeinigt weiterhin didaktisch zu verfahren. Nicht vorgesehen war, was sowohl die Gruppe wie mich vollkommen überraschte: Mitten in einer Sitzung trat niemand anders als SLAVSON selbst, der Vater der Gruppentherapie, in den Raum und begann, kritisch in die Sitzung hineinzureden. Er fand mit sicherem Gespür die Leute, die sich am meisten auf meine Seite geschart hatten. Er versuchte, sie fertigzumachen. Ich selber wurde von SLAVSON nicht angegriffen und irgendwie »durch den Gong gerettet«, dadurch daß die Sitzung endete. Als die Gruppe bei der nächsten Zusammenkunft realisiert hatte, daß SLAVSONs Erscheinen vom älteren Ko-Leiter veranlaßt worden war (er hatte es selber mitgeteilt), wurde die Gruppe sehr aufgebracht und vollends polarisiert. Ich wurde jetzt als der gewünschte Leiter vorgeschoben. Ich sollte den älteren Leiter absetzen.

Einer meiner verehrten Lehrer im Gymnasium wies anläßlich einer Schüleraufführung, darauf hin, wie sehr SOPHOKLES' Ödipusdrama, selbst wenn es amateurhaft gespielt ist, die Zuhörerschaft mitreißt. Beim Erleben wird in uns offenbar etwas Grundlegendes angerührt, das in der

Erzählung allein nicht lebendig wird. Die Gruppe hatte das Ödipusdrama wahrscheinlich weder gelesen noch ganz gehört. Sie erlebte es nun mit und schwang deshalb in so hohen emotionalen Tönen. An sich wäre der Ersatz eines ungewünschten Leiters durch einen anderen eine einfache Sache gewesen. Man hätte mit der Leitung sprechen müßen. Aber auf der emotionalen Ebene, und Emotionen waren hier sicher angesprochen, war der bestehende Konflikt zwischen Vater und Sohn nicht einfach. In der Analogie zum ödipalen Kampf erfüllte ja die Gruppe die Rolle der Frau und Mutter, um die es ging.

Die Lösung des Konfliktes in der Seminargruppe war antiklimaktisch. Der Druck der Gruppe auf mich, ihr das zu geben, was sie wollte – Prozeßinterpretationen –, vergrößerte sich zusehends. Ich war ohne es zu wollen, durch den von der Gruppe veranlaßten Rollensog, gewissermaßen durch die Verführung durch die Mutter, in einen Konflikt mit meinem Ko-Leiter geraten. Ich wollte ihn gewiß nicht beleidigen, obwohl er sich durch das von ihm veranlaßte Erscheinen SLAVSONs nicht ganz korrekt verhalten hatte. Gegen Ende des Seminars fragte ich ihn nochmals, ob er es gestatten würde, wenn ich der Gruppe ein Prozeßfeedback gäbe. Er stimmte jetzt zu. Ich habe den Inhalt meiner Prozeßkommentare ganz und gar vergessen. Es war nichts Besonderes dabei. Was aber alle beobachteten war, daß der ältere Ko-Leiter mit Beginn meiner Prozeßkommentare einschlief. Er verpaßte die ganze Episode und wachte erst wieder auf, als sich das ganze Seminar dem Ende zuneigte.

Das Beispiel zeigt, wie groß das Durchsetzungsvermögen der Gruppe ist, und wie mächtig sich der Gruppenprozeß vordrängt, wenn das gegebene Setting einer konfliktgeladenen Situation entspricht, und wenn die offizielle Vorgabe das Ausarbeiten des Fokalkonfliktes nicht erlaubt. Was waren wohl die bewußten oder unbewußten Absichten des Programmausschusses, ein derartiges Seminar in der konfliktreichen Situation so zu organisieren? Kann das Neue gewinnen gegen das Alte und Etablierte? Und persönlich: Kann ein junger Lehrer erfolgreich einen alten absetzen, ohne sich des ödipalen Mordes schuldig zu machen? Der bleiche junge Mann hatte es vorausgesehen: es geht nicht ohne «Mord«. Er hatte sich aus der Affäre gezogen, um nicht mitschuldig zu werden.

Wohl nicht zufällig fand auf der nachherigen abendlichen Party so etwas wie eine Autopsie der Gruppe statt, also ein abschließender Prozeßkommentar. Ein wohlinformierter Psychiater, der auch Gruppenmitglied gewesen war, bemerkte, wir hätten in der Gruppe eigentlich den Konflikt des Programmdirektors ausgetragen. Der sei nämlich ein rebellischer Schüler Sam Slavsons und wolle selber neue Wege gehen. Wir sollten einen Mann der alten Garde zu Grabe tragen. Ich wurde gelobt, daß ich den alten Mann nur hatte einschlafen lassen. Er hatte sich selber zurückgezogen, sich gewissermassen in Pension begeben ohne kämpfen zu müssen.

Soweit der Bericht des Therapeuten. Das Beispiel von der Wirkung des Gruppenprozesses verdient, auf mindestens drei Ebenen betrachtet zu werden: (1) einmal auf der Ebene der vom Programmgestalter vorgegebenen Lehrveranstaltung, (2) als Gruppen- und Prozeßerfahrung und (3) als Teil eines größeren Prozesses innerhalb der Gesellschaft.
1. Als *Lehrveranstaltung* muß die Übung als *mißglückt* beschrieben werden. Die Vermittlung von wissenschaftlicher oder praktischer Information litt, vor allem in den späteren Stadien, empfindlich unter der angeheizten emotionellen Atmosphäre. Nötig gewesen wären genauere Absprachen zwischen den beiden Leitern, mit einer klaren Rollenverteilung, die von Anfang an hätte transparent sein sollen. Überraschungstaten des einen Leiters gegen den anderen waren ebenfalls nicht günstig. Der Besuch von Slavson hätte als willkommene Zugabe eingeführt werden können, statt, wie es im Prozeß erschien, als Hilferuf eines überforderten Leiters. Man hätte auch – den möglichen Konflikt zwischen zwei Leitern vorausahnend – am Anfang das Thema »Konkurrenz« kurz ansprechen und es damit entschärfen und delegitimieren können. Dies wäre zwar eine Prozeßinterpretation gewesen, jedenfalls die eines vorauszusehenden Prozesses. Sie wäre aber im Anfangsstadium nicht als das, sondern als notwendige Strukturierung und das Setzen von Normen verstanden worden.
2. Als *Gruppen und Prozeßerfahrung* war das Seminar wiederum unglücklich verlaufen. Das Seminar sollte nicht der Gruppenerfahrung, sondern der Wissensvermittlung dienen. Prozeßinterpretationen waren deshalb nicht vorgesehen. Die Interaktionen gerieten bald außer Kontrolle, als die Gruppe Prozeßdenken forderte. Die Leiter waren nicht die überlegenen und beschützenden Therapeuten, sondern gerieten selber in das Agierfeld der Gruppe. Sie wurden beide zu entgegengesetzten Konfliktparteien. Ihre klärende und erhellende Aufgabe konnten sie deshalb nicht wahrnehmen. Durch ihr Mitagieren verursachten sie viel Verunsicherung und wenig Einsicht.
3. Die Beziehung zum unmittelbaren *ideologischen Umfeld* der Gruppe

wurde von mindestens einem Mitglied klar empfunden und in der Nachbesprechung mitgeteilt. Das Feld war damals gekennzeichnet durch das Aufkommen des Prozeßdenkens, das es möglich machte, auch mit schwerer gestörten Patienten und auch im stationären Rahmen zu arbeiten. Vorher war Gruppenpsychotherapie beschränkt gewesen auf die Ambulanz oder Praxis. Sie war reserviert für »therapiefähige« Patienten, war einsichtsorientiert und pflegte ein psychoanalytisches Vokabular. Innerhalb der älteren Generation dieser Gruppenpsychotherapeuten erschienen die neuen Konzepte, die sich auf die Kleingruppendynamik stützten bedrohlich. Bions Gedanke, die Gruppe als Ganzes zu sehen war ihnen fremd. Es ging dem älteren Leiter um die Verteidigung der rechten Lehre, während der junge Leiter eine von ihm erkannte Neuerung, welche offensichtlich von der Gruppe auch gewollt war, durchzusetzen versuchte. Die Konfrontation fand zwar statt, aber nicht auf der wissenschaftlichen Ebene, sondern als persönliche Rivalität. Das »Neue« hatte gewonnen. Die Integration des »Alten« und des »Neuen« konnte nicht bewerkstelligt werden.

Im *persönlichen Bereich* des jungen Leiters mag mitgespielt haben, daß er kurz nach Beendigung einer Psychoanalyse stand, die viel ödipale Konflikte bearbeitet hatte. Seine Leistung in der Gruppe könnte gesehen werden als Streit mit dem Vater um die – als Mutter oder Frau gesehene – Gruppe. Er konnte zwar gewinnen, aber dadurch kam mit dem »Vater« keine Verständigung und damit keine positive Identifikation zur weiteren Integration zustande.

Das Beispiel soll zeigen, wie stark ein unausgesprochener, zugrundeliegender Prozeß eine Gruppenfunktion stören kann. Der weise Therapeut oder Trainer wird schon im Anfangsstadium dem möglichen Prozeß Rechnung tragen, damit dieser nicht ohne gleichzeitiges Verständnis ausgelebt werden muß. Für Lehrveranstaltungen ist ein *unterstützender und beschützender* Leiter notwendig, der sich auf der nötigen Distanz zu störenden Interaktionen halten kann.

Zwei Leiter bringen ein eingebautes Konfliktpotential in die Gruppe hinein, das nur prozeßhaft angegangen werden kann, entweder durch Unter- oder Überordnung oder durch eine klare Rollenverteilung. Im angeführten Beispiel war der Konflikt der beiden Leiter vom Umfeld her durch ihre verschiedenen Überzeugungen vorprogrammiert. Sie konnten unter dem Druck der Gruppe die nötige Distanz nicht wahren und fochten quasi einen Vater-Sohn Konflikt aus.

Das Beispiel ist noch in anderer Hinsicht lehrreich. Die Konferenz-planung brachte zwei Leiter zusammen, um gemeinsam eine Gruppe zu führen. Ko-Therapie oder gemeinsame Leitung einer Gruppe wird oft praktiziert und ist im besonderen für angehende Gruppenleiterin-nen nützlich. Zwei paar Augen und Ohren bemerken mehr von dem, was in der Gruppe vorgeht. Auch die Gefühle des mithelfenden Leiters geben Aufschluß über die Gefühlslage der Gruppe.

Zwei gleichartige Leiter bringen aber andere Prozesse in die Gruppe. Im Beispiel werden zwei männliche Leiter gepaart und das uner-wünschte, aber von der Gruppe offensichtlich erwartete und geförderte Resultat war ein Konkurrenzkampf, man könnte fast sagen ein Turnier. Hätte eine andere Kombination von Leitern bessere Resultate gezeigt? Wahrscheinlich schon.

Prozesse in der Co-Therapie

Wenn zwei Leiter oder Leiterinnen mit einer Gruppe arbeiten, können verschiedene Konstellationen entstehen. Sie sind durch die Beziehung der beiden Leitpersonen untereinander bedingt. Das Schema »*eine Frau und ein Mann*« wird am häufigsten genutzt, weil es eine Familiensitua-tion mit Eltern und Kindern nachahmt. Harmonisches Familienzusam-mensein hat eine positive Bedeutung. Familien haben viel Kohäsion im Positiven wie im Negativen. Die Kohäsion, die in der Gruppe ange-strebt wird, soll es erlauben, Probleme in der Ursprungsfamilie der Mitglieder zu verstehen und und zu lösen. Mit dem Schema »ein Mann und eine Frau« soll eine Übertragunsfamilie geschaffen werden. Schon im fünften Kapitel über die beginnende Gruppe haben wir aber ge-warnt, daß voreilige Interpretationen der Gruppe als einer großen Fa milie, oft nicht stimmen.

Der Grund dafür ist, daß die Gruppe zunächst die *Machtpositionen* der Co-Therapeuten untereinander erkennen und berücksichtigen muß. In den Grundbedingungen für die beginnende Gruppe (s. Kap. 2) ist die Frage: »Wer hat hier eigentlich das Sagen?« vorrangig zur Orientierung der Teilnehmerinnen. In vielen Fällen ist es klar, wer als der eigentliche Therapeut oder die Therapeutin angesprochen werden muß und wer der Helfer ist. In anderen ist das nicht der Fall. In Klinikgruppen oder in der psychiatrischen Nachsorge wird der Arzt oder die Ärztin als Leiter gesehen, während Pfleger oder Schwestern als Hilfspersonen auftreten. Der berufliche Status spielt eine Rolle im sich entwickelnden Gruppenprozeß. Allerdings muß erkannt werden, daß Macht in der Gruppe nicht unbedingt als positives Attribut eines Leiters gesehen wird. Ein Beispiel aus der Nachsorge soll das illustrieren.

> Die Gruppe bestand aus sieben allesamt klinikentlassenen und eher chronischen Patienten und Patientinnen. Der Arzt hatte die Gruppe gegründet und zum einen als Gelegenheit für die Kontrolle der Medikamente eingeführt, aber auch als Gelegenheit sich auszusprechen und Beziehungen zu anderen zu finden, die in derselben Situation waren. Ein Psychiatriepfleger war Co-Therapeut und Helfer. Es zeigte sich, daß bei Krisen oder Rückfällen regelmäßig der Pfleger zuerst angerufen wurde – vor dem Arzt.

Das Nachsorgeprogramm ambulanter Dienste läuft auf die Dauer nach demselben Muster: Die Psychiatrieschwestern werden zu den eigentlichen Therapeutinnen, an die persönliche Anliegen oder Fragen gerichtet werden. Die Assistenzärztinnen werden vor allem über Medikamente und Nebenwirkungen angesprochen, stehen aber eher auf Distanz. Bei der längeren Dauer der Nachsorgegruppen bekommt die Pflegerin eine immer wichtigere Stellung, da sie auf lange Zeit bei der Gruppe bleibt, während die Assistenzärzte häufig wechseln. Es ist also nicht nur der Berufsstatus, sondern auch die längerfristige Verfügbarkeit, die in einer Co-Therapie der einen oder andern Partnerin den Vorrang gibt.

Zwei Personen desselben Berufsstandes und ohne Konkurrenzneigungen sind anfänglich für eine Gruppe und für sich selbst eher verwirrend. Erst mit der Entwicklung von klareren Rollen wird es deutlich, wer in der Therapie was tut. Die beiden Co-Therapeuten sprechen sich oft zum voraus ab, wie sie die Arbeit verteilen wollen, d. h. welche Rolle sie in der Gruppe einnehmen werden. Die eine Leiterin mag mehr organisatorische Arbeit zum Aufbau der Gruppe tun, die andere kann eher auf die Gefühle der einzelnen eingehen. Alle Kombinationen sind möglich.

In günstigen Kombinationen *ergänzen* sich die Co-Therapeuten. Ein junger Psychiatrieassistent kann z. B. mit einer erfahrenen Sozialarbeiterin zusammenarbeiten. Eine Psychologin kann mit einem Pfleger oder einer Schwester zusammentun. Ergänzungen sind die Regel bei der interdisziplinären Arbeit. Oft ist der Co-Therapeut ein Praktikant in Psychologie oder Sozialarbeit, der durch seine Teilnahme lernt, mit Gruppen zu arbeiten.

Schwierige Kombinationen sind zwei männliche Therapeuten auf derselben Stufe der Ausbildung. Hier ist die Gefahr der Konkurrenz am größten. Männer streben häufig nach Leistung und wollen schnell Ergebnisse ihrer Therapie sehen.

Zwei Assistenten beschlossen, eine Klinikgruppe gemeinsam zu leiten. Um Schwierigkeiten zu vermeiden, sprachen sie sich ab, daß die Sitzung abwechselnd vom einen oder anderen ganz geleitet werden solle. Der jeweilige Nicht-Leiter funktionierte als schweigender Beobachter. Man hätte erwarten können, daß die Gruppensitzungen je nachdem wer der Leiter war, verschieden ausfallen würden. Das war aber nicht der Fall. Statt dessen war die Gruppe beinahe ausschließlich damit beschäftigt, Konkurrenzsituationen zu besprechen, wie sie sie im Klinikalltag erlebten oder an den höhergestellten Ärzten beobachteten.

Viel besser lief es in einem anderen Programm, das ebenfalls Ausbildung in Gruppentherapie für Psychiatrieassistenten und -assistentinnen besorgte. Die Assistenten, mehrheitlich männlich, waren nie auf derselben Stufe der Ausbildung. Ein fortgeschrittener Assistent war als Leiter anerkannt, der unerfahrenere war zunächst Beobachter und konnte sich nach und nach stärker an der Gruppenleitung beteiligen. Wenn der erfahrenere Assistent das Programm verließ, fiel die Gruppe an den Co-Leiter, der sich dann seinerseits einen weniger fortgeschrittenen Co-Therapeuten oder Co-Therapeutin aussuchen konnte. In dieser Weise konnten Gruppen kontinuierlich, trotz wechselnden Leitern und Leiterinnen über Jahre fortgesetzt werden, was für viele Patienten von großem Vorteil war.

Zwei Frauen können besser miteinander arbeiten, da sie meistens mehr Feingefühl für Beziehungen haben und einander besser verstehen. Das Konkurrenzverhalten ist viel weniger ausgeprägt. Die Aufmerksamkeit der Gruppentherapeutinnen liegt auf dem Schaffen harmonischer Beziehungen, mit ihnen und unter den Mitgliedern.

Eine begabte Assistenzärztin versammelte eine Gruppe von sieben Frauen. Eine Pflegerin war Cotherapeutin. Am Anfang der Gruppe suchten innerhalb etwa drei Wochen alle Frauen, in eine Einzelbeziehung mit der Ärztin zu treten. Eine Klinik bietet dafür viele Gelegenheiten. Dies führte zu freundlichen, jedoch eher kurzgefaßten Gesprächen. In der folgenden Sitzung brachte die Therapeutin allen Mitgliedern zur Kenntnis, daß sie alle ein Einzelgepräch mit ihr gesucht und erhalten hätten, daß es aber wünschenswert sei, Probleme in der Gruppe zu besprechen. Die Gruppe entwickelte sich in der Folge in einer sehr intimen Atmosphäre. Das Hauptthema waren Mütter und Töchter, wobei die Gruppenmitglieder zur Hälfte Mutter- und zur anderen Kinder-Rollen übernahmen.

Die Suche nach Einzelbeziehungen ist bei Therapeuten nicht so häufig, ebenfalls ist die Intimität nie so stark wie bei Therapeutinnen.

Die Kombination von einer Frau und einem Mann kann außer der Nachahmung der Familie noch andere Aspekte haben. Vater-Tochter-ähnliche Kombinationen sind in Lernsituationen vielleicht die häufigsten. Mutter-Sohn Kombinationen können ebenfalls gut wirken. Die Gleichheit, die in einem als Paar wirkenden Therapeutenteam sichtbar wird, kommt zwar dem Bild der Familie am nächsten. Die Übertragunsmöglichkeiten sind aber keineswegs nur dadurch gegeben.

Es gibt auch Co-Therapien von verheirateten Therapeuten. Dies schließt das Auftreten von unterschiedlichen Rollen nicht aus. Im nächsten Kapitel sollen die Übertragungen näher besprochen werden.

Literatur

ALEXANDER, F. (1946): Analyse der therapeutischen Faktoren in der psychoanalytischen Behandlung. Psyche 4, 401-416

BION, W.R. (1990): Erfahrungen in Gruppen und andere Schriften. Fischer, Frankfurt

BLANK, G. und BLANK, R. (1994): Angewandte Ich-Psychologie. Klett-Cotta, Stuttgart

COHN, R. (1994): Von der Psychoanalyse zur themenzentrierten Interaktion. Stuttgart, 12. Aufl.

FINZEN, A. (1977): Die Tagesklinik. Psychiatrie als Lebensschule. Piper Verlag, München

SADER, M. (1996): Psychologie der Gruppe. Juventa, Weinheim

SCHUTZ, W.C. (1956): »FIRO«. A threedimensional theory of interpersonal behavior. Holt, Rinehart & Winston, New York

SCHWÄBISCH, L. und SIEMRS, M. (1974): Anleitung zum sozialen Lernen für Paare, Gruppen und Erzieher. Rowohlt, Reinbek bei Hamburg

STOCK-WHITAKER, D. und LIEBERMAN, M. (1964): Therapy through the group process. Atherton Press, New York

WINNICOTT, D.W. (1969): Übergangsobjekte und Übergangsphänomene. Psyche 23, 666-682

8. Übertragung und Gegenübertragung

Gruppen bieten Übertragungsmöglichkeiten, d. h. Projektionsschirme, auf die das Mitglied sein Leben und seine Gefühle im zwischenmenschlichen Bereich wie ein Dia werfen kann. In der Projektion kann die Teilnehmerin vieles sagen, ohne sich dafür verantwortlich fühlen zu müssen. Die Gruppe nimmt ihr viele Aufgaben ab, z. B. ihre Gedanken zu formulieren, die für sie unaussprechbar scheinen. Oder die Gruppe drängt sie zu dem, was sie nicht zu tun wagt. In der Gruppe »geschieht« viel Therapie durch »Stellvertretung«. Therapie ist z. B. auch die schweigende Teilnahme der Patientin, die sich erlaubt, sich wenigstens in die Gruppe hineinzufühlen und an ihrem Austausch Anteil zu nehmen.

Beispiele von Übertragungen bei Gruppenpatienten

Übertragungen bedürfen einer Fähigkeit: sich bis zu einem gewissen Grad in andere hineinfühlen zu können. Für den Erfolg der Gruppenpsychotherapie ist das entscheidend. Der Erfolg hängt mit der Fähigkeit zur gegenseitigen Bezogenheit zusammen. Ob die Übertragung benannt und interpretiert wird, ist nach allem, was wir wissen, nicht entscheidend, solange sie wirklich *erlebt* wird. Mehrere Übertragungsfiguren zeigt das folgende Beispiel:

> Arthur, ein Student und Intellektueller, kam als Borderline-Patient mit wenig Vertrauen in die Gruppe. Zunächst bediente er sich einer defensiven Strategie. Statt über sich selbst zu sprechen versuchte er, durch projektive Identifikation, und mit Hilfe seines Intellektes einen älteren und depressiven Mann von seinem Übel zu »heilen«. Als das nicht gelang, mußte er seine eigene Depression durchleben. Sein Hilfsmittel bestand in der gespaltenen Vaterübertragung: zunächst auf den depressiven Mann, dem er hatte helfen wollen und der ihn an seinen eigenen schwachen, hilflosen und depressiven Vater erinnert hatte; und zum Gruppentherapeuten, den er als den erwünschten, erfolgreichen und der gehobeneren Klasse zugehörigen starken Vater ansah. Seine Depression war darüber

hinaus noch eng verknüpft mit seiner manisch-depressiven und häufig hospitalierten Mutter, von der er sich verlassen fühlte. So mußte er die Gruppe und den Gruppenleiter nach Borderline-Art austesten. Er erlebte nächtliche Krisen und hielt den Leiter mit Panikanrufen in Atem. Der Leiter half ihm, der Gruppe von seinen Hilferufen zu berichten. Im Verlauf von zwei Jahren wurde die Gruppe zur (entbehrten) vertrauenswürdigen Mutter. Sein letzter Test traf seine Freundin die nicht zur Gruppe gehörte. Bis zu seiner Therapie hatten zwei ernsthafte Versuche, eine Freundin zu gewinnen, damit geendet, daß die Freundin psychisch dekompensierte und in ein Spital eingewiesen werden, bzw. notfallmäßig eine Therapie beginnen mußte. Der Test gegen Ende der Therapie lief mit Wissen der Gruppe. Die neue Freundin wurde durch die Beziehung mit ihm nicht psychotisch. Dies änderte sich auch nicht, als sie schwanger geworden war. Die junge Frau unterzog sich einer Schwangerschaftsunterbrechung und blieb psychisch gesund. Arthur fühlte nun, daß der »Fluch« gewichen war. Er konnte sich bald mit Erfolg seiner neuen Karriere zuwenden.

Noch deutlicher erkennbar entwickelte sich die Übertragung einer Patientin auf ein anderes Gruppenmitglied:

Sarah, eine Frau von etwa 40 Jahren, war wegen depressiver Verstimmungen in die Gruppe gekommen. Sie war wenig gesprächig und ziemlich rigide, nicht eigentlich moralistisch, aber doch wenig freundlich. Sie ließ das Gefühl entstehen, daß sie irgendwie enttäuscht oder zu kurz gekommen sei. – Nachdem sie schon einige Zeit in der Gruppe gewesen war, griff sie plötzlich in die Konversation ein, die ein 15 Jahre jüngerer Student mit Arroganz führte: »Jetzt weiß ich, warum ich dich schon seit einigen Monaten nicht mochte. Wenn du redest, tönt es für mich, als ob mich mein Vater zurechtwiese.« – Sie erzählte, wie ihr Vater sie immer wieder erniedrigt hatte, auch wegen Kleinigkeiten, etwa wie und wo man die Zahnbürste hinlegen sollte. Ihre bis dahin gedämpfte Emotionalität brach auf. So hatte die Gruppe sie noch nie erlebt. Der junge Mann der als »Vater« gedient hatte, war etwas perplex und hatte das Gefühl, sich entschuldigen zu müssen, war sich aber mit den andern zugleich dessen bewußt, daß Kraft seiner Anwesenheit etwas Wichtiges geschehen war. Die Therapeutin brauchte nichts mehr zu interpretieren. Von da an wurde Sarah viel aktiver. Sie fühlte sich befreit. Die entscheidende Vaterübertragung, die offenbar schon einige Zeit bestanden hatte, war ihr selbst bewußt geworden, und sie hatte sie ausgesprochen.

Folgender komplizierter Fokalkonflikt um die Abhängigkeit von den Eltern wurde in der Gruppe durch eine signifikante Übertragungssituation gelöst.

Leonard war ein College Professor in Boston, der ursprünglich aus dem ländlichen mittleren Westen der USA stammte. Er hatte sich wegen eines beengenden Gefühls in seiner Kehle angemeldet, das ihn behinderte. Sehr bald war nichts mehr von seinem Körperproblem zu hören, aber er beschrieb, wieviel er unter den Demütigungen durch seine Eltern gelitten hatte. Sie hätten ihn lieber als einfachen Lehrer im heimatlichen Ort gesehen, als an der »moralisch verdorbenen« Ostküste der USA, »wo es von Liberalen und Sozialisten nur so wimmle«. Jede Weihnachten, die er zu Hause verbrachte, bekam er dasselbe zu hören. Doch scheute er sich, den Eltern die Stirn zu bieten. Er dachte, die Mutter könne einen Nervenzusammenbruch oder der Vater eine Herzattacke erleiden.

Eine Lösung schien nicht in Sicht. In der Gruppe war Leonard der Dumme, der sich von anderen reinlegen ließ; der gute Gelegenheiten verpaßte und sein Leben nicht in Ordnung zu bringen wußte. Inzwischen hatte sich in der Gruppe ein Paar gebildet, deren Zusammenfinden und Zusammenbleiben die Gruppe mit Sympathie verfolgt hatte. Es wurde zu keinem Zeitpunkt ausgeschlossen. Im Gegenteil, als »bessere Gruppeneltern« in Konkurrenz zum Therapeuten wurde dem Paar ein gewisser gehobener Status zugeschrieben. Die Gruppeneltern kritisierten schließlich, wie Leonard sich bemüht hatte, eine Freundin zu finden, nämlich mit dem letzten zuerst. Da plötzlich ging ihm ein Licht auf: die Situation, von den »Eltern« ausgescholten und für dumm erklärt zu werden, erinnerte ihn an seine Eltern, die ihn jede Weihnachten so behandelten. Er begann endlich, sich dagegen zu wehren und fand bei seinem nächsten Weihnachtsbesuch, daß die Mutter keine Ohnmacht und der Vater keinen Herzanfall bekam. Statt dessen gratulierten sie ihm. Jetzt sei er endlich erwachsen und selbständig geworden. Die Gruppeneltern und seine Übertragung auf sie hatten es möglich gemacht.

Wie kommen solche befreienden Erlebnisse zustande? Wie es scheint, fast von selbst. Wenn es gelingt, ein gutes therapeutisches Klima zu entwickeln, erwachsen die Einsichten in der Tat aus der – ohnehin laufenden – Gruppeninteraktion. Man könnte sogar soweit gehen zu sagen, daß jede gut motivierte Therapeutin, auch wenn sie eine Anfängerin ist, mit Hilfe ihrer Gruppe ein gutes Klima schaffen kann. Es bedarf weder langer Erfahrung in Einzel-, noch in Gruppentherapie,

um eine gute Gruppentherapeutin zu werden. Wichtig sind Grund-
kenntnisse der Psychotherapie und die »horizontale« Orientierung, d. h.
das Erkennenn der zwischenmenschlichen Beziehungen, des Gruppenprozesses und der eigenen Rolle.

Vielleicht müßte man eher fragen: Welche Störfaktoren verhindern,
daß ein gutes Klima zustande kommt? Es ist in der Tat leichter zu
sagen, warum der Gruppenprozeß zäh ist, als warum es gut geht. Zunächst sind es die Hemmnisse bei der Strukturierung der Gruppe und
der Kohäsionsbildung. Bei längerer Dauer geht es in der Regel um die
Gegenübertragung des Leiters auf die Gruppe als Ganzes.

Die Gegenübertragung der Leiterin auf die Gruppe

Gegenübertragungsphantasien der jungen Therapeutin haben wir
schon in Kapitel 4 kurz erwähnt, z. B. das »Rudel Wölfe«, das sie anfällt.
Wir haben gesehen, daß sich die Wölfe oft als Schafe entpuppen, die
erstaunlich abhängig sind und der Therapeutin wie ein schweres Gewicht anhängen. Das Ausmaß der Bionschen Grundannahme der Abhängigkeit überrascht die meisten Anfänger. Viele verlieren die Geduld
bei so viel Passivität und Schweigsamkeit. Wenn die Leiterin selbst
Schweigen in der Gruppe schlecht erträgt, sollte sie sich nicht scheuen,
wenn nötig, drauflos zu reden, notfalls sogar die Gruppe zu Interaktionen zu provozieren.

Die Schwierigkeit, mit der Abhängigkeit umzugehen, äußert sich vor
allem im Umgang mit den Wegbleibenden. Das Nicht-Erscheinen zur
Gruppensitzung wird von der Gruppe wie von der Leiterin als Ohrfeige
erlebt. Der Abwesende vermittelt durch sein Wegbleiben: »Ich habe
besseres zu tun, als Euch zuzuhören; was ihr zu bieten habt, bringt mir
sowieso nichts.« Bion spricht von Sitzungen, in denen die Abwesenden
die Leitung übernommen haben. Das heißt, in solchen Sitzungen fühlen oder sagen die Mitglieder wechselweise, daß die Gruppe wertlos sei
und nichts bringe. Kann man es einem jungen Leiter übelnehmen, daß
er die Ohrfeige nicht erträgt und zurückschlägt, indem er sagt, wer
nicht wolle, solle auch nicht kommen?! Die Patienten schließen daraus,
daß sie kein Verständnis für ihre (ausagierten) schlechten Gefühle erwarten dürfen. Sie bleiben der Gruppe erst recht fern. Es geht also vor
allem am Anfang darum, daß man eine gewisses Maß an versteckten
Aggressionen, die als Abhängigkeit getarnt sind, Enttäuschung am
Therapeuten und Wegbleiben, einstecken kann, ohne aufzugeben.

Es gibt narzißtische Therapeuten, vor allem Männer, die sehr viel von ihrer Gruppe erwarten und entsprechend großen Druck auf ihre Patientinnen ausüben, etwas »zu leisten«. Sie liefern gerne große und komplizierte Interpretationen, sind aber nicht bereit, den Niveauunterschied zu überbrücken oder gar aufzugeben, der zwischen ihnen und den Patientinnen zu bestehen scheint. Jeden einzelnen Beitrag, auch den negativen, ernstzunehmen, ist eine Qualität, die viel eher zu einem guten Gruppenklima führt als scharfe Interpretationen und gute Einsichten.

Schon Sam SLAVSON hat mehrfach den Narzißmus der Therapeuten getadelt. Gruppenleiter sollen ihre Gruppen nicht zu ihrem eigenen Ruhm nutzen, um sich mit der Gruppe ein Denkmal zu setzen. Dieses »Denkmalgefühl« zeigt sich am klarsten, wenn es um die Beendigung der Gruppe geht. Viele Therapeuten erwarten, daß die Gruppe zu Ende geht (vgl. Kap. 10, Beendigung), wenn sie aus äußeren Gründen (Ablauf der Ausbildungszeit, Umzug an einen anderen Ort etc.) ihre Gruppenarbeit beenden müssen. Die Gruppe soll sich auflösen, unabhängig davon wie weit die einzelnen Mitglieder fortgeschritten sind. Der Hinweis des Supervisors darauf, daß die Gruppe auch ohne die Therapeutin oder mit einem anderen Therapeuten ein Eigenleben führt, ist unerläßlich. Es ist vor allem für junge Menschen schwer zu akzeptieren, daß etwas Selbstgeschaffenes ohne sie weiterbestehen kann. Sie sehen sich gern als unentbehrlich. Es hat schon Tradition, daß Gruppen, die nach Ausbildungsende des psychiatrischen Assistenten an eine andere weitergegeben werden, kontinuierlich supervidiert werden. Gruppen können auf diese Weise über mehrere Jahre laufen. Die inzwischen zusammengewachsenen Gruppen ertragen dies bestens, die Gruppenleiter etwas weniger gut.

Zwei kleine, miteinander zusammenhängende Studien sollten die Wirkung der Gruppensituation auf den Therapeuten untersuchen. Sie analysierten die verschiedenen gruppentypischen Gegenübertragungsphänomene, aber auch die von den Gruppen angebotenen Lösungen der Gegenübertragung durch Austesten der Realität.

1. Die Autoren (BERNSTEIN, WACKS, CHRIST 1968) beschrieben, daß eine große Mehrheit der befragten Gruppentherapeuten ihre Erfahrung als angehende Gruppentherapeuten als »Therapie für den Therapeuten« erlebt hatte.

2. Schon die Rolle des Therapeuten für eine Gruppe von Menschen impliziert die Aufwertung der professionellen Rolle. Die Versu-

chung besteht in der narzißtischen Gratifikation durch besonders hohen Status. Allmachtsgefühle im Therapeuten können wechselweise von der Gruppe bestätigt oder auch verweigert werden. Gruppenleiterinnen, die das Gefühl haben, allen das geben zu müssen, was sie verlangen, sind hier ebenso gefährdet wie solche, die Autorität und Gehorsam fordern. Der Narzißmus eines solchen Leiters wird wohl früher oder später gekränkt werden, wenn einzelne Gruppenmitglieder sich seinen Anleitungen nicht fügen wollen.

3. Andererseits kann sich ein Therapeut, ohne es zu merken, in das gerade herrschende Klima der Gruppe hineinbegeben und eine durch die Grundannahme gegebene Rolle annehmen. Damit überidentifiziert er sich mit der Gruppe und grenzt sich ungenügend ab.

Die Mitglieder einer sehr abhängigen Gruppe forderten dauernd Einzeltherapie-Sitzungen. Sie gaben durch allerlei Symptome – bis zu Magenblutungen – zu verstehen, daß die Gruppe nichts ausrichten konnte, es brauche einen »richtigen« Arzt und Einzeltherapeuten. – Die Hilflosigkeit des Therapeuten mußte damals durch eine massive Konfrontation seines Supervisors durchbrochen werden, der sagte:»Selbstverständlich gibst du ihnen viel, jeden Mittwoch hörst du ihrem dummen Gejammer zu.« Seine Gegenübertragung bestand darin, daß er der Gruppe die Hilflosigkeit glaubte und sich mit ihr überidentifizierte. Die Intervention des Supervisors wirkte Wunder.

Im Gegensatz dazu ging es in einer kampf- und streitlustigen Selbsterfahrungsgruppe darum, die dem Leiter angebotene Führungsrolle im Kampf gegen die Institution zurückzuweisen und klar zu machen, daß er nicht den unerwünschten Chef ersetzen und die Teilnehmer in ihren Beschwerden unterstützen könne. Statt dessen konnte er helfen, neue Wege zu finden, wie sie ihre Interessen besser durchsetzen konnte. Die Lösung lag in ernüchternd alltäglichen, aber der Realität gerechteren Umgangsformen.

Zur »Behandlung« der Therapeutin durch die Gruppe ergaben die erwähnten Studien, daß ein großer Teil des Fortschritts der Gruppe in direktem Verhältnis zur wachsenden Selbsterkenntnis und Bewältigung der narzißtischen Problematik der Leiterin stand. Die Gruppe hat ein großes Potential zur Selbstheilung, wenn die Leiterin es zulassen kann. Obwohl der Leiter sich bewußt von der Gruppe unterscheidet, ist er doch unbewußt ein Teil der Gruppe und kann damit am Heilungsprozeß teilhaben.

Ein Gruppentherapeut, der (wie er später feststellte) zeitweilig an Verein-samung litt, fühlte sich in der Gruppe sehr wohl. Er suchte immer wieder Unterstützung und Wärme (für sich selbst) in seiner Therapiegruppe, die inzwischen sehr viel Kohäsion erreicht hatte. Die Gruppe selber bemerkte und kommentierte, daß der Leiter sich in letzter Zeit »wie ein Patient« betragen habe. Dem Leiter wurde völlig überraschend klar, daß ihm sein Bedürfnis dazugehören zu wollen (seine Gegenübertragung), die Thera-peutenrolle zeitweilig verunmöglicht hatte.

Die Einsicht übrigens, daß sich in einer Therapie auch die Therapeutin verändert, ist nicht neu. Schon in den 20er Jahren bemerkte Grod-deck, (das Buch vom Es, 1923, rev. 1979), daß er bisweilen »von seinen Patienten behandelt« wurde. Harold Searles, der durch seine intensi-ven analytischen Therapien von Schizophrenen bekannt geworden ist, wurde nie müde zu sagen, daß er sich durch jede Therapie mit seinen Patienten verändert gefühlt habe. (In der akademischen Psychiatrie ist wenig Derartiges zu hören. Dort steht das Autoritätsgefälle auf dem Plan und die Regeln, was der Experte zu tun habe, »um es richtig zu machen«.)

Schlußendlich ist es nicht ausgeschlossen, daß auch in der Psycho-therapie und in der Gruppentherapie eine *echte menschliche Begegnung* stattfindet, (also nicht nur eine Konsultation durch einen Experten) – auf bewußter und unbewußter Ebene.

Wir sind damit zu einem vorläufigen Ende des Verstehens von Grup-penarbeit und Gruppenprozeß gekommen. Wir wenden uns jetzt dem zeitlichen Verlauf der Gruppe zu, dem einige charakteristische Ent-wicklungen der Gruppe folgen. Ein weiteres Kapitel wird Probleme um die Beendigung der Gruppentherapie zum Thema haben.

Literatur

Bernstein, S. , Wacks, J. und Christ, J. (1968): The effect of group Therapy on the psychotherapist. Am. J. of Psychotherapy, Vol.XXIII, No. 2, 271-282

Groddeck, H. (1923): Das Buch vom Es. Ullstein, Berlin 1988

Ploeger, A. (1972): Die therapeutische Gemeinschaft in der Psychothe-rapie und Sozialpsychiatrie. Thieme Verlag, Stuttgart

SANDNER, D. (Hrsg.) (1986):Analytische Grupopentherapie mit Schizophrenen. Vandenhoeck & Ruprecht, Göttingen

SEARLES, H.F. (1960): The nonhuman environment in normal develop-
ment and in schizophrenia. International University Press, New York

WACKS, J., BERNSTEIN S. und CHRIST, J. (1969/70): Some effects on the
group psychotherapist in the group situation. The Journ. of Group
Psychoanalysis and Process, Vol.2, No. 2, 37–44

YALOM, I. (1996): Theorie und Praxis der Gruppentherapie – ein Lehrbuch. Verlag Pfeiffer, München, 4. Aufl.

9. Die Zeit im Gruppenverlauf

Weder Sigmund FREUD noch Fritz REDL, die beide im fünften Kapitel zur Sprache kamen, berücksichtigten die Ich-Psychologie. Sie wurde erst später entwickelt. Die frühen Gruppenbilder (Theorie, Teil 1) sind zeitlos und statisch. Dennoch bilden sie die Grundlage für die nachfolgenden Erkenntnisse. Die Masse als erste beschriebene Gruppe entsteht nach FREUD durch die Identifikation der Mitglieder untereinander in Abhängigkeit vom mächtigen Leiter. Sie ist eine theoretische, in der Praxis nur sehr kurzdauernde Angelegenheit. In der Therapiegruppe stellt sich bald Enttäuschung über die Leiterin, Konkurrenzdenken, Flucht und ähnliches ein. Das Konzept der *Gruppenarbeit* hilft hier weiter. Das rationale, nicht von Emotionen getriebene, zielgerichtete Funktionieren von Gruppen beruht auf dem Aufbau von *Strukturen* und, wo Therapie stattfindet, auf einer guten Kohäsion, einem *Beziehungsnetz*.

Die Zeit in der Gruppenarbeit

BION hat zwar das Prinzip der rationalen Gruppenarbeit dem der emotional getriebenen Grundannahmen gegenübergestellt, (s. Kap. 7, Gruppenprozeß, Theorie, Teil 2); er hat sich aber in seinen Schriften fast ausschließlich auf die Erforschung der Grundannahmen beschränkt. Diese sind wie alle durch das Unbewußte bedingten Primärprozesse zeitlos und gleichbleibend. Sie können einander beinahe unberechenbar ablösen. Erst STOCK-WHITAKER und LIEBERMAN haben (wie wir im Kapitel 7 über Gruppenprozeß ausgeführt haben) die Gruppen*arbeit* systematisch erforscht und sie als Problemlösung der Fokalkonflikte im Hier und Jetzt definiert. Mit der rational begründeten Arbeitsfunktion ist auch der *chronologische Ablauf* gegeben. Die Art der Konfliktlösung bewirkt die Veränderungen in der Gruppe, nicht die Arbeit selber, noch die Spannung gegenüber den Grundannahmen. Die Anfangsphase der Gruppe ist geprägt durch restriktive Lösungen, wie etwa »alle müssen gleich sein«. Dadurch können Ängste vor Diskriminierung vermieden werden. Erst mit der Zeit wird der tolerante, freie Gedanken- und Gefühlsaustausch möglich, durch den dynamische Lösungen zustande kommen, wie etwa »wir können auch denen helfen, die zeitweilig aggressiv und abweisend sind«. Wenn wir also die Arbeitsebene der Gruppe, gewissermaßen als das »Ich« der Gruppe, ansehen, dann können wir die Entwicklung in ihrem zeitlichen Ablauf verfolgen und verstehen.

Die bekannteste und bewährte zeitliche Einteilung in der Gruppentherapie kennt drei Haupt-Phasen: eine erste formative, »strukturierende« Phase; eine zweite (mittlere) »therapeutische« Phase und als dritte die Beendigungsphase (darüber siehe nächstes Kapitel).

Die erste »strukturelle« Phase

Wir haben schon in der Schilderung der Gruppe im Anfangsstadium gewisse Entwicklungen beschrieben (s. Kap. 5). Sie haben hauptsächlich mit der aus der Natur der Gruppe gegebenen Notwendigkeit einer Strukturbildung zu tun. Sie sind geprägt durch die Bedürfnisse der Teilnehmer und Teilnehmerinnen nach Transparenz. Gemeinsame Ziele, Normen und Regeln müssen für die Gruppe erkennbar sein. Die Rollenstruktur und die zwischenmenschlichen Beziehungen ergeben sich von selbst. Hier kommt dem Leiter eine wichtige Aufgabe zu. Er muß den Strukturfindungsprozeß fördern und verhindern, daß sich eine destruktive Rollenstruktur entwickelt wie etwa durch den Sündenbockprozeß. Bei den Interaktionen der Mitglieder muß er dafür Sorge tragen, daß keine groben Verletzungen stattfinden. Die Rollenstruktur soll flexibel bleiben und nicht verknöchern. Aus der Rollen- und Beziehungsfindung soll mit der Zeit ein verbindliches, aber auch vielseitiges Beziehungsnetz erwachsen.

Die einzelnen Phänomene der strukturbildenden Phase sind schon beschrieben worden. (Kapitel 5, die Anfangsphase). Wir erinnern an den Monopolisten, der als Reaktion auf das Nicht-Leiten des Therapeuten auftritt und damit der übergroßen Abhängigkeitserwartung der Gruppe entgegenkommt. Aus dem Umgang mit dem zuweilen schwierigen Monopolisten folgt nahtlos der folgende Schritt.

Wir kennen das frühe Konkurrenzverhalten der Teilnehmerinnen untereinander. Wir haben es als Reaktion gegen die ursprüngliche Identifikation erkannt. Es gibt den einzelnen Profil und ein Gefühl des eigenen Selbst in der Gruppe. Dieses Konkurrenzverhalten wurde von psychoanalytisch ausgerichteten Therapeuten als Geschwisterrivalität um die Gunst der als Elternteil wirkenden Therapeutin ausgelegt. Diese Interpretation trifft allerdings den Sachverhalt nicht ganz. In erster Linie geht es den Teilnehmerinnen darum, aus der archaischen, narzißtischen Verschmelzung mit der Masse, dem »narzißtischen Gruppenselbst« (BATTEGAY 1976), herauszukommen und als Einzelperson für sich eine Rolle d. h. eine eigene Identität im Ganzen zu finden.

Normen und Regeln stellt die Gruppe mit der Leiterin im allgemeinen sehr schnell auf. Sie bleiben zum großen Teil unausgesprochen. Durch die fortgesetzte Interaktion verschiedener Menschen entstehen immer wieder Situationen, die Entscheide oder *Bewertungen* fordern. Die Bewertungen durch den Leiter dürfen nicht zu Verurteilungen einzelner Personen werden, wie das vielleicht einige Gruppenmitglieder haben möchten. Bewertungen müssen ausgerichtet sein auf das, was der Gruppe förderlich ist oder was sie zerstören könnte. Die Art und Weise, wie die Leiterin und mit ihr einzelne Gruppenmitglieder mit den ersten Unbestimmtheiten oder sogar Krisen (wie z. B. Absenzen) umgehen, wird bald von der Gruppe übernommen, gewissermaßen kanonisiert und damit allgemeinverbindlich gemacht. Die sehr eigene Art und Weise, wie sich Gruppen später präsentieren, wird zu einem großen Teil mit den anfänglich ausgesprochen oder unausgesprochen niedergelegten Verhaltensregeln festgelegt. Abweichungen von den anfänglichen Regeln sind im weiteren Verlauf Diskussionsthema. Sie haben als »Störungen« große Bedeutung für das therapeutische Fortkommen der Mitglieder.

Ähnlich geht es mit der Rollenstruktur. Sie muß sich zunächst etablieren. Jeder findet nach einiger Zeit seinen Sitzplatz und seine Position während der Sitzung. Stabilität ist das erste Ziel. Eine konstante Rolle vermindert die Angst vor der Gruppe oder vor der Leiterin. Die Tendenz zu rigiden Rollenstrukturen gehört zur Anfangsphase wie die restriktiven Problemlösungen der Konflikte. Wechsel im Rollenverhalten sind für die Therapie von besonderem Interesse, da sie eine Veränderung anzeigen – einen Fortschritt im Sozialverhalten oder regressive Tendenzen.

Das Erkennen von Rollen und die Beobachtung des eigenen Sozialverhaltens sind Hauptaufgaben der sogenannten *Selbsterfahrungsgruppen*. Diese sind zwar nicht primär therapeutisch, sondern ausbildungsorientiert. Sie zeigen aber alle Phänomene, die auch in neuen Therapiegruppen zu sehen sind. Sie bewegen sich analog zur »strukturellen« Gruppenphase im Hier und Jetzt des sozialen Umgangs und lassen Vorgeschichte und persönliches inneres Leben zurücktreten.

Daß sich in einer Selbsterfahrungsgruppe, wie während der ersten Phase der Gruppentherapie, viel »Therapeutisches« ereignen kann, versteht sich von selbst. Die Einsicht in das eigene Rollenverhalten kann Überraschungen bergen, kann sehr aufwühlen, kränkt meist den eigenen Narzißmus und fordert zu Veränderungen des eigenen Sozialverhaltens auf, was dann als Fortschritt erlebt wird.

Zusammenfassend legt die erste Phase der Gruppentherapie den Akzent auf Gruppenbildung, Gruppenzusammenhalt, Rollenstruktur und Entstehen von Beziehungen, um eine kohärente Gruppe zu formen, die fähig sein wird, die Anforderungen der Therapie auf sich zu nehmen.

Die mittlere oder therapeutische Phase

Nach den früheren Aussagen vieler psychoanalytisch orientierter Gruppentherapeuten umfaßt die strukturbildende Phase etwa 20 Sitzungen. Diese Zahl ist allerdings nicht festgeschrieben. In Gruppen mit schwer gestörten psychotischen Patientinnen dauert die Entwicklung der Kohäsion länger. In anderen Gruppen kann eine Kohäsion in viel weniger Sitzungen entstehen. Mit der neueren Entwicklung der Gruppenpsychotherapie wird die mittlere Phase früher erreicht. Die Therapeuten haben gelernt, die Gruppenbildung und die gruppendynamischen Zusammenhänge in der Frühphase aufmerksamer zu begleiten, statt sofort auf »Therapie« einzusteigen.

Die mittlere Phase ist charakterisiert durch *Intensivierung der Beziehungen* und damit auch der Übertragungen. Sie betreffen die Leiterin wie andere Gruppenmitglieder. Jetzt ist es möglich, die persönlichen in die Vergangenheit zurückreichenden Konflikte anzugehen, indem sie als aktuelle Konflikte in die Gruppe hineingetragen und auf ihren Realitätsgehalt überprüft werden. Das eigene, vielleicht gestörte oder nur ungeschickte Sozialverhalten wird sich in der Gruppe früher oder später abbilden und am Verhalten der anderen reiben. Mit Beginn der *Auseinandersetzungen* werden die Grenzen klar. Die Dynamik beschränkt sich nicht mehr auf Identifikationsprozesse.

Das *Klima* der Gruppe ändert sich merklich. Wo früher Konkurrenzdenken und Selbstschutz überwogen, wird jetzt *Kooperation* möglich. Vermehrt zeigt sich gegenseitiges Verständnis und Hilfsbereitschaft.

Die in Kapitel 6 dargestellten »therapeutischen Faktoren« kommen zum Tragen. Vor allem hat die Gruppe, willig oder widerwillig, von der Leiterin gelernt, Toleranz walten zu lassen. Mit der Zeit können sogar schwere Störungen einzelner besprochen, verstanden und durchgearbeitet werden.

Die Kunst des Langzeittherapeuten besteht darin, seine Gruppe in der mittleren Phase zu halten, d. h. die nötige Kohäsion aufrechtzuerhalten und therapeutischen Fortschritt zu ermöglichen. Er wird feststellen, daß mit der Entwicklung der Gruppe mehr und mehr Fokalkonflikte ohne Restriktionen gelöst werden können und seine Patientinnen beachtliche therapeutische Fähigkeiten füreinander entwickeln.

Ein Irrtum muß dringend korrigiert werden: Das Erreichen der therapeutischen Phase bedeutet nicht, daß die Therapeutin sich gewissermaßen zurücksetzen kann, und nicht mehr viel tun muß. Diese Art passiver Haltung ist nicht zu empfehlen. Das Aufzeigen und Klären von Gruppenprozessen ist oft schwierige therapeutische Arbeit, nicht eine Sache des Abwartens. Sie erfordert die ungeteilte Aufmerksamkeit der Leiterin und verlangt ihr Höchstleitungen ab. Vertrauen in die Selbstheilung der Gruppe ist in der mittleren Phase berechtigt. Trotzdem werden die Gruppenstunden häufig als die anstrengendsten der wöchentlichen therapeutischen Arbeit erlebt.

Auch ist die mittlere Phase selten ein geradliniger und regelmäßger Aufstieg zur Besserung. Das Gruppengeschehen ist viel zu bewegt, als daß es stetig aufwärts gehen könnte. Das Auf und Ab, auch Krisen, setzen sich aus dem einen oder anderen Grund fort. Eine solche Krise kann die Gruppe wieder in die Anfangsphase zurückwerfen und verlangt dann vom Leiter erneut Strukturierung.

Als Beispiel sei eine von Vätern begonnene Angehörigengruppe in einer kinderpsychiatrischen Poliklinik beschrieben. Die Männer hatten sich wacker durch eine Phase der Verurteilung ihrer kranken Kinder, über eine Phase der Verurteilung ihrer Ehefrauen durchgearbeitet. Sie waren schließlich zur Erkenntnis gekommen, daß sie selber etwas mit den Problemen zu tun hätten und von einer Therapiegruppe profitieren könnten. In einem besonders widerstandsträchtigen Moment der therapeutischen Phase fiel der Satz: »Schlußendlich sind wir nur hier, weil es von uns wegen der Behandlung des Kindes verlangt wurde.« So schien dem Therapeuten alles verloren. Die Sätze klangen wie am Anfang, aber diese Episode dauerte nur kurze Zeit. Die Mitglieder fanden wieder zu ihrer therapeutischen Arbeit zurück.

Regresssion und Verleugnung allen Fortschrittes sind neben Einsichten und erkannten Übertragungsphänomenen, wie das Beispiel zeigt, Ereignisse der mittleren Phase. Krisen in der Langzeitphase können das Gleichgewicht der Gruppe schwer erschüttern – zuweilen verläßt auch ein Mitglied die Gruppe. Die Krise ist jedoch meistens von kurzer Dauer und bald heilbar, es sei denn daß der Therapeut von Panik erfaßt wird und fürchtet, seine Gruppe gehe zugrunde. Auch im fortgeschrittenen Stadium können Therapiegruppen zu zerfallen drohen, dann aber ebenso unerwartet wieder zusammenkommen. Das Phänomen dieses Auseinanderfallens und wieder Zusammenkommens ist den unten beschriebenden Oszillationen ähnlich. Es ist noch relativ wenig erforscht.

Die Verabschiedung langdauernder – geheilter – und die Aufnahme neuer Mitglieder ist eine potentielle Krise für die Langzeitgruppe. Funktioniert die Gruppe einigermaßen gut, besteht genug Freiraum, neue Mitglieder aufzunehmen. Die meisten Neuankömmlinge können sich faktisch innerhalb von zwei bis drei Sitzungen gut genug an das Gruppenklima anpassen, so daß sie fast wie die bisherigen Mitglieder teilnehmen können. Ausnahmen sind möglich.

Ein feinfühliger Patient beschrieb seine Einführung in die existierende Gruppe folgendermaßen: die ersten drei Sitzungen waren für ihn interessante Einzelereignisse und schienen ihm keinen Zusammenhang zu haben. Erst nachher fühlte er, daß die Gruppenteilnahme ein fortlaufendes Ganzes darstellte. Damit hatte er sich in die Kohäsion der Gruppe eingefunden.

Eine Langzeitgruppe in der mittleren Phase war auf drei Mitglieder zusammengeschrumpft. Dies bedeutete so etwas wie eine Krise. Die drei hielten, schon wegen ihrer kleinen Zahl, sehr stark zusammen. Die neuen Mitglieder wurden zunächst sehr ungnädig empfangen und verließen die Gruppe bald wieder. Ein weiterer Neuankömmling konnte dank seiner größeren Bedürftigkeit die Gruppe ansprechen und die versteckte Aggression offenbar besser aushalten. Dadurch wurde die Gruppe wieder ins produktive Geschehen zurückgeführt.

Ereignisse, die den Phasenablauf beeinflussen

Ein häufiges Ereignis in Selbsterfahrungsgruppen ist die frühe oder besser *allzufrühe Kohäsionsbildung*. Das starke Zusammengehörigkeitsgefühl entsteht aus der anfänglichen Begeisterung. Es hält nicht auf Dauer und wird darum auch falsches Nähegefühl genannt. Es wird gesteuert vom Wunsch der Mitglieder, schnell zusammenzukommen, sich zu verstehen und sich zu lieben, ohne die harte Arbeit des Sich-Kennenlernens und Sich-Konkurrenzierens auf sich nehmen zu müssen.

Die meisten Gruppentherapeuten halten wenig von komplizierten Phasentheorien. Einigkeit besteht über die Besonderheit der Anfangsphase, die von der etablierten Phase (oder mittleren Phase) abgegrenzt wird, in welcher die eigentliche therapeutische Arbeit geschieht. Selbst die Unterscheidung von Anfangsphase und mittlerer Phase geht nicht immer auf. Vor allem homogene Gruppen können praktisch sofort zusammengehören und gute therapeutische Arbeit beginnen. Andere Gruppen wollen über lange Zeit nicht richtig gedeihen.

Ein Faktor, der bis jetzt nicht besprochen wurde und erheblichen Einfluß auf das Fortkommen der Gruppen von einer Phase zur anderen haben kann, hat wenig zu tun mit den Patienten oder dem Gruppenleiter, aber viel mit dem übergreifenden *Setting der Institution* als Ganzem, in welcher die Gruppentherapie stattfindet (siehe Beispiel am Ende des Kapitels). Wenn der Chef des Spitals oder der Poliklinik Gruppen befürwortet und dies auch bekannt macht, werden Gruppen besser gelingen, als wenn dies nicht der Fall ist. Dann nämlich fehlt die Unterstützung für Gruppentherapie; sie ist nur halbherzig; oder die Arbeit wird mit viel Kritik begleitet. Daß es oft trotzdem gelingt, therapeutische Gruppen mit einigem Erfolg zu führen, mag sowohl den Patienten wie auch den oft unerfahrenen, aber offen denkenden Therapeuten zuzuschreiben sein.

Zum Unterschied von peinlich genau aufgebauten Psychotherapiegruppen sind natürliche Gruppen in ihrem Verlauf stärker von äußeren Umständen bestimmt. *Selbsthilfegruppen* oder gemeinsame Aktivitäten sind für das Verhalten ihrer Mitglieder oft ebenso wirksam wie Psychotherapie. Auch sie kennen die Anfangsphase und die etablierte Phase. Ihre Bedeutung wird jetzt allmählich sichtbar.

Oszillationen

Ein wichtiges und bis jetzt noch rätselhaftes Phänomen soll im Zusammenhang mit dem Langzeitverlauf der Gruppe beschrieben werden: die sogenannten *Oszillationen* der Gruppe. Sie sind vor allem aus Krankenhäusern, Tageskliniken und andern Einrichtungen bekannt, finden aber auch unter ambulanten Bedingungen, in etwas anderer Form statt.

Den Begriff der Oszillationen prägte Robert RAPOPORT (1960), ein amerikanischer Soziologe. Er hat die ursprüngliche therapeutische Gemeinschaft von Maxwell JONES genauer untersucht. JONES hatte bekanntlich in den ersten Nachkriegsjahren in England seine therapeutische Gemeinschaft mit vor allem persönlichkeitsgestörten jüngeren und älteren Menschen gegründet. Seine Befunde gingen in die Grundlagen der Sozialpsychiatrie ein. Seine Prinzipien der Behandlung werden als Milieutherapie weitergeführt (s. Kap. 12).

Das Prinzip der therapeutischen Gemeinschaft beruht auf der Annahme, daß *Beziehungen* das Hauptthema psychischer Störungen sind. Die Einheit der Gemeinschaft steht im Mittelpunkt des Geschehens, nicht etwa die Ärztin oder die Arzt-Patientinnen-Beziehung, wie es die traditionelle Psychiatrie will. Die große technische Neuerung, die Maxwell JONES für die Psychiatrie schuf, waren die täglichen Gruppensitzungen der ganzen Gemeinschaft. Alle wichtigen Ereignisse mußten in der Gruppe besprochen werden, einschließlich der Probleme, die sich im Zusammenleben auf der Abteilung oder im Ausgang ergaben (z. B. betrunken zurückkommen). JONES demonstrierte, daß dies auch mit schwer sozial gestörten Patientinnen und Patienten möglich ist.

RAPOPORT war in der Gemeinschaft als Beobachter, nicht als Therapeut anwesend. Er beschrieb den Verlauf, der sich dort etwa alle drei Monate wiederholte. Vier Phasen werden unterschieden.

In der ersten Phase geht alles, wie es soll. Probleme werden in der Gruppe diskutiert. Informeller Umgang zwischen Patienten und Betreuerinnen ist üblich. Das Verhalten der Patienten ist im allgemeinen kooperativ und konstruktiv.

In der zweiten Phase treten nach einiger Zeit Schwierigkeiten auf. Einige Patienten kommen nach einem Ausgang betrunken zurück und wollen ihr Verhalten nicht in der Gruppe diskutieren. Es bilden sich Untergrüppchen von Patienten, die sich separat treffen und von den anderen fernhalten. Die Betreuerinnen werden ungeduldig und gehen lieber unter sich zum Mittagessen statt mit den Patienten zusammen, wie sie das tun sollten. Spannung herrscht im Milieu. Man fühlt sich nicht mehr recht wohl.

In der dritten Phase kommt es zu aggressiven Handlungen, wie z. B. zerbrochenen Fensterscheiben oder Handgreiflichkeiten unter den Bewohnern. Die Taten gehen meist auf außenstehende Untergruppenmitglieder zurück, werden aber offenbar von vielen anderen toleriert.

Jetzt, im vierten Stadium, muß die Leitung einschreiten. Rapoport erzählt:»Die bisher sanften, und nicht autoritären Sozialpsychiater zeigen jetzt plötzlich ihre Zähne. Sie werden ärger als die altmodischen Psychiater und verdonnern die Übeltäter auf die geschlossene Abteilung der Psychiatrie«, worauf unmittelbar Ruhe einkehrt. Dann ist wieder das Stadium eingetreten, in dem alles geht, wie es soll, und die Patienten wieder konstruktiv arbeiten.

Wir erkennen das Phänomen des Sündenbocks, dessen Ausstoßung zur rituellen»Reinigung« führt, hatten aber gehofft, daß es in der therapeutischen Gemeinschaft nicht vorkomme. Rapoport teilt diese Meinung und sucht – leider vergeblich – nach Ursachen für den dreimonatigen Zyklus. Er diskutiert alle in der Soziologie bekannten Auslöser kollektiver Unruhe. Er denkt an die Ferien der Leiter und Betreuerinnen, die etwa zu Verlusterlebnissen führen könnten, kann aber keine eindeutige Verbindung herstellen. Er zieht die Ankunft neuer Helfer in Betracht, die die laufenden Angelegenheiten stören könnten. Aber auch dieser Zusammenhang greift nicht. Er schlägt schließlich vor, den Zyklus schon im Stadium zwei, also am Anfang der Spannung, zu erkennen und in der Gruppe zu diskutieren um der großen Krise die Spitze zu nehmen. Aber auch dieser Vorschlag ist nicht von eindeutigem Erfolg gekrönt.

Aus heutiger Sicht ist es möglich, den rätselhaften Phasenwechsel aus der Spannung zwischen angegebener nicht-autoritärer Leitung und der selbstverständlich weiter gültigen Autorität der Leiter und Leiterinnen zu erklären. Die öffentlich ausgeprochene Gleichstellung aller Mitglieder der Gemeinschaft wäre demnach ein Verstecken oder Verleugnen der wirklich bestehenden Autoritätsverhältnisse, das auf die Dauer keinen Bestand haben kann.

Alle diejenigen, die längere Zeit in einem Spital gearbeitet haben, erinnern sich an wiederkehrende Phasen, während der die Moral auf der Abteilung schlecht ist und die Patienten keine nennenswerten Fortschritte machen. Das begleitende Gefühl der Hilflosigkeit bei Schwestern und Pflegern gehört dazu. Viele Krankmeldungen des Pflegepersonals fallen in solche Phasen (siehe auch die pathologischen Entwicklungen der Milieutherapie in Kap. 12). In der Regel wird die Ursache aber nicht in der Gruppenoszillation gesehen, sondern in äußeren Umständen, wie etwa»zu wenig Personal«,»mangelnder Unterstützung von oben (der Ärzte)« oder auch in »besonders schwierigen Patienten«. Es entgeht einem meistens, daß auch in guten Zeiten die gleichen äußeren Bedingungen herrschen. Sie werden dann nicht bemerkt.

Meistens lösen sich schlechte und gute Zeiten ab. Bei mangelnder Führung kann sich die Misere chronifizieren. Sie wird dann nur von kürzeren Lichtblicken unterbrochen.

Oszillationen in der ambulanten Arbeit

Eine Gruppe, die gut arbeitet, fällt plötzlich in Lethargie. Nichts scheint mehr zu geschehen. Die Teilnehmerinnen sind müde oder bleiben sogar weg. Mitglieder fehlen nicht nur zu Anfang der Gruppe, sondern auch in »guten« und zusammengewachsenen Gruppen, nachdem schon viel gute Arbeit getan worden war. Die Therapeutin macht sich Sorgen und zweifelt an ihrer Kompetenz. Der Supervisor ist verblüfft, da bis dahin die Sache gut gegangen ist und der plötzliche Zerfall der Gruppe nicht zu erwarten war. Er sucht nach Gründen und findet keine. Zum Glück findet sich wider Erwarten die Gruppe eines Tages wieder zusammen. Die Arbeit geht weiter, als sei nichts geschehen. Ferienzeiten beginnen zuweilen auf diese Weise mit scheinbarem Zerfall der Gruppe. Aber das Phänomen ist durchaus nicht an Ferienzeiten gebunden.

STOCK-WHITAKER und LIEBERMAN stellten fest, daß Gruppen in etwa sechs bis zehn Sitzungen ein Thema (im Prozeß) bearbeiten. Dann tritt gewissermaßen ein toter Punkt ein. Jemand muß eine neue Frage aufwerfen, die zum neuen Thema der Gruppe wird. Es ist denkbar, daß der Abschluß eines Gruppenthemas und die darauf folgende zeitweilige Ratlosigkeit die Gruppe in die Krise versetzt. Der vorübergehende Zerfall könnte vielleicht verhindert werden, wenn man die Situation früh genug erkennt und zum Thema macht. Aber trotz dieser möglichen Erklärung stehen wir mit den Oszillationen der Gruppe in der mittleren Phase vor demselben Rätsel, das RAPOPORT bei der Gemeinschaft von Maxwell JONES gefunden hat. Wir können nichts anderes raten, als wachsam zu sein und zu wissen, daß es so etwas wie Oszillationen gibt.

Freilich ist es nicht ratsam von einer Gruppenkrise zu schnell auf eine Oszillation zu schließen. Das folgende Beispiel beschreibt eine Situation, in der zunächst keine Erklärung für den Bruch in der Kohäsion zu finden war.

Eine Gruppe von sieben jugendlichen Quasi-Delinquenten hatte unter Leitung eines sehr geschickten Psychologen über etwa ein Jahr gearbeitet. Der Verlauf der Gruppe war, wie nicht anders zu erwarten, sehr bewegt, und der Therapeut hatte manche Prüfung zu bestehen. Es gelang ihm, Einfluß auf die Gruppe zu gewinnen. Einige Monate arbeitete die Gruppe sehr konstruktiv. Plötzlich fiel ein junger Mann wider alle Erwartungen aus, ohne es der Gruppe mitzuteilen. Nach allen Überlegungen zur Übertragung, dem Gruppenklima und den Besonderheiten des Jungen hätte er bleiben müssen, doch er tat es nicht. Erst nachträglich fiel auf, daß sein Wegbleiben mit dem Datum seiner Gerichtsverhandlung ein Jahr zuvor übereinstimmte. Der Richter hatte ihm zu seinem Jahr Bewährungsfrist Gruppentherapie verordnet. Er hatte sie zum großen Nutzen seiner selbst abgesessen. Jetzt war er frei und kam nicht mehr. Die Frage des übergreifenden Settings, in welchem die Gruppentherapie stattfand – hier die Bewährungsfrist – hatte größeres Gewicht, als alle Überlegungen zu Übertragungen und Nutzen.

Man sollte also erst dann an Oszillationen denken, wenn über die Ereignisse in der Gruppe hinaus, für die einzelnen ihre aktuellen Umstände und ihr therapeutisches Setting in die Überlegungen einbezogen wurde.

Literatur

BATTEGAY, R. (1976): Der Mensch in der Gruppe. Sozialpsychologische und dynamische Aspekte. Verlag Hans Huber, Bern, Stuttgart, Wien, Band 1

RAPOPORT, R.N. (1960): Community as Doctor. New perspectives on a therapeutic community. Charles C. Thomas, Springfield IL; sowie (1967): Tavistock Publications Ltd., London

10. Die Beendigung der Gruppentherapie

Wenn eine Gruppentherapie – aus welchen Gründen auch immer – zu Ende geht, kommen charakteristische Themen auf: Abschiednehmen, Verlust und Tod. Die Gruppe blickt auch zurück und läßt Revue passieren, was sie erreicht hat; was sie erwartet, aber nicht erreicht hat, und worüber sie enttäuscht ist.

Gruppentherapie, vorübergehend oder fortlaufend?

Von der Beendigung der Gruppenpsychotherapien war in der Literatur bis vor kurzem relativ wenig zu lesen (Lothstein 1993). Das hat gute Gründe. Wenn man in der Praxis Gruppentherapie betreibt, ist es möglich und sinnvoll, das Ende den einzelnen Mitgliedern zu überlassen. Sie sind schlußendlich einzeln in die Therapie gekommen und können, nach kürzerer oder längerer Teilnahme, selbst entscheiden, wann sie mit ihren Fortschritten zufrieden sind und die Gruppe verlassen. Die Entscheidung wird im günstigen Fall im Einklang mit der Gruppe und der Therapeutin getroffen. Die zum Abschied gehörigen Themen sollten ausführlicher behandelt werden.

Für die Gruppe als Ganzes bedeutet dies nicht, daß sie sich auflösen muß, sondern daß jetzt ein Platz frei ist und ein neues Mitglied aufgenommen werden kann. In der englischsprachigen Literatur heißt dieses Procedere »slow-open group«, auf deutsch halboffene Gruppe. Das Modell wird von Therapeutinnen in der Privatpraxis bevorzugt. Es hat den großen Vorteil, daß die Gruppe fast ständig in der mittleren Phase bleibt (siehe vorheriges Kapitel) und den mühsamen Prozeß der Gruppenneubildung nicht immer wiederholen muß. Gruppen können in dieser Weise in der Praxis oder in einer Poliklinik bis zu zehn Jahren oder länger geführt werden. Am Ende sind selbstverständlich keine der ursprünglichen Mitglieder mehr da, aber der Stil der Gruppe und das bestehende therapeutische Klima verändern sich kaum. Die Verabschiedung der einzelnen Mitglieder nimmt jeweils Zeit in Anspruch, verläuft jedoch für die Gruppe ohne größere Schwierigkeiten. Die Ankunft neuer Mitglieder ist für die kohärente Gruppe keine unüberwindliche Hürde, auch wenn sich ausgesprochener oder unausgesprochener (ausagierter) Protest bei den »Alteingesessenen« regt. In einer Langzeitgruppe waren z. B. über zehn Jahre etwa 40 bis 50 Mitglieder während verschieden langen Zeitabschnitten in der Gruppe, die im Durchschnitt etwa sieben oder acht Mitglieder zählte.

An Ausbildungszentren können Gruppen über längere Zeit, allerdings mit verschiedenen sich ablösenden Therapeutinnen und Cotherapeuten, die unter Supervision arbeiten, fortbestehen. Ein Assistenzarzt kann mit einer Cotherapeutin beginnen, die vielleicht am Anfang mehr Protokollarin als Mitwirkende ist. Mit ihrem Ausscheiden am Ende ihrer Ausbildungszeit übernimmt die Co-Therapeutin die Gruppe und zieht ihrerseits eine neue Co-Therapeutin hinein. So können die Therapeutinnen jährlich oder alle zwei Jahre wechseln; selbstverständlich auch die Patientinnen als »halboffene Gruppe«. Nirgendwo sonst ist so gut zu sehen, daß der Erfolg einer Langzeitgruppe zuerst der Kohäsion, dem Beziehungsnetz der Gruppe zuzuschreiben ist und erst in zweiter Linie dem therapeutischen Können der einzelnen Gruppenleiterinnen. Die Übergangsphasen vom einen Therapeuten zur anderen können aber zur Folge haben, daß Patienten, die sich dem alten Therapeuten verbunden fühlten, die Gelegenheit nutzen, aus der Gruppe auszuscheiden. Das ist aber nicht die Regel. Gruppen halten auch ohne den gewohnten Therapeuten gut zusammen.

> Ein Therapeutenwechsel ließ interessante Phantasien entstehen: Nach dem Attentat auf Präsident KENNEDY 1963 in Dallas, wurde der neue Therapeut als der Attentäter erlebt. Er habe es darauf abgesehen, den früheren, und sehr geliebten Therapeuten zu töten. Manche aggressive und ödipale Phantasien wurden dadurch aufgedeckt und durchgearbeitet.

Selbstverständlich wird auch die Ablösung eines Mannes durch eine Frau oder umgekehrt vielerlei Gefühle auslösen, welche die Gruppe dann verarbeitet. Wir empfehlen also, das Ausscheiden eines Therapeuten als zu verarbeitendes Ereignis in das Leben der Gruppe einzubauen und nicht die Gruppe zu beenden, wenn die Therapeutin ihre Leitung beenden muß.

Die Frage der Beendigung muß von verschiedenen Seiten her beleuchtet werden. Sie ist nicht nur eine Frage des richtigen Zeitpunkts wie in der Einzeltherapie, sondern auch eine Frage der Umstände und der betroffenen Personen. Wir betrachten das Ende aus Sicht der

Patientin oder des Patienten, aus Sicht des Gruppenleiters und aus der Sicht der Gruppe.

Das Ende für den Patienten

Wie der Anfang, so ist auch das Ende der Gruppenteilnahme schlußendlich eine individuelle Frage. In laufenden, halboffenen Gruppen, können Patienten so viel Zeit verbringen wie sie brauchen, um mit ihren Problemen fertig zu werden. Das Ende der Therapie müssen sie selbst bestimmen, nach Aussprache und mit dem Einverständnis der Gruppe und der Therapeutin. Die Tendenz der Gruppe geht eindeutig dahin, ein »gutes« Gruppenmitglied, das schon viele Fortschritte gemacht hat und anderen damit behilflich geworden ist, im eigenen Interesse zurückzuhalten. Die Patientin, die ihre Therapie beenden will, braucht deshalb einiges Durchsetzungsvermögen, sich von der Gruppe und der Therapeutin zu lösen. Daß dabei oft Ambivalenzen zum Vorschein kommen, ist weiter nicht erstaunlich. Ähnlich ist es bei Beendigungen von Einzeltherapien. Beim Patienten treten oft in der Endphase die Symptome wieder auf, deretwegen er ursprünglich gekommen war. Damit sagt er indirekt: »Ich bin noch immer krank, ich kann noch nicht weggehen.«

Der Mann Leonard, der so abhängig von seinen Eltern war und die Hilfe der »Gruppeneltern« brauchte – wir sind ihm in Kapitel 8 bei den »Übertragungen« begegnet – beschloß nach weiteren Fortschritten, seine Gruppenteilnahme zu beenden. Er hatte bei der Aufnahme über ein Engegefühl im Hals geklagt, für das kein körperlicher Grund gefunden worden war. Nach Beendigung der Gruppentherapie führte der Therapeut ein Gespräch mit ihm. Die Ambivalenz angesichts des Endes war zu spüren. Der Patient äußerte die Phantasie, daß hinfort seine Frau in die Gruppe kommen könne »um die Interessen der Familie wahrzunehmen«. Und das anfängliche Symptom kam wieder: »Herr Doktor, ich fühle noch immer die gewisse Enge im Hals, wie am Anfang.« Das war nach dreijähriger erfolgreicher Gruppenerfahrung, in der das Symptom kein einziges Mal erwähnt worden war. Der Therapeut ging nicht auf seine Klage ein, die ihn wieder zum Kranken gemacht hätte, sondern gab ihm zu verstehen, daß am Ende der Therapie der Anfang nochmals durcherlebt würde. Dies sei aber nur ein zeitweiliges Ereignis. Wenn er das Ende seiner Therapie verarbeitet und darum getrauert hätte, würde das Symptom verschwinden. So geschah es.

Wegen der vielen verschiedenen Bedingungen, unter denen Gruppentherapie stattfindet, verläuft das Ende nicht immer nach den Bedürfnissen des einzelnen. Idealerweise wäre die Gruppe zeitlos, und die einzelne kann kommen und sich wieder verabschieden. Das ist fast nur in der Praxis oder der Poliklinik mit langfristig anwesenden Mitarbeitern möglich. Zu wünschen ist, daß auch ein Patient, der in defensiver Art und Weise, also zu früh, ausgestiegen ist, ohne viel Formalitäten wieder einsteigen kann.

> Eine etwa dreißigjährige Frau hatte vier Monate lang mit dem Wunsch, ihre depressiven Verstimmungen besser zu verstehen, an der Gruppe teilgenommen. Sie verließ die Gruppe enttäuscht und ungehalten, gegen den Rat aller Anwesenden. – Nach etwa anderthalb Jahren suchte sie in einer Krise die Hilfe des Therapeuten wieder auf. Er riet ihr, unmittelbar wieder in die Gruppe zurückzukehren. Die Umstände waren allerdings schwierig, da der Therapeut eine Woche später in den Sommerurlaub gehen sollte. Die Gruppe aber hatte schon beschlossen, auch ohne Leiter einmal wöchentlich zusammenzukommen. Die Patientin hatte keine Bedenken, mit der Gruppe ohne Leiter zu arbeiten. Ihre positive Beziehung zur Gruppe war stark genug. Bei der Rückkehr des Therapeuten einen Monat später war die Krisenpatientin vollkommen verändert und beinahe genesen. Die Gruppenkohäsion hatte das bewirkt. Diesmal blieb die Patientin geraume Zeit länger, bis sie ihre Therapie im Einverständnis mit allen beendete.

Für die Sicherheit und das Vertrauen in der Gruppe ist es wichtig, daß ein Mitglied wegen vorübergehender Abwehrhaltung, nicht mit Ausschluß bestraft wird. Es ist bekannt, daß Abhängigkeitskranke vor einer signifikanten Gruppenteilnahme immer wieder flüchten. Sie brauchen mehrere Anläufe, bis sie sich integrieren können.

Der Wert der »Zeitlosigkeit« in der Gruppentherapie ist hoch. Mit Konstanz und Schutz wird die Gruppe zum Container für die quälenden Probleme. Die Ansicht, daß jede Gruppe begrenzt sein und etwa quartals- oder semesterweise stattfinden sollte, vertritt eine pädagogische Haltung. Dort ist die Zeiteinteilung wesentlich. Es können auch gute Resultate mit kurzfristigen Gruppen erreicht werden. Eine Psychotherapiegruppe mit zwangsläufigen Unterbrechungen ist für intensiv therapeutisch arbeitende Patientinnen und für sozial Schwache unnötig schwierig. Es ist nicht sinnvoll, eine wieder entstandene, vertrauensvolle Kohäsion zu künstlich festgelegten Zeiten aufzugeben, um womöglich mit einer neuen Gruppe wieder anzufangen. Die schützende Wirkung besteht in der Kontinuität, die besonders für psychotische Menschen oder psychisch Behinderte wichtig ist. Wir weisen darauf hin, daß psychotische Patienten selten Ferien machen. Es bedeutet für sie einen großen Fortschritt, wenn es ihnen gelingt die einmal erarbeitete Stabilität aufrechtzuerhalten. Für Nachsorgegruppen in der Sozialpsychiatrie ist es daher günstig, wenn wenigstens eine der beiden Cotherapeutinnen immer anwesend ist und die Gruppe nicht unterbrochen werden muß. Psychotische Patienten tun sich bekanntlich auch mit der Beendigung der Therapie besonders schwer. Nachsorgegruppen sollten deshalb nach Möglichkeit auf unbeschränkte Zeit angeboten werden. So können die Patientinnen selbst entscheiden, ob und wann sie die Therapie verlassen wollen.

Leider gibt es Gruppen nicht immer, wenn sie gebraucht werden. Manchmal sind zu wenig Patienten da. Manchmal muß die Therapeutin aus gruppenexternen Gründen die Behandlung abbrechen. Bei Studenten kann die Therapie nur während der Semester aufrechterhalten werden. Solche Bruchstücke von Therapien sind nicht nutzlos. Sie können wichtige Schritte vorbereiten, die vielleicht erst später Früchte tragen.

Eine Studentin kam für die Dauer eines akademischen Jahres in eine Langzeit-Gruppe. Sie war damals depressiv, instabil und verzettelte sich in ihrer Lebensführung. Interessanterweise konnte sich einen Monat vor ihrer Abreise, als sie ihr bevorstehendes Ausscheiden mitteilte, kein einziges Gruppenmitglied daran erinnern, daß sie nur für ein Jahr bleiben würde. Alle waren auf Unbegrenztheit eingestellt. Eine wirkliche Besserung war bei ihr, als sie den Ort verließ, nicht erkennbar. Zur großen Überraschung des Therapeuten kam etwa zehn Jahre später nach einer Vorlesung, in einer ganz anderen Stadt eine Frau auf ihn zu und stellte sich als seine ehemalige Gruppenpatientin vor. Sie wollte ihm von ihrem Ergehen berichten. Es war ihr viel besser gegangen. Sie hatte Psychologie studiert, hatte geheiratet, einen akademischen Titel erworben und begegnete dem Therapeuten als Kollegin, nicht mehr als Patientin. Sie schätzte im nachhinein die damalige Gruppentherapie sehr.

Das Ende aus der Sicht der Leiterin

Die Therapeutin, die die Gruppe während ihrer Ausbildung leitet, muß notwendigerweise damit rechnen, daß sie die Gruppe wieder aufgeben muß, wenn sie die Ausbildung abschließt und den Ort wechselt. Meistens ist der Gedanke zu Beginn aber nicht im Bewußtsein des Therapeuten, kämpft er doch mit den Schwierigkeiten, überhaupt die Gruppe zu beginnen und erfolgreich zusammenzuhalten.

Wenn die Therapeutin aus äußeren Gründen die Gruppenleitung aufgeben muß, ist sie versucht die Gruppe, in welchem Stadium sie auch sein mag, aufzulösen. Da sie sich von »ihrer« Gruppe, in die sie viel eigenes eingebracht hat, trennen muß, sieht sie nicht ein, daß Gruppenmitglieder zusammenbleiben könnten. Nicht jede Gruppe fühlt sich in der Lage, der Leiterin mitzuteilen, daß sie gerne zusammenbleiben würde. Die Gruppe hat aber ihrerseits viel Arbeit in das Zusammenkommen, die Kohäsion und die Beziehungen untereinander gesteckt. Die Mitglieder sind sich wichtig geworden. Die selbstbewußte Leiterin nimmt an, daß die Beziehung zu ihr die wichtigste war. Sie will mit den Gruppenmitgliedern an der Trauer und dem Verlust der Elternfigur arbeiten. Die Gruppe jedoch kann sich durchaus selber weiterhelfen. Mit dem »Tod der Leiterin« muß nicht notwendig die ganze Gruppe »sterben«. Die Leiterin muß es verkraften können, daß es auch ohne sie weitergehen kann. Sie sollte zustimmen, daß die Gruppe einen neuen Leiter bekommt. Der Leiterwechsel ist für eine fortgeschrittene Gruppe viel weniger traumatisch als es sich die scheidende Leiterin vorstellt. Sie denkt an ihren eigenen Trennungsschmerz (s. Gegenübertragung, Kap. 8.).

Zu erwarten ist, daß sich der neue Leiter bald in den »Geist« der Gruppe einfühlen kann. Nach einigen Sitzungen wird er, wenn auch in seinem Stil, die Gruppe weiterführen können. Ein neuer Leiter kann neue Gesichtspunkte in die Gruppe bringen und einzelne, die sich bei der früheren Therapeutin abwartend verhalten haben, können sich jetzt besser einbringen, also gewissermaßen »aus dem Schlaf erwachen«. Die Krise durch den Leiterwechsel kann zwar auch unangenehme Auswirkungen haben, wie etwa das widerstandsbedingte Ausscheiden einiger Mitglieder; sie kann aber auch konstruktiv genutzt werden, wenn der neue Leiter es der Gruppe erlaubt, um die alte Leiterin zu trauern.

Das Ende aus der Sicht der Gruppe

Die Gruppe hat also neben der Beziehung zum Leiter und neben den individuellen Bedürfnissen auch ein Eigenleben. Dies entsteht mit der gemeinsamen Arbeit, überhaupt eine Gruppe zu werden, und mit den vielfältigen innergruppalen Beziehungen. Es besteht ein großer Widerstand jeder Gruppe, sich jemals zu verabschieden, also, das Bestreben ein Ende nach Möglichkeit zu *vermeiden*. Dies zeigt sich auch in allen Ausbildungsgruppen; sogar in drei- oder viertägigen Wochenendgruppen. Man verspricht sich, wieder zusammenzukommen, tauscht Telefonnummern aus und küßt sich beim Abschied wie unter alten Freunden. Seminar- und Ausbildungsgruppen können mit dem Hintergedanken beginnen, daß sie später zur Selbsterfahrungs- oder Therapiegruppe werden.

In einer Klink wurde die zeitlich begrenzte Angehörigengruppe aus Müttern schizophrener Patienten zunächst von der psychotherapeutisch geschulten Sozialarbeiterin und einer Psychiatrieschwester geleitet. Beide pflegten eine klare Rollenteilung. Die Sozialarbeiterin war die »Lehrerin für Familienverhältnisse« für diese Mütter junger Patienten. Die Krankenschwester konnte Auskunft geben, was man auf den Abteilungen mit ihren »Kindern« tat. Zwölf Sitzungen waren vereinbart. Die Gruppe, die schon in mancher Hinsicht sehr homogen war, zögerte nicht lange, eine gute Kohäsion zu entwickeln. Sie begann direkt mit ihren Schuldgefühlen und ihrer Hilflosigkeit umzugehen. In den Gruppensitzungen herrschte eine sehr gedämpfte und depressive Stimmung. Sie sprach für die Übertragungssituation der Mütter von schwerkranken Patienten, die sich schuldig fühlten. Aber am Ende der Sitzungen verschwand die Depression jeweils sofort und machte dem unverbindlichen Geplauder Platz, das auch vor der Gruppensitzung da war. Das »Eintauchen« und »Auftauchen« in eine Therapiesituation war also schon früh da. In der elften Sitzung wurde das »wie weiter?« besprochen. Es ergab sich ein fließender Übergang vom Seminar zur Therapiegruppe. Eine einzige Mutter erinnerte an die ursprüngliche Abmachung, daß zwölf Sitzungen geplant worden waren. Sie würde deshalb nach der zwölften Sitzung aussteigen. Die Gruppe ging weiter, die eine Mutter schied aus. Jetzt war die Sozialarbeiterin die Therapeutin und die Psychiatrieschwester ihre Cotherapeutin.

Der intergruppale Prozess als mögliche Problemlösung für das Ende

In einem größeren Gruppentherapieprogramm führt das Ausscheiden von Therapeutinnen und Therapeuten zuweilen zu Verschiebungen ganzer Gruppen oder Teilen von Gruppen zu anderen Gruppen hin.

Wenn sich die Mitgliederzahl einzelner Gruppen verringert hat, scheint es praktisch zu sein, zwei kleinere Gruppen zu einer größeren zusammenzulegen. Es kann also ein *intergruppaler Prozeß* stattfinden. Man sollte sich aber bei allen intergruppalen Prozessen darüber im klaren sein, daß sie bei den Gruppenmitgliedern deutlichen Widerstand hervorrufen. Es scheint in jeder Gruppe eine eingebaute Trägheit zu liegen, die möglichst wenig Veränderungen am äußeren Setting wünscht. Am schwierigsten ist es für eine Gruppe, sich zu teilen oder sich mit anderen Gruppen zu verbinden.

Einfacher, aber auch nicht ohne Angst zu erwecken, ist ein Übergang der Gruppe aus einem Polikliniksetting in ein anderes, mit demselben Therapeuten.

Im Beipiel veränderte sich nur der äußere Rahmen, die Institution. Die Orte waren nur etwa fünf Kilometer voneinander entfernt und gut erreichbar. In der letzten Sitzung am alten Ort wurde aber viel von Reisen gesprochen, von Unfällen, die man erleiden könne oder gar von Flugzeugabstürzen; daneben natürlich auch von persönlichen Dingen, die in der Gruppe gerade aktuell waren. Am neuen Ort wurde zunächst von guten Landungen gesprochen und die persönlichen Angelegenheiten wurden nochmals, mit beinahe identischen Worten, durchgesprochen. Es war, als ob sich die Gruppe überzeugen mußte, daß die Reise gut gelungen war, und daß man am neuen Ort ebensogut über die gleichen Dinge sprechen konnte.

Schwieriger wird der Übergangsprozeß, wenn sich eine Gruppe mit einer anderen schon bestehenden Gruppe vereinigen muß.

Als eine Gruppe auf vier Mitglieder zusammengeschrumpft war und eine andere, größere Gruppe ihre Therapeutin durch unerwartete Umstände verloren hatte, wurde beschlossen, die beiden ungleichen Gruppen unter einer Leitung zu vereinigen. Die Sache gestaltete sich schwieriger als vorgesehen. Die neuen Mitglieder waren mit dem Therapeuten sehr unzufrieden und brachten alle mögliche Kritik und nicht erfüllbaren Anforderungen vor. Dies besserte sich erst, als der Therapeut (auf Vorschlag eines guten Supervisors) die Gruppe ausdrücklich aufgefordert hatte, über ihre frühere Therapeutin zu sprechen. Damit hatten sie Gelegenheit, um ihren Verlust zu trauern und die konkurrenzierende Loyalität zur früheren Therapeutin zu überwinden. – Nach einiger Zeit entstand ähnliche Unzufriedenheit über den Therapeuten, aber diesmal in seiner früheren eigenen

Gruppe. Einer dieser Teilnehmer meinte anscheinend, wenn er von der Gruppe sprach, immer nur die kleinere, ursprüngliche Gruppe, ohne die vielen neuen »Hinzugekommenen«. Bei der alten Gruppe war das Gefühl entstanden, daß sie ihren Leiter verloren hätte oder sogar, daß er sie »verraten« hätte. Dies wurde erst ausgesprochen, nachdem die neuen Mitglieder schon bald ein Jahr lang da waren. Auch diese Gefühle, die durch die Vereinigung hervorgerufen und offenbar sehr beständig waren, mußten ausgesprochen werden, um zu verhindern, daß sie zum Widerstand gegen die Therapie wurden.

Andere Situationen von intergruppalen Prozessen sind denkbar. Die aufgeführten Beispiele zeigen die *Schwerfälligkeit,* mit der Veränderungen am Setting verarbeitet werden. Es bedeutet nicht, daß deshalb alle Veränderungen vermieden werden müssen. Sie sind oft notwendig. Aber man sollte sich nicht über die Konsequenzen hinwegtäuschen.

Das Problem der Untergruppen innerhalb einer therapeutischen Gruppe kann ebenfalls zu einer Art intergruppalem Prozeß führen. *Spaltungen,* die dabei am Werk sind, sind bekannt und berüchtigt für ihre Zähigkeit und Schwerfälligkeit.

Eine Teamsupervision auf einer Spitalabteilung zeigte, daß die Mitarbeiter zwar jede Woche zweimal zusammen kamen, um ihre Differenzen zu bereinigen. Dies war aber ganz und gar erfolglos. Als der klinische Direktor als höherer Vorgesetzter dazukam, war große Ratlosigkeit spürbar. Die Spaltung schien auf den Weggang eines Therapeuten zurückzugehen, der wegen professionell nicht akzeptierter Behandlungsweisen von der Abteilung verwiesen worden war. Ein Teil des Teams hatte seine Ansichten geteilt, war auch seiner Behandlungsideologie verpflichtet und hatte seine Handlungen gebilligt. In der Sitzung mit dem Direktor wurde von der einen Seite ein großer Trauerprozeß um den unrechtmäßig »gefallenen Helden« inszeniert. Aber nur drei Personen des achtköpfigen Teams nahmen daran Teil, während die anderen in ehrfürchtigem Schweigen verharrten. Eine Lösung war nicht in Sicht. Schließlich mußte die erkorene Vertreterin des »gefallenen Helden« ebenfalls das Feld räumen, damit wieder Friede in das Team einkehren konnte.

Zusammenfassend stellen wir fest, daß jede Beendigung oder Veränderung im Setting für die Gesamtgruppe *ein beinahe unüberwindliches Hindernis* darstellt. Intergruppale Prozesse, die bei Spaltungen oder bei

Neugruppierungen zustandekommen, zeichnen sich durch ihre große Schwerfälligkeit aus.

Literatur

LOTHSTEIN, L.M. (1993): Termination processes in group psychotherapy. In: H.J.KAPLAN und B.B. SADOCK (Hrsg.): Comprehensive Group Psychotherapy. Williams & Wilkins, Baltimore, 3. Aufl.

11. Einige spezielle Techniken der Gruppentherapie

Die bisherigen Überlegungen haben im großen und ganzen die Aspekte der Gruppentherapie beleuchtet, die allen helfenden Gruppen gemeinsam sind. Sie beziehen sich auf das, was für alle Gruppen typisch und wichtig ist, nämlich die Anwesenheit einer Anzahl Menschen, die mit einem therapeutischen Anliegen zusammenkommen. Historisch gesehen blieb selbstverständlich die Gruppentherapie im Verlauf ihrer Geschichte nicht von der Psychotherapie isoliert. Sie wurde von allen psychologischen und psychiatrischen Therapierichtungen und Strömungen beeinflußt, die die letzten Dekaden geprägt haben. Damit wurde sie reicher und vielfältiger. Ja, der Einfluß der verschiedenen Therapiemethoden muß als so groß bezeichnet werden, daß dem, was spezifisch für die Gruppe ist (das bis jetzt Besprochene), nur wenig Beachtung geschenkt wurde. Das Hauptaugenmerk wurde auf die verschiedenen therapeutischen Techniken und Überzeugungen gerichtet. In diesem Kapitel wagen wir den Versuch, den Einfluß der verschiedenen Richtungen auf die Gruppentherapie zu beschreiben. Dabei können wir natürlich keiner Technik oder Überzeugung gerecht werden. Wir verweisen auf die einschlägige Literatur. Da Vorurteile und Glaubensbekenntnisse auf dem Gebiet der Psychotherapie sehr stark sind, werden wir auch nicht über den Wert der einzelnen therapeutischen Richtungen befinden, sondern nur über ihre Auswirkungen auf die Gruppentherapien.

Manche Gruppentherapien bestehen in der Übernahme der Methodik aus der Einzelbehandlung, d. h. die Zwei-Personen-Interaktion findet in Gegenwart der Gruppe statt. Die Anwesenheit der Gruppe, zuerst als Publikum und danach als Mitwirkende, kann den therapeutischen Prozeß erheblich intensivieren (BATTEGAY 1973). Die Wirkung ist bei aufdeckenden oder Hemmungen lösenden Therapien besonders stark. Andere Gruppentherapien aber arbeiten mit der ganzen Gruppe als wesentlichem Element des helfenden Prozesses. Wir nennen sie *gruppenzentriert*. Zu ihnen gehören die Therapieformen, die wir bereits im Ansatz diskutiert haben.

Wir werden keine umfassende Darstellung der verschiedenen Techniken und ihrer Indikationsstellungen liefern. Das ist nicht möglich. Es geht uns um die ergänzende Beschreibung von Methoden, die auch in Gruppen angewandt werden können. Deshalb sind die Vorstellungen der verschiedenen Ansätze kurz gehalten. Die ausführliche Würdigung und Diskussion der Therapiemethoden ist in der reichen Fachliteratur enthalten. Auch allgemeinverständliche Einführungen können ein gutes Bild geben. In Kapitel 3 haben wir bereits darauf hingewiesen, daß klare Indikationen und Kontraindikationen für die Gruppentherapie irgendwelcher Art, bis jetzt nicht benennbar sind. Yalom, Lieberman und Miles (siehe Kap. 6) haben überdies in ihren Studien dargestellt, daß Behandlungsideologie und Therapierichtung nicht die ausschlaggebenden Faktoren für den therapeutischen Erfolg sind.

Gruppenzentrierte Gruppentherapie auf psychoanalytischer Grundlage und interaktionelle Gruppentherapie

Da die Psychoanalyse zu Beginn der Gruppentherapie in den vierziger Jahren dieses Jahrhunderts eine Vormachtsstellung einnahm, ist es nicht verwunderlich, daß psychoanalytische Ideen bald ihren Weg in die Gruppentherapie fanden. Begriffe wie Identifikation, Übertragung, Widerstand und Durcharbeiten konnten ohne Schwierigkeiten übernommen und auf die Gruppenpsychoanalyse oder Gruppentherapie angewandt werden. Slavson (deutsch 1956) und Foulkes (1948, deutsch 1992) sowie viele ihrer Schüler sind die Pioniere dieser Art Gruppentherapie. Therapie fand nicht nur *in der Gruppe,* sondern auch *mit der Gruppe als Ganzer* statt. Diese über mehrere Jahrzehnte gewachsene und praktizierte Form bildet chronologisch und theoretisch den Anfang. Sie gilt oft als »klassisch«. Andere, modernere Techniken haben sich aus ihr entwickelt, setzen sich aber inzwischen von ihr ab. Sie beanspruchen effektiver, rascher und deshalb auch besser zu sein.

Parallel zur analytisch ausgerichteten Gruppentherapie entstanden die ersten Selbsterfahrungsgruppen – sie hießen damals »sensitivity training groups« oder einfach T-groups. Sie entwickelten sich außerhalb der therapeutischen Praxis aus der *kleingruppendynamischen* Schule von Kurt Lewin. (Golombiewski und Blumberg, Hrsg. 1970, auch Sandner 1978) Sie waren nicht für Patientinnen gedacht, sondern für »Gesunde«, die sich die Kleingruppendynamik aneignen wollten. Sie wurden nach den gleichen Grundsätzen der Gruppenzentriertheit geführt und wiesen ähnliche Resultate auf.

Die gruppenzentrierte Therapie auf psychoanalytischer Grundlage ist eine sichere, ungefährliche, jedoch teilweise frustrierende Methode. Sie stellt an die Patienten oder Teilnehmerinnen bedeutende Anforderungen, u. a. die folgenden:

1. Die Gruppe ist am Anfang wenig strukturiert. Sie muß sich selbst strukturieren und ihre Kohäsion erarbeiten. (vgl. BIONS Ansatz, Kap. 4).

2. Der Therapeut leitet zunächst *nicht*. Er unterstützt weder die einzelnen noch die Gruppe, sondern beschränkt sich auf Beobachtungen des Gruppenprozesses. Die Gruppe erlebt ihn als provokativ und wenig hilfreich.

3. Die Frustration der anfänglich großen *Abhängigkeitsbedürfnisse* ist für viele schwer zu ertragen. Die Mitglieder erwarten, daß die Therapeutin sich wie in der üblichen Ärztin-Patienten-Beziehung verhält. Erst mit der Konsolidierung der Gruppenarbeit, können die Mitlieder auf die Illusion vom Therapeuten als Heiler, zugunsten der Unterstützung durch die Gruppe, verzichten.

Der Vorteil der Methode liegt in ihrer Sicherheit. Niemand wird zu sehr vom Leiter gefordert oder gar emotional überfahren. Auch die unerfahrene Therapeutin kann wenig Fehler machen, da der Gruppenprozeß als Kontrollorgan wirkt. Die Patienten haben überdies einen Notausgang: sie können wegbleiben oder zu einzelnen Sitzungen nicht erscheinen. Gruppenzentrierte psychoanalytisch orientierte Therapien, sowie Selbsterfahrungsgruppen zeichneten sich durch seltene Notfälle aus. Sie lagen etwa bei 0,25 %. Hier ein Beispiel eines »Gruppennotfalls«:

> Der Notfall entstand während einer Kurt-Lewin-inspirierten einwöchigen Gruppentrainingstagung, an der etwa etwa 60 Personen teilnahmen. Ein Psychiater war zugleich als Gruppentrainer und im Fall der Fälle als Notfallpsychiater anwesend. Einer der Teilnehmer litt an einer ihm schon bekannten manisch-depressiven Krankheit. Unter dem Einfluß der vielen Anwesenden entwickelte sich eine manische Episode. Er konnte, wie andere manisch Kranke, die ganze Institution in Atem halten. In der Tat erlangte er die therapeutische Aufmerksamkeit der 59 anderen – keine gute Gruppensituation. Der Patient mußte die Tagung verlassen und sich wieder in Behandlung begeben.

Aller Wahrscheinlichkeit nach hat die Anregung durch die Gruppe die

162 Einige spezielle Techniken der Gruppentherapie

manische Episode ausgelöst. Ursache war aber die Gruppenerfahrung keineswegs, da die Grundkrankheit schon vorher bestand.

Eine etwa 40jährige Frau mußte im Gefolge der Gruppe in ein Spital eingewiesen werden. Bei ihr waren vorher keinerlei Krankheitssymptome bekannt. Die Gruppenerfahrung war Ursache der Störung. Sie bot ein mild paranoides Krankheitsbild und zeitweilige Desorientiertheit. Innerhalb von etwa zwei Wochen klangen die Symptome ab. Sie hatte, wie ähnliche andere Fälle, eine gute Prognose.

Die beschriebenen Störungen bei Teilnahme an einer Selbsterfahrungsgruppe treten in psychotherapeutischen Gruppen im engeren Sinn nicht auf. Dagegen sind anderweitig verursachte »Rückfälle« oder »Zusammenbrüche« während längerdauernder Therapien nicht auszuschließen. In der Therapiegruppe auftretende Krisen werden am besten in der Gruppe selbst und durch die Gruppe behandelt, sofern die Gruppe schon Kohäsion entwickelt hat. Dies gilt im besonderen für die sogenannten Borderline-Kranken, aber auch für psychotische Patienten. Für sie bedeutet die Gruppe eine geradezu ideale Möglichkeit, die verlorenen oder als verloren gefürchteten Beziehungen wiederherzustellen.

Eine etwa dreißigjährige schizophrene Patientin hatte schon mehrere Hospitalisationen in einem großen öffentlichen Krankenhaus hinter sich. Ihre Angehörigen wiesen sie beim geringsten Zeichen einer Störung wieder ins Spital ein. Während sie nicht hospitalisiert, also noch »stabil« war, trat sie einer ambulanten Gruppe bei. Die nächste Störung stellte sich bald ein und mit ihr die Frage nach Wiedereinweisung. Die Patientin erlaubte sich, abzuwarten und der Gruppe ihr Leiden mitzuteilen. Die Gruppe konnte mit ihr etwa drei Wochen lang »mitleiden«, sie stützen und ihr damit helfen, ihre schizophrene Episode ohne Spital durchzustehen.

Der Nachteil der psychoanalytischen gruppenzentrierten Methode bestehen vor allem in der Frustration zu Anfang der Behandlung, die leicht zu Rückzug oder Wegbleiben aus der Gruppe führt. Deshalb ist es inzwischen üblich, daß die Leiterin dem Abhängigkeitsbedürfnis entgegenkommt und die Gruppe am Anfang unterstützt, statt zu interpretieren. Wegen des schleppenden, ereignislosen Verlaufs der Sitzungen und wegen der Dauer der Therapie wird das Vorgehen sowohl für Patientinnen wie auch für (ungeduldige) Therapeutinnen schnell »langweilig«.

Die psychoanalytisch-interaktionelle Methode (HEIGL-EVERS und OTT 1995) hilft bei diesen Nachteilen aus, ohne die psychoanalytische Grundhaltung zu verlieren. Die Autoren des sogenannten »Göttinger Modells« beziehen strukturierende Elemente aus der Kleingruppendynamik in ihre Therapie ein. Wir finden uns mit ihnen weitgehend im Einklang.

Kurzgruppen

Der Ruf nach kürzeren und aktiveren Methoden wurde in den 60er Jahren, in Einzel- und Gruppentherapie laut. Für die Einzeltherapie enwickelten MALAN und DAVANLOO in London (1963/1965) und MANN (1973) und SIFNEOS (1972) in Boston neue Konzepte. Der Kern ihrer Reform bestand in der Formulierung eines Focus', der in der Therapie bearbeitet werden sollte, statt FREUDS »Zwiebelschalenmodell«, das für das schrittweise Vorgehen steht.[1] Die Patientin ist also nicht mehr frei auf dem eigenen Weg in die eigene Psyche, sondern erforscht gezielt das als Focus definierte *Kernproblem*. Ein Focus kann z. B. das »Vaterproblem«, oder allgemein Autoritätsschwierigkeiten sein. Es kann auch das Problem des Verlustes einer wichtigen Bezugsperson sein. In jedem Fall geht es auch um die Begrenztheit therapeutischer Hilfe, da der Zeitablauf in der Kurztherapie von Anfang an spürbar ist.

Wie wirkte sich der Ruf nach kürzerer Therapie auf die Gruppentherapie aus? Alle angepriesenen *Kurzgruppen* haben einen Focus, der meistens in der Ankündigung mitgeteilt wird. Die Kurzgruppe bietet z. B. Hilfe bei der Trauer nach plötzlichem Todesfall. Zeitlich begrenzte Gruppen werden als Kommunikationstraining für Führungskräfte in der Industrie angeboten. Andere Gruppen bieten Lebenshilfe für die Bewätigung einer Ehescheidung oder für Eltern mit der Erziehung von Halbwüchsigen. Es gibt aber auch Kurzgruppen zur allgemeinen Krisenbewältigung oder Aufnahmegruppen in der Poliklinik, die den Patientinnen den Einstieg in die Behandlung erleichtern oder die Notwendigkeit einer Therapie nahebringen. Eine weitere Art Gruppen dienen der »Selbstverwirklichung« mit Hilfe der einen oder anderen besonderen Technik. Schließlich gibt es ausgesprochen pädagogisch orientierte Gruppen.

---

[1] H. STRUPP spricht von einer Reise mit einem bestimmten Ziel statt der »Fahrt ins Blaue«

In Kurzgruppen mit klarem Focus wird die mühsame Arbeit des Sichzusammenfindens abgekürzt, da als Information Grunddaten der bevorstehenden Arbeit bekanntgegeben werden. Die bald eintretenden Erfolge dieser pädagogisch mitgeprägten Methoden sind erstaunlich. Vor abschätzender Beurteilung dieser Therapien als »oberflächlich« muß gewarnt werden. Man denke an die Auseinandersetzung mit der eigenen Behandlungsideologie (siehe Kap. 6 »Therapeutische Faktoren«). Wie wir wissen helfen ja nicht in erster Linie die erarbeiteten Einsichten, die die Psychoanalyse fordert, sondern das soziale Lernen, neben einer Reihe anderer Faktoren. Einer davon ist die Information.

Themenzentrierte Interaktion (TZI)

Eine spezielle Ausprägung der Gruppentherapie wurde durch Ruth Cohn (1976) zuerst in den USA, dann in Europa eingeführt, die themenzentrierte Interaktion. Statt der anfänglichen Verlegenheit und dem Druck auf die Teilnehmerinnen, etwas zur Gruppendiskussion beizutragen, bestimmt die Leiterin das Thema, über das diskutiert werden soll. Ist das Thema gut gewählt und der Leiterin vertraut, beginnt eine sehr lebendige Diskussion. Der allgemeine Einstieg geht bald in persönliche Gesichtspunkte über. Geeignet ist diese Methode für Teammitarbeiter, die sich bei passivem Verhalten des Leiters scheuen, mit der Diskussion eines Abteilungs- oder Institutionsproblems zu beginnen. Die TZI-Methode ist deutlich leiterzentriert. Didaktische Gesichtspunkte spielen eine Rolle, wenn auch nur diskret, z. B. in der Wahl des Themas.

Transaktionsanalyse (TA)

Die Transaktionsanalyse ist aus der Gruppentherapie hervorgegangen. Eric Berne (1972) beobachtete die Interaktionen zwischen den Mitgliedern genau. Er beschrieb viele typische Interaktionen in einem neuartigen und leicht verständlichen Vokabular. Seine Formulierungen waren so gut und so prägnant, daß sie zum Gemeingut aller Therapeutinnen und interessierten Laien wurden. Zwischenmenschliche Prozesse, die wir immer wieder erleben, bekommen einfache Namen wie z. B. das Spiel: »Schlag mich!« Es beschreibt eine masochistische Provokation mit nachfolgender aggressiver Reaktion des anderen. Würden wir dasselbe mit psychodynamischen Begriffen wie etwa Triebbefriedigung und Abwehr beschreiben, müßten wir viel weiter ausholen. Wir hätten die Begriffe der Verleugnung der eigenen Aggressivität, ihre Projektion auf jemand anderen und dessen Triebreaktion zurück auf die Partnerin zu beschreiben. Die Transaktionssprache kann auch Konflikte zwischen den FREUDschen Strukturelementen, Über-Ich, Ich und Es anschaulicher darstellen, z. B. als Eltern-Kind Transaktionen. Der Nutzen von Erich BERNES Entdeckungen ist nicht auf die Gruppentherapie beschränkt. TA-Therapeutinnen arbeiten in Einzel- wie in Gruppentherapie.

Psychodrama und Gestalttherapie

Zu ihnen zählt die ältere Methode des *Psychodramas* von Jacob MORENO (1959) aus Wien und später New York und die von Fritz PERLS gegründete *Gestalttherapie* (POLSTER, E und M. 1975). Beide Formen der Therapie sind durch ihre sehr charismatischen Gründerfiguren geprägt und sollten deshalb besser erlebt, z. B. auf Videoband gesehen, als beschrieben werden.

MORENO bezog sich schon in den dreißiger Jahren in Wien auf FREUDS ursprüngliche Ideen vom Bewußtmachen des Unbewußten. Er suchte aber, das konfliktbeladene Problem nicht nur auszusprechen, sondern in dramatischer Form auf die Bühne zu bringen. Der Therapeut wird zum Regisseur, die Patientin zur Hauptdarstellerin. Durch Techniken des Rollentausches und der Einfügung von Hilfsrollen können zwischenmenschliche Probleme besonders gut dargestellt und Lösungen für sie gefunden werden. Die Gruppe ist anfänglich nur Publikum, wird aber in verschiedene Szenen einbezogen und kann selber mitspielen. Vom Psychodrama geht eine ungeheure Intensität aus.

In der Gestalttherapie Fritz PERLS, werden Probleme des einzelnen von Therapeutin und Patientin diskutiert. Außer dem Stuhl, auf dem der Patient sitzt, steht ein leerer Stuhl zur Verfügung. Auf ihm können imaginär abwesende Personen Platz nehmen, z. B. die Mutter, die Schwierigkeiten macht. Durch Rollen- und Sitzwechsel von Therapeutin und Patient werden Phantasien dargestellt. Die Darstellung eröffnet neue Perspektiven auf das Problem. Auch hier ist die Gruppe zunächst Publikum, kann aber später involviert werden. Auch hier entsteht durch die Inszenierung große Intensität.

Beide Techniken sind auf die einzelne zentriert, d. h. der Therapeut muß z. B. bei Demonstrationen zuerst eine Freiwillige finden, die an sich »arbeiten« will. Die heilende Kraft liegt primär beim Therapeuten, nicht bei der Gruppe. Diese ist eher im Beiwerk. Die Techniken des Psychodramas und der Gestalttherapie können aber auch in laufende, nicht spezifische Psychotherapiegruppen, eingeführt werden, z. B. um Hemmungen zu überwinden oder wichtige Einsichten zu ermöglichen. Techniken des *Rollenspiels* stammen aus dem Psychodrama und werden vor allem zum Üben sozialer Fähigkeiten genutzt. Wir denken z. B. an das Rollenspiel eines Bewerbers um eine Stelle und die Vorstellung beim Personalchef.

Mal-, Kunst- und Ausdruckstherapie

Die Realisation von Phantasien, Träumen und Ideen durch Fertigkeiten wie Zeichnen, Malen, Formen, Theaterspielen etc. hat eine lange Tradition in der Psychiatrie. Erst in neuester Zeit wurden diese Techniken auch in Gruppen genutzt und standardisiert. Die Gruppensitzung dauert wegen der praktischen Arbeit länger als eine Gesprächsgruppe mit üblicherweise einer bis anderthalb Stunden Dauer. Sie wird typischerweise zweigeteilt. Jeder Teil dauert etwa eine Stunde. Zuerst wird gezeichnet, gemalt oder geformt, entweder spontan oder mit Hilfe. In der zweiten Phase wird das Geschaffene ausgewertet. Bezüge zum Leben und Leiden des Künstlers werden hergestellt. Auch diese Technik ist einzeln und in der Gruppe anwendbar. Gemeinsame Arbeit in der Gruppe, in einer entspannten und stützenden Atmosphäre, kann die an sich anspruchsvolle Ausdrucksarbeit auch für schwerer gestörte Patientinnen oder chronisch psychisch Behinderte möglich und fruchtbar machen.

Verhaltenstherapeutische Techniken in der Gruppe

Verhaltensanweisungen oder Suggestionen finden sich in jeder Therapie, auch in der Gruppentherapie. Sie sind manchmal bewußt geplant, kommen aber auch von der Therapeutin unbeabsichtigt zum Tragen. Zu Beginn der Gruppe empfehlen wir Gemeinsamkeiten, die Mitglieder untereinander aussprechen, aufzugreifen und zu unterstreichen. Dies »belohnt« und verstärkt damit Aussagen, die zur Kohäsion beitragen. Negative Beeinflussung gewisser Verhaltensstörungen, das »Auslöschen« eines unerwünschten Verhaltens ist schwieriger, kann aber mit guter Kohäsion ebenfalls stattfinden.

Systematische Anwendung verhaltenstherapeutischer Techniken kann sehr wirksam sein, wenn es sich um klar definierte Verhaltenssymptome handelt, die verändert werden sollen z. B. spezifische Phobien. Wie bei den meisten »aktiven Techniken« der Therapeutin bleiben die Mitglieder abhängig von der Leiterin und können zwar Heilung des Symptoms, aber wenig Selbständigkeit und damit ein gesundes Selbstgefühl entwickeln.

Eine spezifische Entwicklung von Gruppen aus einem verhaltenstherapeutischen Ansatz sind die *psychoedukativen Gruppen* (vgl. Kap. 13). Das erste deutschsprachige, aus einem kognitiv-behavioralen Konzept entwickelte Training in Gruppenform ist das »IPT«, das integrierte psychologische Therapieprogramm für schizophrene Patienten (1. Aufl. 1988; 3. Aufl. 1995). Im Mittelpunkt steht das Ziel, die psychosozialen Fähigkeiten der Patientinnen und Patienten zu fördern und weiterzuentwickeln. Zwischen vier und acht Patientinnen nehmen an einer begrenzten Anzahl von Gruppensitzungen teil (z. B. zwischen 20 und 30), die zwischen 30 und 90 Minuten, je nach der Schwere der Erkrankung dauern. Vom sozialen Wahrnehmungs- und Verbalisierungstraining erstrecken sich die Themen der Übung einzelner sozialer Fertigkeiten bis zum interpersonellen Problemlösen. Im Gegensatz zu klassisch soziotherapeutischer Arbeit auf einer milieutherapeutisch orientierten Rehabilitationsstation sind die einzelnen Aufgaben in lern- und Übungssegmente unterteilt, die auch wissenschaftlich kontrolluntersucht werden können.

Besondere Übungsprogramme wurden zur Auseinandersetzung mit der eigenen Krankheit, subjektivem Befinden, therapeutischen Anforderungen, insbesondere Medikamenteneinnahme und Umgang mit Krisen entwickelt (z. B. KIESERG/HORNUNG 1995; WIENBERG u. a. 1995).

Die gegenseitige Kontaktaufnahme und Kohäsion entwickelt sich wie nebenher. Anfängliche Widerstände sind deshalb deutlich geringer. Aus den Gruppen können sich nach Abschluß des Programmes Therapie- und Selbsthilfegruppen entwickeln.

Weitere neue Techniken zur Stimulation der Interaktion

Es gibt viele, nicht-verbale Methoden zur Stimulation von Interaktion in der Gruppe. Sie können gehemmte Personen ermutigen, ihre Gefühle auszudrücken. Die schon länger bekannte *Marathontechnik* dehnt Gruppensitzungen über viele Stunden aus, oft auch durch die Nacht hindurch. Mit der Ermüdung fallen die Hemmungen. Zugänge über den *Körper* sind möglich. (Bioenergetik). Auch sie können einzeln und in der Gruppe genutzt werden. Endlich sind auch vielerlei *Gruppen-übungen* bekannt, die typische Gruppensituationen vorgeben und damit der Beobachtung zugänglich machen. Ein Beispiel ist die Ausgeschlossene, die versuchen muß, mit allen Mitteln wieder in die Gruppe hineinzufinden.

Abschließend stellen wir fest, daß die gruppenzentrierten Ansätze für die Teilnehmerinnen schwieriger beginnen und mehr eigene Arbeit einfordern. Die leiterzentrierten Ansätze, die oft von sehr begabten oder charismatischen Therapeuten genutzt werden, versprechen und bieten zum Teil auch größere Umwälzungen in kürzerer Zeit, sind aber letztlich gefährlicher. Sie überfordern zuweilen die Teilnehmerinnen. Sie haben auch den Nachteil, daß die Teilnehmer vom Leiter abhängig bleiben und sich nur mit Mühe selbst frei entwickeln können.

Literatur

BATTEGAY, R. (1973-78): Der Mensch in der Gruppe. Hans Huber, Bern, München, Wien, Bd. 1 und 2

BERNE, E. (1972): Spiele der Erwachsenen. Rowohlt, Reinbeck

COHN, R. (1994): Von der Psychoanalyse zur themenzentrierten Interaktion. 12. Aufl., Klett-Cotta, Stuttgart

FOULKES, A.U. und SIEGMUND, H. (1992): Gruppenanalytische Psychotherapie. Pfeiffer, München

GOLOMBIEWSKI, R. und BLUMBERG, A. (Hrsg.) (1970): Sensitivity training and the laboratory approach. (Übersicht) F. E. Peacock Publishers, Itasca IL.

HEIGL-EVERS, A. und OTT, J. (1995): Die psychoanalytisch-interaktionelle Methode. Vandenhoeck & Ruprecht, Göttingen und Zürich, 2. Aufl.

HOCHGERNER und WILDBERGER (Hrsg.) (1994): Die Gruppe in der Psychotherapie. Beiträge aus Sicht sieben psychotherapeutischer Methoden und spezifische Answendungsweisen. Facultas Verlag, Wien

KIESERG, A.; HORNUNG, W. P., (Hg) (1994) Psychoedukatives Training für schizophrene Patienten, Materialie Nr. 27, dgvt-Verlag Tübingen, 2. Aufl. 1995

KLEIN, J. (1995): Gruppenleiter ohne Angst. Ein Handbuch für Gruppenleiter. Pfeiffer Verlag, München, (TZI)

KNILL, P.J. (1979): Ausdruckstherapie: künstlerischer Ausdruck in Therapie und Erziehung als intermediale Methode. Eres Edition, Litlienthal/Bremen

LANGMAACK, B. und BRAUNE-KRICKAU, M. (1993): Wie die Gruppe laufen lernte. Anregung zum Planen und Leiten von Gruppen. Beltz, Psychologie Verlags Union, Weinheim, 4. Auflage

MACKENZIE, K.R. (1990): Introduction to time limited group psychotherapy. American Psychiatric Press, Washington DC

MALAN, D.H. (1965): Psychoanalytische Kurztherapie. Huber, Bern und Klett-Cotta Stuttgart

MANN, J. (1973): Time Limited Psychotherapy. Harvard University Press, Cambridge Massachusetts

MORENO, J.L. (1959): Gruppenpsychotherapie und Psychodrama. Thieme, Stuttgart, 4. Aufl. 1993

POLSTER, E. und M. (1975): Gestalttherapie, Kindler, München

RODER, V., BRENNER, H.D., KIENZLE, N. und HODEL B. (1995): IPT – Integriertes Psychologisches Therapieprogramm für schizophrene Patienten. Beltz/Psychologie Verlags-Union, Weinheim, 3. Aufl.

ROSENKRANZ, H. (1990): Von der Familie zur Gruppe zum Team. Familien- und Gruppendynamische Modelle zur Teamentwicklung. Jungfermann, Paderborn

SADER, M. (1996): Psychologie der Gruppe. Juventa, Weinheim, 5. Aufl.

SANDNER, D. (1978): Psychodynamik in Kleingruppen. Uni-Taschenbücher, Ernst Reinhardt Verlag, München

SCHOTTENLOHER, G. (1989): Kunst- und Gestaltungstherapie. Kösel-Verlag, München, 2. Aufl.

SCHMID, P.F. (1994): Personenzentrierte Gruppentherapie. Ein Handbuch. Edition Humanistische Psychologie, Köln

SIFUEOS, P.E. (1972): Shorts term psychotherapy and emotional crisis. Harvard University Press, Cambridge, Ma.

SLAVSON, S. R. (1956): Einfürung in die Gruppentherapie. Hubert, Göttingen

STRUPP, H H und BINDER, J. L. (1991): Kurzpsychotherapie. Klett-Cotta, Stuttgart

WIENBERG, G., SCHÜNEMANN-WURMTHALER, S. und SIEBUM, B. (1995): Schizophrenie zum Thema machen. Psychoedukative Gruppenarbeit mit schizophren und schizoaffektiv erkrankten Menschen. Manual und Materialien. Psychiatrie-Verlag, Bonn

12. Gemeinsamkeiten der Gruppentherapien im psychiatrischen Alltag

Die Gruppentherapie hat psychotherapeutische Ansätze an sehr vielen Orten eingeführt, an denen die Einzeltherapie keine oder nur geringe Erfolge aufweisen konnte. Seit etwa 1950 wurde die Gruppenbehandlung, zunächst in ihrer klassischen, langzeit- und einsichtsorientierten Form, in verschiedensten Behandlungssituationen etabliert. Sie hat sich dadurch an viele Umstände angepaßt, selbst verändert und erweitert. In den zwei nächsten Kapiteln zeigen wir die Vielfalt der bestehenden Gruppentherapien. Einzelne Formen sind weit verbreitet, z. B. die Milieutherapie in der psychiatrischen Klinik und die Gruppenpsychotherapie im ambulanten Bereich. Andere stehen noch in der Pionierphase und sind relativ wenig erforscht, z. B. die Nachsorgegruppen in der Sozialpsychiatrie. Gruppentherapie mit verschiedenen bisher unbehandelten oder unbehandelbaren Patienten sind ein Dauerthema in der Literatur. Neue Anwendungsformen und -möglichkeiten sind weiterhin zu erwarten.

Historischer Abriß

Von Gruppenveranstaltungen und Gruppengesprächen in Spitälern wird schon seit den 20er Jahren dieses Jahrhunderts aus den USA (CODY-MARSH 1931) und Deutschland berichtet. PRATTS Entdeckung von 1905, daß Gruppengespräche für chronische Tuberkulosepatientinnen hilfreich sein können und seine Berichte über die sogenannten »Tuberkulose-Klassen« (1917) führten zu einem eher intuitiven als wissenschaftlich oder psychotherapeutisch begründeten Behandlungsstil. Von genauen Resultaten wissen wir wenig. Die systematische Nutzung der Gruppenmethoden in Kliniken begann in den 50er Jahren dieses Jahrhunderts. Aus soziologischer Sicht (BELKNAP 1956, GOFFMANN, deutsch 1972) wurde damals beschrieben, daß die Spitalabteilungen nicht nur aus einzelnen Patientinnen und Patienten bestehen, sondern eine *Gemeinschaft* bilden. Sie umfaßt Privilegierte und Unterprivilegierte, Leiterinnen und Geleitete (CAUDILL 1955).

Im deutschen Sprachraum finden sich Publikationen zur Gruppenbildung im psychiatrischen Krankenhaus ab Ende der 50er Jahre (z. B. Lapp 1959; Kisker 1960; Tölle 1960). Diese Arbeiten beziehen sich neben der analytischen Gruppenpsychotherapie und Morenos Psychodrama auf die Reflexionen des »Wir« bzw. »Ich-Du« in der phänomenologischen Philosophie und Anthropologie sowie Soziologie: Es genüge nicht mehr, der Einzeltherapie die Gruppentherapie hinzuzufügen. Die Gestaltung zwischenmenschlicher Bezüge als solche müsse auf den einzelnen Stationen ins Blickfeld rücken. Die Atmosphäre zwischen Pflegepersonal und Ärzten, zwischen Klinikmitarbeiterinnen und -mitarbeitern insgesamt und Patientinnen und Patienten andererseits wirkt sich auf das Befinden, den Krankheitsverlauf und die Genesung der Kranken aus, wird festgestellt (Kisker 1960). Tölle berichtet bereits 1960 von Gruppenpsychotherapie mit schizophren Kranken. Er unterscheidet die Stationsgruppe als »Basis der Gruppenpsychotherapie«; einmal wöchentlich stattfindende »Diskussionen« bei Tee und Gebäck; gemeinsame Spiele, insbesondere ans Psychodrama angelehnte Stegreif-Spiele sowie weitere Aktivitäten. Alles dieses wird als »Gruppenpsychotherapie im Stationsverbund« verstanden.

Von Anfang an einen anderen Charakter hat die Arbeit des englischen Psychiaters Maxwell Jones, der der Gemeinschaft ein heilendes Potential zuschrieb (1956, Deutsch 1976). Seine Schrift »Social Psychiatry« in englischer Publikation wurde in den USA zu »The therapeutic Community« und 1976 bei der deutschen Übersetzung zu den »Prinzipien der therapeutischen Gemeinschaft«. Jones', Verdienste werden heute zwiespältig betrachtet, da seine Prinzipien mit der sie begleitenden Welle der Begeisterung eine Behandlungsideologie vertraten, an der sich die Geister schieden. Auf Jones berufen sich jedoch so viele Konzeptionen psychiatrischer Stationen, die später eine milieutherapeutische Behandlung entwickelten, daß wir die wesentlichen Grundregeln im Folgenden kurz skizzieren wollen.

In der therapeutischen Gemeinschaft liegt das therapeutische Potential nicht allein beim Arzt oder der Leiterin, sondern in der Gemeinschaft. Alle Anwesenden, Patienten und Mitarbeiterinnen haben Mitspracherecht. Sie tragen die Verantwortung für den Heilungsprozeß gemeinsam. Hierarchien werden weitgehend abgebaut. Die Patienten sind in die klinischen Entscheidungsprozesse miteinbezogen, die letztlich sie selbst betreffen. Alle wichtigen Ereignisse guter oder schlechter Art sollten während des täglichen Gruppentreffens besprochen werden.

In JONES', Konzept dauerten die Gruppentreffen jeden Morgen zwei Stunden.

Der Unterschied zwischen dieser allmorgendlichen Gemeinschaftsgruppe und der früheren traditionellen Chefvisite, während der der Chefarzt, gefolgt von einer Reihe weißgekleideter Figuren, durch die Zimmer wandelt, die Patientinnen befragt, wie es gehe, um dann zu entscheiden was zu tun sei, könnte größer nicht sein. Die Idee einer therapeutischen Gemeinschaft statt einer autoritär geführten Abteilung, veränderte die überalterten Spitalsysteme. Die meisten fortschrittlich gesinnten Ärztinnen oder Assistenzärzte versuchten, die Gruppentechnik einzuführen und ihre Abteilungen als Gemeinschaft zu verwalten. Sie stießen dabei auf den Widerstand ihrer Vorgesetzten, aber auch des alteingesessenen Pflegepersonals, an dem der Versuch zuweilen scheiterte.

Natürliche Gruppenbildungen in psychiatrischen Kliniken und ihre Nutzung

Wie wir bereits in Kapitel 1 ausgeführt haben, bestand die wichtigste Voraussetzung gruppentherapeutischen Denkens und Arbeitens in der Psychiatrie in der Erkenntnis, daß sich hier in verschiedenster Form natürliche Gruppen bilden: Dazu gehören die Patientinnen und Patienten einer Station, klinikübergreifende Gruppenprozesse, das Behandlungsteam der einzelnen Stationen, die Gemeinschaft der Ärzte einer Klinik und andere mehr. Die aus der Not geborenen Gruppentherapien in und nach dem zweiten Weltkrieg in England und den USA, JONES' Entwicklung der therapeutischen Gemeinschaft wie die Ansätze in Deutschland ab Ende der 50er Jahre basierten auf der Erkenntnis, daß diese natürlichen Gruppen in jedem Falle einen Einfluß auf Befinden und Entwicklung der Patientinnen und Patienten, ja sogar auch auf die Motivation und »Moral« des Personals hatten. Sie konnten sich hemmend, destruktiv, aber auch therapeutisch auswirken. Mit der Entwicklung der Sozialpsychiatrie im deutschsprachigen Raum zur »Bewegung« wurde JONES' Ansatz ab Anfang der 70er Jahre an verschiedenen Orten euphorisch begrüßt. Daß die Hierarchie im Krankenhaus nicht einfach abschaffbar war, wurde immer wieder übersehen. Überzeichnet wurde die therapeutische Gemeinschaft definiert als »alle tun das gleiche«, z. B. Arzt wie Schwestern und Patientinnen und Patienten schrubben den Boden der Abteilung. Wo dieses Prinzip zur Ideologie geriet, konnte über Stagnationen und Hindernisse der Arbeit aufgrund der Vorstellungen, daß tatsächlich alle gleichviel zu sagen haben, nicht gesprochen werden. Die dennoch weiter vorhandene hierarchische Struktur – selbst wenn auf ihr nicht formell bestanden wurde – durfte nicht angetastet werden.

Milieutherapie

Aus den guten und schlechten Erfahrungen der Frühzeit mit therapeutischen gemeinschaftsähnlichen Abteilungsgruppen entwickelte sich schließlich eine neue Therapieform, die »*Milieutherapie*« (z. B. HEIM 1985). Sie ist die realistischere Variante der stationären und teilstationären (tagesklinischen) psychiatrischen Behandlung. Die Milieutherapie hat die alte »kustodiale« Institutionsbehandlung abgelöst. Ohne Zweifel wirkt sie »therapeutisch«, mit und ohne spezifische Einzelpsychotherapie. Das Buch des Ehepaares CUMMING »Ich und Umwelt« (CUMMING und CUMMING 1960, deutsch 1979) beschreibt die wesentlichen Neuerungen. Ihre institutionellen Erfahrungen haben nichts an ihrer Gültigkeit verloren. Asmus FINZEN hat 1977 eines der frühen tagesklinischen Konzepte im deutschsprachigen Raum beschrieben.

»Therapie – was ist das eigentlich?«, so überschrieb FINZEN 1986 das fünfte Kapitel seines Tagesklinikbuches, das sich mit dem Verhältnis von Einzeltherapie, Gruppentherapie und den Überlegungen zum therapeutischen Konzept beschäftigte. Ist Therapie einfach das, was Ärzte tun, um Kranke wieder gesund zu machen? Weil Suggestion und Autosuggestion uralte psychotherapeutische Methoden sind, die beispielsweise Probleme verdecken und dennoch wirken. Ist Milieutherapie therapeutisch, wenn es Musiktherapie, Wandertherapie, Reisetherapie, Lesetherapie . . . gibt. »Aber eines ist zu bedenken«, so Finzen weiter, »Essen wirkt bei Verhungernden, Trinken beim Verdurstenden außerordentlich therapeutisch. Essen und Trinken aber sind menschliche Grundbedürfnisse. Entzöge man jemandem Essen und Trinken, wäre das nicht untherapeutisch, oder »falsche Therapie«, sondern unmenschliche Quälerei.« (1986/85-86) Milieutherapie ist demnach nicht jede Form von Therapie, die auf einer Station oder in einer Tagesklinik stattfindet, weil es dort ein »Milieu« gibt. Milieutherapie ist die systematische Reflexion über das herrschende Milieu, dessen gezielte Gestaltung und therapeutische Nutzung.

Was kann die junge Assistenzärztin, der neue Stationsarzt, erwarten, wenn sie mit ihren Patientinnen und dem Pflegepersonal zusammensitzen und ein Gespräch in Gang kommen soll? Fast zwangsläufig stellt sich Enttäuschung ein. Sie erwächst aus zu hohen Erwartungen. Patienten sind nicht sehr geprächig und kommen nur in die Gruppe, weil es von ihnen verlangt wird. In der Gruppenrunde sind sie schweigsam. Der Therapeut bekommt die Aufgabe des Unterhalters und Initiators zugewiesen. Schwestern und Pfleger sind – ohne spezielle Ausbildung – wenig hilfreich. Besonders in einer neuen Gruppe warten Schwestern und Pfleger häufig ab, wie die neue Gruppentherapeutin sich anstellt.

Die Erwartung, daß Patienten in der Gruppe über ihre Probleme sprechen, ist zu hoch gegriffen. Wenn sie dazu überhaupt willens sind, tun sie es im Einzelgespräch. In der Gruppe wird die Situation auf der Station besprochen. Klagen über das Essen sind häufig. Anliegen praktischer Art, z. B. »Darf ich heute ausgehen?«, kommen zur Sprache. Themen, die im psychotherapeutischen Setting zu hören sind, werden fast nie angesprochen. Wenn in diesem Rahmen »Therapie« stattfindet, muß sie also auf eine andere Art zum Tragen kommen als im individuellen und vertraulichen therapeutischen Gespräch.

Milieutherapeutische Arbeit kann aber nur gelingen, wenn die Gruppentherapie und nicht die Einzeltherapie im Mittelpunkt steht. Wann immer möglich hat die Gruppe Vorrang vor Gespräche unter einzelnen. Die Station oder Tagesklinik sollte eine Atmosphäre der Geborgenheit vermitteln. Die Gruppengespräche auf der Abteilung heben die »Moral« der Patientinnen und Patienten. Sie ermuntern auch schizophren Kranke, die Schwierigkeiten im sozialen Bereich haben und sich nicht in der Lage fühlen, Kontakte mit Mitmenschen aufzunehmen, mit anderen ein Gespräch zu führen oder Spiele zu machen. Die Beziehung zu einzelnen Therapeutinnen und Therapeuten fördert nicht nur die regressiven Anteile von Patienten; sie kann auch zu große emotionale Nähe schaffen, die sie schlecht ertragen.

Diesem Konzept entspricht es, daß prinzipiell keine »Zweier-Gespräche«, z. B. Gespräche zwischen Ärztin und Patient stattfinden, sondern nur »Dreier-Gespräche«: Zwischen Arzt, Krankenschwester und Patient; Ärztin, Ergotherapeut und Patientin. Dieses Modell sorgt zum einen dafür, daß Krankenschwestern, Ergotherapeutinnen, Sozialarbeiter und andere Berufsgruppen neben Ärztinnen und Ärzten größere therapeutische Verantwortung übernehmen und Eigenständigkeit erhalten. Zugleich fällen die die klinisch wichtigen Entscheidungen mit, die im praktischen stationären oder tagesklinischen Leben die meiste Zeit mit den Patientinnen und Patienten zubringen. Zweifellos wird in dieser Form der Behandlung den Patientinnen und Patienten selbst eine aktivere Rolle an ihrer Behandlung zugeschrieben. Es ist also nicht eine einzelne Gruppe (die Stations- oder Tagesklinikgruppe, die Therapiegruppe, die Beschäftigungs- oder Ergotherapiegruppe oder das Dreier-Gespräche allein), die die entscheidende therapeutische Rolle spielt, sondern das Zusammenwirken aller dieser Formen von Gruppentherapie. Während der Einführung dieses Konzeptes wurde der Primat der Gruppentherapie und die Dreier-Gespräche, das Verbot der klassischen Ärztin-Patientengespräche, zu einer Art »heiligen Kuh«, um die entscheidende therapeutische Funktion nichtärztlicher Berufsgruppen zu etablieren. Daß dies im Alltag bis heute immer wieder zu Spannungen und Schwierigkeiten führt, wurde verschiedentlich berichtet. So beschreibt auch FINZEN: »Es dauerte sehr lange, bis uns deutlich wurde, daß das Maß an Kommunikation und Offenheit zwischen Ärzten und Patienten in stärkerem Maß begrenzt war als zwischen den übrigen Therapeuten und Patienten. Diese hatten zahlreiche informelle Gelegenheiten, mit den Patienten Einzelgespräche zu führen, ohne daß sie deswegen angegriffen wurden. Im Gegenteil, das war erwünscht, weil wir möglichst viel über den Zustand des Patienten erfahren wollten und weil möglichst zahlreiche Informationen auf diesem informellen Weg an die Patienten weitergegeben werden sollten.« (1986/89-90)

Die relativ einfachen Forderungen der therapeutischen Gemeinschaft Maxwell JONES' nach mehr Kommunikation, mehr Gemeinsamkeit und nach Auflösen der Hierarchien sind nicht ohne Modifikationen in der Klinik anwendbar. Folgende Regeln gelten heute für die Milieutherapie:

1. Die Regel, daß alle Beschlüsse von der ganzen Gruppe gefaßt werden, kann nicht aufrecht erhalten werden. Schwer gestörte Patienten können nur beschränkte Verantwortung tragen. Schon aus rechtlichen Gründen muß die verantwortliche Ärztin entscheiden können. Sehr hilfreich aber ist die Gruppe der Patienten und Patientinnen als *beratendes Gremium.*

2. Die Großgruppe aus allen Patienten und mit allem Personal ist sehr schwerfällig. Derartige Plenumsversammlungen verzerren die Beziehungs- und Kompetenzverhältnisse zugunsten von eloquenten Mitgliedern, die zuweilen schwerer gestört sind. Umgekehrt kommen kommunikativ Schwache, wie etwa Depressive, kaum zu Wort.

Die Großgruppe, d. h. die Versammlung aller auf der Abteilung Anwesenden, hat in der Milieutherapie eher eine symbolische Bedeutung, den Zusammenhalt aller zu demonstrieren. Sie kann immerhin erste Sozialisierungsversuche befördern und Grundregeln des menschlichen Zusammenlebens klären und üben. Im klinischen Alltag kann sie nicht jeden Tag abgehalten werden, wie JONES das forderte, sondern eher einmal die Woche.

3. Es ist deshalb besser, neben der Großgruppe zwei oder mehrere *Kleingruppen* zwei bis dreimal pro Woche zu etablieren. Diese können sich auf eine günstige Mitgliederzahl (acht bis maximal zwölf) beschränken und damit den Bedürfnissen der einzelnen eher gerecht werden. Die Teilung einer Stationsgruppe oder Tagesklinikgruppe bedeutet zwar eine Erleichterung für die eigentlich gruppentherapeutische Arbeit. Sie kann jedoch zu erheblicher Unruhe und Spannungen in der Stationsatmosphäre führen: Die zwei oder drei Therapiegruppen entwickeln sich in der Regel unterschiedlich; Patientinnen und Patienten haben das Gefühl, daß ihnen das entgeht, was in der anderen Gruppe stattfindet. Auch Teammitglieder können den Eindruck bekommen, daß sie über ihre Bezugspatientinnen nicht mehr Bescheid wissen (vgl. z. B. FINZEN 1977).

4. Die Diskussion in der Gruppe hat in der Besprechung von Themen, die sich auf die Interaktion auf der Abteilung beziehen, Vorrang vor dem Einzel- bzw. Dreiergespräch. Dazu gehört auch der Ausgang. Patientinnen müssen ja in erster Linie zu ihrer sozialen Realität zurückfinden und deshalb soziales Leben üben. Jedoch hat sich die Abwertung oder gar der Verzicht auf Einzelbehandlung klinisch nicht bewährt. Die Patienten fordern und benötigen individuelle Gespräche mit dem Arzt, der Therapeutin oder der Bezugsperson. Auf die Gruppe sollen Probleme verwiesen werden, die das Zusammenleben angehen, wie etwa: »Was tue ich, wenn eine andere Person mich dauernd belästigt?« Wenn die Therapeutin im Einzelgespräch ohne Wissen der Gruppe einem Patienten besondere Privilegien einräumt, unterwandert sie selber die Wirkung des therapeutischen Milieus und wertet damit die Gruppe ab.

Die Milieuarbeit auf Station ist dadurch erschwert, daß immer neue Patientinnen hinzukommen, die das »stören«, was die anderen aufgebaut haben. Die »besten« Gruppenmitglieder sind diejenigen, die bald entlassen werden und damit der Gruppe verloren gehen. Die Gruppe ist also ständig im Anfangsstadium. Über die Unterschiede der Milieutherapie und der Gruppenpsychotherapie wurde schon im Kapitel 2 bei der Planung gesprochen. Die Milieugruppe wurde als Paradigma für die Gruppe gebraucht, die vorwiegend der Sozialisation dient, und durch das institutionelle Setting zusammengehalten wird. Die Motivation der Teilnehmerinnen kommt nicht aus ihnen selbst, sondern durch den Druck von außen. Die Teilnehmer wechseln dauernd. Die Gruppe bewegt sich kontinuierlich in der Anfangsphase. Aktive Leitung durch die Therapeutin ist notwendig. Das Ziel der Gruppe liegt vor allem in ihrem Zusammenkommen, im Kommunizieren. Problemlösen ist möglich. Eine dauerhafte, stabile Kohäsion kommt nicht zustande.

Die begleitende Arbeit, die der Milieutherapeut mit den Schwestern und Pflegern auf der Station zu leisten hat, ist nicht gering. Sie fordert mehr Einfühlungsvermögen und Takt, als die in der Medizin übliche Arzt-Pfleger oder Ärztin-Schwester Beziehung. Denn in der Milieutherapie sind die betreuenden Personen nicht nur Ausführende eines ärztlichen Behandlungsplans, sondern *Mit-Therapeutinnen*. Sie sind von den Patientinnen her großem Druck ausgesetzt und, wenn sie sich persönlich als Bezugspersonen engagieren, auch vielen Konflikten.

Teambildung, Teamarbeit, Teamsupervision – Möglichkeiten, Schwierigkeiten und Grenzen

Auf eine spezielle Form »natürlicher« Gruppenbildung wollen wir näher eingehen: Das Team. Es hat in der stationären wie teilstationären Behandlung nicht nur Vorbildfunktion für Patientinnen und Patienten, sondern übt auch einen wesentlichen Einfluß auf das Milieu und die gesamte therapeutische Arbeit aus. Gegenüber der traditionellen hierarchischen Organisation auf der Station wie in der Gesamtklinik bedeutete der Gedanke der Teamarbeit in verschiedener Hinsicht einen Fortschritt: Er führte die Demokratisierung in der Klinik ein. Er wertete die nichtärztlichen Berufsgruppen – Krankenschwestern und Pfleger, Sozialarbeiterinnen, Ergotherapeuten, Physiotherapeutinnen . . . – auf. Teamarbeit diente dazu, das Ineinanderwirken der Berufsgruppen wie Personen auf der Station hervorzuheben, und – wie wir bereits betont haben – die Entscheidungen in der Behandlung dorthin zu verlagern, wo der nächste Kontakt und aktuelle Wissensstand der Situation lag. Neben der Entwicklung des Teamgedankens aus der therapeutischen Gemeinschaft entstand er in anderer Form im Gefolge der Einführung psychoanalytischen Gedankengutes in die stationäre psychiatrische und psychosomatische Behandlung sowie im Gefolge der oben erwähnten anthropologischen Ausrichtung. Die Überbetonung der Gleichwertigkeit kann in ihrem Extrem zum Prinzip der Egalisierung und Betonung von Pseudogleichheit führen, da durch das Prinzip der Teamarbeit auf der Station weder die Position der einzelnen Berufsgruppen in der Gesellschaft geändert wird, noch deren Stellung in der Klinik noch ihre finanzielle Eingruppierung. Die gegenwärtige Einschätzung einzelner Berufsgruppen in ihrer Anerkennung und Bedeutung für die Psychiatrische Arbeit ist breit gefächert: Sie reicht vom fortgesetzten Hinweis auf mangelnde Wertschätzung pflegerischer Tätigkeit bis zur Warnung vor der überhandnehmenden Macht des Pflegepersonals gegenüber den Ärztinnen und Ärzten.

Neue Aufgaben für Schwestern und Pfleger

Im deutschen Sprachraum wurden für Schwestern und Pfleger mit der Teamarbeit und psychoanalytischen Konzepten neue Aufgaben und Funktionen eingeführt. POHLEN und BAUTZ haben dies in einem umfangreichen Forschungsprojekt Anfang der 70er Jahre in München untersucht und ausgewertet. Ihre Monographie beschreibt die »Gruppenanalyse« als »eine empirische und methodenkritische Untersuchung«. Eine Kurzdarstellung erschien ebenfalls 1972. Neben dem ausgesprochen psychoanalytischen Denk- und Arbeitsmodell für eine psychiatrische Station beschreiben sie die Probleme von Schwestern und Pflegern, denen die Rolle der Bezugspflege, damit auch therapeutische Funktionen und ein erhebliches Maß an funktioneller Autorität zugewiesen wird. »Die Krankenschwester als therapeutische Bezugsperson« auf einer psychosomatischen Abteilung wurde 1974 von Samir STEPHANOS und Jutta ZENZ als Stationsschwester beeindruckend beschrieben. Gruppenprozesse im psychiatrischen Team auf der Grundlage des Prinzips der therapeutischen Gemeinschaft beschrieb Hans-Klaus ROSE 1981: Die therapeutische Gemeinschaft habe in ihrer historischen Entwicklung lange Zeit »aus der Antithese und aus dem naiven Mißverständnis« (gelebt), es genüge, »alles anders zu machen als bisher, um es auch zu bessern«. Die Aufbruchstimmung der Psychiatrie-Reform, die »Psychiatrie der Befreiung« führte nicht nur zu Besserungen, vielfältigen Entlassungen von Patientinnen und Patienten aus der stationären Behandlung. Sie sorgte auch im Behandlungsteam für ein fast euphorisches »Wir-Gefühl« (FINZEN 1988). Im Aufbruch aus der kustodialen Psychiatrie genügte der Aufbruch, die Befreiung der

Patientinnen. Auf längere Sicht aber wurde deutlich, daß es mehr zur Genesung bedurfte und auf der Seite der Behandelnden mehr, als das Gefühl, gemeinsam stark zu sein. Das Nachtrauern der ideologisch getragenen Zeit vermischte sich mit der politischen »Wende«: Es entstand der Eindruck, daß die gesellschaftspolitische Wetterlage zur Ermüdung, zur Behinderung der Gemeinschaftsidee erheblich beigetragen habe. Daß auch die Idee der therapeutischen Gemeinschaft, insbesondere wenn sie in die Jahre kommt, zu Verkrustung und Chronifizierung führen kann, fällt schwer zu erkennen.

Möglichkeiten versus Probleme und Konflikte

Nicht zuletzt deshalb seien im Folgenden den Besonderheiten und nicht zu unterschätzenden Vorteilen der Teamarbeit Probleme und Konflikte gegenüber gestellt. Mit dem Verständnis aller beteiligten Berufsgruppen und behandelnden Personen einer Station sind alle Therapeutinnen und Therapeuten gefordert, sich beruflich und persönlich einzubringen.»Bildung eines Teams bedeutet, das Arbeiten im gemeinsamen Feld nach dem Modell eines Gruppenprozesses zu gestalten«, schreibt ROSE (1981/88). Die so geschaffene Autonomie sei wichtigstes Element der Kohäsion im Team. Die Institution steckt den Rahmen mit den Vorgaben im Verwaltungs- und Organisationsbereich ab. Innerhalb dieses Rahmens ist Freiraum für das jeweilige Behandlungsteam, die therapeutische Arbeit zu gestalten. Mit der Gleichberechtigung der Mitarbeiterinnen und Mitarbeiter entsteht aber auch eine neue Unsicherheit. Die Verantwortung muß persönlich und für die einzelne Patientin getragen werden. Das Funktionieren des Teams wird seitdem häufig als Gradmesser für die geistige Gesundheit seiner Mitglieder oder deren »Burn-out« betrachtet. Voraussetzung ist, daß sich das Team »im Zustand jener Einheit und inneren Differenziertheit hält, der gleich weit entfernt ist von rivalisierender Konkurrenz wie auch vom Leben in der Clique, in der Clinches mit Selbstbespiegelung, Selbstgenügsamkeit und Selbstanalyse unter dem Etikett praxisbegleitender Selbsterfahrung die Kräfte absorbieren« (ROSE 1981/89).

Identitäten der einzelnen Berufsgruppen

Voraussetzung dafür ist, daß die professionellen Identitäten der einzelnen Berufsgruppen erhalten bleiben. Es macht keinen Sinn, daß »Jeder alles kann« und deshalb auch alles tut. Der bessere Informationsfluß innerhalb des Teams eröffnet die Möglichkeit, die verschiedenen Beziehungsaufnahmen und Gespräche der Patienten für die Behandlung zusammenzuführen. Gerade diese Differenziertheit der unterschiedlichen Personen wie der unterschiedlichen Berufsgruppen ermöglicht es den Patienten, verschiedenste Formen der Kontakte im sozialen Feld zu üben und in der Arbeit des Teams beispielhaft zu erleben, wie Unterschiede lebbar und Konflikte bewältigbar sind. In solcher Atmosphäre steigt die berufliche Zufriedenheit und über die erfolgreiche Arbeit hinaus ermöglicht sie den Teammitgliedern persönliche Reifung und Identitätsentwicklung im beruflichen Feld. Die Grenzen liegen dort, wo die Kohäsion des Teams, die Betonung der Gleichheit in die Forderung kippt, daß keiner besondere Funktionen ausübe; keine mit besonderer Macht oder Privilegien ausgestattet ist; daß die Kohäsion vor allen anderen Zielen geht – auch vor der Hinwendung zu den Kranken. Eine solche Entwicklung führt nicht selten zur »Psychotherapiesierung des Binnenklimas«, zur Verdeckung der Machtstrukturen und Entwicklung neuer Machtformen, die nicht nur im Team, sondern für das Milieu der Station für Verwirrung sorgen. Nach Rose trifft sich hier die Problematik kustodial-psychiatrischen Arbeitens mit der Fehlentwicklung milieutherapeutischer Arbeit: »Man erinnert sich, daß gerade der Verlust der Kontrolle über Informationen, die an differente Bezugspersonen gegeben werden, zu den Konstituenzien der Insassenrolle in totalen Institutionen gehört. Daß es hier vor der Forderung nach freiem Informationsfluß immer zu Konflikten kommen kann, weiß jeder, dem die Arbeit in einer therapeutischen Gemeinschaft vertraut ist.« Die »Wendung nach innen« führt zur massiven Regression des Teams, das die Sicherheit bieten soll, die früher aus der hierarchischen Klinikorganisation bezogen wurde. Mitglieder, die dieser Entwicklung widerstehen, werden ausgegrenzt. Die Regression in die Gruppe kippt in die Spaltung des Teams. Die Forderung nach Supervision ist nicht selten die Folge. Patientinnen und Patienten sind auf sich selbst gestellt oder können sich der pathologischen Dynamik nicht entziehen.

Differenzierung und Achtung vor dem anderen

Eine ähnliche pathologische Entwicklung kann sich aus der Betonung der Gleichheit von Behandelnden und Behandelten ergeben. Nicht selten werden Kranke dann als Bewohner eines Heims oder »Hotels« betrachtet, die Bedeutung ihrer psychischen Erkrankung ausgeblendet. Die Gemeinschaft mit den Kranken führt zur Abgrenzung und Isolierung gegenüber der »Welt draußen«. Rose betont, daß dies bei der

Arbeit in der therapeutischen Gemeinschaft immer ein Konfliktpunkt bleibt.

Weder Gleichmacherei noch eine »gemeinsame Sprache des Teams«, »möglicherweise im Wege endloser Selbsterfahrung und Beziehungsbearbeitung zu entwickeln« sei das Ziel der Teamarbeit, »vielmehr die Sprache des anderen ohne Verzicht auf die eigene zu erlernen und zu verstehen«. . . . »Die aus den Kompetenzunterschieden sich ergebenden Machtansprüche sind offen zu legen und auszuhalten. Nur Teams, die die Verlogenheit eines Egalitätszwangs überwunden haben, sind zu einer Stabilität fähig. Hierzu gehört auch, daß man die mit dem Begriff ›Team‹ und mehr noch mit dem Schlagwort ›Teamfähigkeit‹ verbundenen Konnotationen in soweit reflektiert, daß man in ihnen die Versuche, den anderen zu vergewaltigen, zu erpressen und zu amputieren, vergegenwärtigt.« (Rose 1981/90-94).

Kisker hat seine »Erfahrungen mit einer problematischen therapeutischen Interaktionsfigur in der Psychiatrie«, dem Team, 1988 in die Beschreibung von vier Achsen gefaßt: (1) Verantwortung zwischen Pluralität und Autorität in der therapeutischen Zone und zwischen Majorismus und Dirigismus in der Krisenzone; (2) die Achse Abstand zwischen den Therapeuten zwischen Engagement und Degagement in der therapeutischen Zone und Enragement und Indifferenz in der Krisenzone; (3) die Achse Beteiligtheit zwischen Nähe und Distanz in der therapeutischen Zone und Solitär und Kumpanei in der Krisenzone sowie (4) die Achse Professionalisierung zwischen Kompetenz und Equipotenz in der therapeutischen und Rollenversteifung und Rollendiffusion in der Krisenzone.

Auch aus seiner Publikation spricht die Erfahrung problematischer Entwicklungen im Team, die im Verlauf der Jahre wiederholt reflektiert und bearbeitet werden müssen: »Teams, welche sich einem bestimmten Typ ›sozialpsychiatrischer‹ Arbeit mit enthusiastischer Forcierung ›psychosozialer‹ Wirkungszusammenhänge in Leidensentstehung und Therapievollzug verschreiben, zerbrechen nicht selten am überhöhten Eigenanspruch, und die Mitarbeiter wandern dann in Beratungs- und Hilfsdienste ab, die sich der Begleitung partnerschaftlicher, familiärer und sonstiger Lebenskrisen ohne psychiatrischen Tiefgang widmen. . . . Zunehmend häufiger läßt sich indessen beobachten, wie psychiatrische Situationen interaktionell definiert werden, und zwar in vereinseitigtem Hinblick auf die persönlich-privaten Beziehungsprobleme der Patienten. Hier kann nicht näher begründet werden, daß sich diese interaktionistische Privatisierungsreprise zum Scheitern der sozialen Schichthypothesen vor einem Jahrzehnt reziprok verhält. Es entspricht dem Geist der heutigen kybernetischen Epoche, die Person als Knoten in einem Beziehungsnetz zu sehen. Analyse und Therapie von ›Systemen‹ gelten derzeit viel, Ärzte, Psychologen und andere Therapeuten mit einiger interaktionistischer Erfahrung verstehen treffliche ›System-Diagnosen‹ zu machen. ... Die praktische Folge ist, daß zumal im Bereich des psychotischen allenthalben Beziehungsabwege als zureichende Gründe abweichenden Verhaltens und Erlebens angesehen werden. Solche Problemlagen gerinnen dann bei ihrer Rückübersetzung in die tradierte Diagnostiksprache zu ›neurotischen Anteilen‹, und das erschwert mit der Abblendung etwa der vitalen Eigenwucht von Melancholien oder der archaischen Zerspaltenheit Schizophrener allenthalben den differentialdiagnostischen Konsens. Die Folge: Es kommt zu einer neuen, verhüllten Form ›moralischer Psychiatrie‹. Die Möglichkeiten des Patienten, den Beziehungsknoten, der ihn fesselt, mit Hilfe des Therapeuten zu entwirren, werden nicht selten überschätzt. Der Patient kann den Schritt der erwartungsvollen Therapeuten nicht mithalten und dies führt bei ihm wie bei den Therapeuten nicht selten zu Versagen, Rückzug, Trauer, Wut. Der Patient ist dabei sichtlich schlechter gestellt, da ihm »Nachbereitung« allenfalls in kümmerlicher Weise zur Verfügung steht, wenn er das Glück hat, sich in einer Selbsthilfegruppe wiederzufinden.« (KISKER 1988/154)

Asmus FINZEN betont in seinem Bericht über Entwicklung und Arbeit der Tübinger Tagesklinik unter dem Titel »Psychiatrie als Lebensschule«, daß die persönliche Überforderung der Mitarbeiterinnen und Mitarbeiter als wesentliches Element für die Entstehung von Spannungen zu betrachten sei, da in diesem Setting niemand aus seiner persönlichen Verantwortung für die Patienten entlassen werde. In der therapeutischen Gemeinschaft entsteht zwangsläufig »ein vielfältiges Netz von zwischenmenschlichen Beziehungen . . . , die aus therapeutischer Sicht erwünscht, unerwünscht oder neutral sein können«. In der Bearbeitung von Personalkonflikten hilft es, diese auf die Beziehungen zu den Patienten zu reduzieren und nicht einzelnen pathologische Verhaltensweisen oder gar Charaktereigenschaften nachzuweisen. Es ist wichtig herauszuarbeiten, »welcher Anteil des Problems durch die Struktur des therapeutischen Rahmens bedingt ist . . . , welcher Anteil durch die Persönlichkeit der Handlungspartner mit eingebracht wird und welcher Anteil schließlich mit der therapeutischen Arbeit, mit der Interaktion und den Beziehungen zu Patienten zu tun hat. Spannungen und Konflikte, die sich trotz Personalbesprechungen, Gruppennachbesprechungen und Supervision entwickeln, sind der präventiven Funktion dieser Gruppenarbeit entgangen. Nicht selten sind solche Spannungen nicht einfach lösbar, sondern müssen bis zu einem gewissen Grad ertragen und aufgearbeitet werden« (FINZEN 1977/284-301).

Probleme und pathologische Entwicklungen der Milieutherapie

Pathologische Entwicklungen können sich aus der gesamtklinischen Organisationsstruktur, Hierarchie, Behandlungsideologie oder Atmosphäre entwickeln (z. B. LAPP 1959; PLOEGER 1972; LEUSCHNER 1985). Auf der jeweiligen Station oder Tagesklinik können sich Probleme und nachfolgende pathologische Entwicklungen von zwei Seiten her ergeben: Von den Patientinnen und Patienten oder vom Team (vgl. auch PLOEGER 1972). Die Probleme der Teamentwicklung haben wir bereits beschrieben. Selbstverständlich ist für die Betrachtung einer Station die isolierte Untersuchung des Teamprozesses oder gruppendynamischer Entwicklungen unter den Patientinnen und Patienten nicht sinnvoll. Die Spaltung oder völlige Regression eines Teams entwickelt sich in aller Regel anläßlich eines schwierigen Patienten. Aber auch sich zuspitzende Konflikte einzelner Patientinnen können anläßlich eines Teamkonflikts eskalieren.

Regressive Tendenzen

Regressive Prozesse, der Rückzug nicht nur ins Team unter sich, sondern der gesamten Abteilung kann die ganze Station betreffen. Therapeutinnen und Patienten schließen sich zusammen in dem Eindruck, daß sicher die Welt außerhalb der Klinik, womöglich auch die Institution, jenseits der Abteilung nicht genügend Verständnis aufbringt, die Arbeit behindert und den Patientinnen und Patienten eher schadet als nützt. Wir haben regressive Tendenzen im Team bereits beschrieben (S. 180–184). Für die Station oder Tagesklinik insgesamt bedeutet dies auch, daß Patienten sich nicht mehr nach draußen orientieren, sondern möglichst lange auf der Station bleiben. Sie übernehmen die Vorstellungen der Station. Konflikte, die im Leben fortbestehen, werden nicht als Herausforderung betrachtet, sondern als »bösartige« Behinderung des eigenen Lebens.

Eine spezielle Form dieser regressiven Entwicklung ist die Demoralisierung. Hinweise dafür sind gehäufte depressive Äußerungen von Patientinnen und Patienten bis hin zu Suizidankündigungen. Die Atmosphäre auf der Station wirkt gedrückt. Es entsteht der Eindruck, daß es keinen Fortschritt gäbe. Hinweise im Pflegeteam sind gehäufte Krankmeldungen; bei Ärztinnen oder Ärzten der zunehmende Rückzug von der Station. Dauert dieser Zustand länger an, kommt es vor, daß aus dem Dienst ausscheidendes Personal nicht ersetzt werden kann, und sich ein allgemeines Gefühl der Überforderung breit macht. Die Atmosphäre ist ähnlich wie Bions Grundannahme der Abhängigkeit. Gegenüber Bions Situationsbeschreibung gibt es auf der »demoralisierten« Station jedoch keine Leitung. Da die Ärztin oder der Arzt der Station von allen Behandelnden die größte Distanz hat, können sie am ehesten die Atmosphäre erkennen und benennen. Sind sie vollständig auf der Station »beheimatet«, können sie ebenfalls der Demoralisierung verfallen.

Abhilfe ist am ehesten durch eine einschneidende Veränderung auf der Station möglich. Dafür gibt es kein allgemein gültiges Rezept. Aus der Erkenntnis, daß eine kollektive Störung vorliegt, und nicht Personalmangel, schwierige Patienten oder hoher Krankenstand unter den Schwestern die Ursache des Problems sind, können Ansätze entwickelt werden.

Auf einer Langzeitstation hatten sich einige Patienten mit Depressionen versammelt, zusätzlich wurden andere Patientinnen depressiv und äußerten wiederholt Suizidgedanken. Das Team beschäftigte sich mit der Frage, wieviel Freiraum den Patientinnen und Patienten noch zugestanden werden konnte. Der milieutherapeutisch denkende Arzt sprach die Demoralisierung an. Er schlug vor, wegen der wiederholten Suizidäußerungen mehr Restriktionen einzuführen. In Gegenwart der Schwestern schrieb er die neuen Regeln auf eine Liste und unterzeichnete sie. Am folgenden Morgen gab es nur ein Thema in der Gruppe: Die restriktiven Regeln. Es müsse sich um einen Irrtum handeln. So könne auf der Station nicht vorgegangen werden, die Restriktionen müßten schnellstmöglich aufgehoben werden. Dieser Ansicht schlossen sich nicht nur alle Patientinnen und Patienten, sondern auch die Schwestern und Pfleger an. Der gemeinsame Protest brachte die Station zusammen. Wege wurden gesucht, die Einschränkungen wieder abzuschaffen. Als dies gelungen war, war auch die Demoralisierung verflogen.

Spaltungstendenzen

Auch Spaltungstendenzen können sich zur pathologischen Entwicklung auswachsen. Im Gegensatz zum regressiven Zusammenschluß und zur Abgrenzung nach außen finden hier auch keine Teilidentifikationen mehr statt. Die Patientinnen wie Mitarbeiter finden nicht mehr zusammen, sondern unterstreichen ihre Verschiedenheit. Die Anlässe können vielfältig sein: Unterschiedliche Erkrankungen, z. B. Psychosen gegenüber Persönlichkeitsstörungen, unterschiedliche Altersgruppen (Ältere gegen Jüngere), Männer gegen Frauen und vieles andere mehr. Nicht selten grenzen sich auf gemischten Stationen Patienten mit Abhängigkeitsproblemen gegenüber Psychosekranken ab. Typischerweise bildet sich eine Untergruppe von vier bis sechs Personen, die sich gegen die Klinik und das Pflegeteam der Station zusammentut, das Behandlungsprogramm unterwandert oder jegliche Mitarbeit verweigert. Die übrigen Patienten werden als »verrückt«, »dumm« oder in anderer Weise abgewertet. Abstimmungen werden boykottiert. Mehrheitsbeschlüsse tragen nicht mehr. Es besteht die Gefahr, daß die Station durch eine Minderheit tyrannisiert wird. Suchtpatientinnen haben in der Regel größere soziale Fähigkeiten in der Gruppe. Sie beherrschen manipulative Techniken und sind in der Lage, das Team zu spalten. Schizophren Kranke wie Depressive sind diesem massiven gemeinsamen Auftreten gegenüber hilflos.

Auch gegen sich festsetzende Spaltungstendenzen gibt es keine Patentrezepte. Spaltungen zwischen Psychose- und Abhängigkeitskranken können vermieden werden, indem besondere Suchtstationen eingerichtet werden. Viele Jugendliche müssen ebenfalls auf einer gesonderte Station behandelt werden. Wo dies nicht möglich ist bedarf es einer besonderen Aufmerksamkeit, z. B. in Form der Betreuung durch einen Suchtberater. So lange die Erkrankungen vielfältig sind, ist die Gefahr von spaltenden Untergruppen gering. In Abteilungen am allgemeinen Krankenhaus wird deshalb versucht, die einzelnen Stationen für möglichst alle Patientinnen und Patienten zu öffnen, um Etikettierungen und Ausgrenzungen zu vermeiden. Bewährt hat sich jedoch die besondere Behandlung zumindest von Suchtkranken auf Spezialstationen.

Wo Spaltungstendenzen auftreten, müssen diese erkannt und angesprochen werden. Hat sich eine kleine Gruppe gegen die übrige Station zusammengetan, bedarf es einer gezielten Aufspaltung von deren Kohärenz. Dies ist z. B. durch individuelle Paarung von Untergruppenmitgliedern mit anderen Personen möglich, z. B. indem sich eine

Schwester intensiv einem Patienten zuwendet. Hat die Untergruppe einen Leiter bestimmt, steht die Auseinandersetzung mit ihm in Vordergrund. Die Kehrseite der Spaltungstendenzen in der Gesamtgruppe auf der Station ist die selbst gewählte Isolierung der Untergruppe. Hier ergibt sich ein weiterer Ansatz, die Spaltung aufzuheben.

Chronifizierung

Schließlich kann auch eine milieutherapeutisch orientierte Station chronifizieren. Das Phänomen war bis vor einigen Jahren vor allem aus kustodial geführten Kliniken bekannt. Da Schwestern und Pfleger Jahre und Jahrzehnte auf einer Station arbeiten und zuweilen Patientinnen und Patienten über viele Jahre dort verbleiben, kann solch eine Station gemeinsam »chronifizieren« und Symptome des Hospitalismus entwickeln. Auf der milieutherapeutisch orientierten Station stehen am Anfang der Entwicklung andere Phänomene: Der bereits bei Teamprozessen beschriebene Druck zum Konformismus; die Anforderung, daß »alle gleich« sein, alle dasselbe tun sollten und vordergründig keine Person und keine Berufsgruppe besondere Macht ausüben sollte. Unterschwellig konstellieren sich hierbei neue Machtstrukturen, die aber nicht sichtbar werden dürfen. Sie sorgen für Verwirrung und die Aufrechterhaltung einer pseudodemokratischen Struktur. Diese kann sich in der Arbeit mit den Patientinnen und Patienten in alle alltäglichen Prozesse einschleichen: Scheinbar demokratische Entscheidungen über gemeinsame Aktivitäten werden manipuliert, indem Mehrheitswünsche der Patientinnen und Patienten durch ausdrückliche Wünsche (heimlich mächtiger) Schwestern kontrastiert werden; außenorientierte Personen des Teams, in der Regel der Arzt oder die Ärztin, gelegentlich die Sozialarbeiterin oder der Ergotherapeut werden ausgegrenzt. Dies kann dadurch geschehen, daß sie nicht zum Team zugehörig betrachtet werden; von der Supervision ausgeschlossen oder die Kontakte mit den Patientinnen und Patienten auf ein Minimum reduziert werden.

Auf einer milieutherapeutisch orientierten Rehabilitationsstation hatte ein Oberarztwechsel stattgefunden. Die neue Oberärztin stimmte den wiederholten Klagen der Schwestern zu, daß es nicht der milieutherapeutischen Arbeit entsprach, wenn der Assistenzarzt und die Assistenzärztin Patienten einzeln zum Therapiegespräch baten, auf der Schweigepflicht beharrten und damit wichtige Informationen nicht ins Team flossen. Sie engagierte sich für die Einführung einer zweimal wöchentlich stattfindenden

Gruppentherapie neben dem wöchentlichen Zusammentreffen zur Stationsrunde. Die Schwestern waren diesem Vorhaben gegenüber zu ihrem Erstaunen jedoch überaus skeptisch. Sie erklärten, daß sie dafür nicht kompetent ausgebildet seien und sich auch zu unsicher fühlten, über einen anfänglichen Co-Therapeutinnen-Status in die Arbeit hineinzuwachsen. Mit dem nächsten Wechsel auf Assistentenebene kam ein Stationsarzt ins Team, der auch gruppentherapeutische Erfahrung mitbrachte. Mit seiner Hilfe wurde die Gruppentherapie auf der Station eingeführt. Im Vorfeld hatten die Schwestern noch einmal sämtliche oberen Hierarchiestufen auf ärztlicher wie pflegerischer Seite der Klinik mobilisiert, um die Einführung der Gruppentherapie zu verhindern. Sie hatten sich schließlich ausbedungen, daß keine der Schwestern diese besondere Kompetenz erwerben sollte, was zugleich bedeutete, dass es während der Gruppensitzungen nur auf ärztlicher Seite personelle Konstanz gab. Nach anfänglich schwierigen, immer wieder von langen Pausen durchzogenen Gruppensitzungen, entwickelte sich die Gruppe sehr lebhaft. Die Patienten tauschten ihre Erfahrungen mit ihrer Krankheit, die Auseinandersetzung mit ihrer Diagnose aus, den Umgang mit Medikamenten, und schließlich sprachen sie Konflikte auf der Station an. Dies wiederum versetzte die Schwestern massiv in Unruhe. Als nach drei Jahren die Oberärztin wiederum wechselte, wurde die Gruppentherapie umgehend abgeschafft.

Teamsupervision

Als wesentliche Hilfe zur Bearbeitung von Teamkonflikten wie pathologischen Entwicklungen auf der Station wurde in den letzten Jahren in den meisten Kliniken das Recht, in manchen Kliniken die Pflicht eingeführt, daß alle Mitarbeiterinnen und Mitarbeiter der Station an der Teamsupervision teilnehmen sollten.

In Analogie zur Selbsterfahrungsgruppe werden oft größere oder kleinere Arbeitsteams in einer Gruppe, meistens mit einem auswärtigen Leiter, zusammengebracht. Die besprochenen Themen beziehen sich erwartungsgemäß auf die Arbeit, auf die Arbeitssituation und die Beziehungen der Mitarbeiterinnen zu Vorgesetzten und untereinander. Unterschieden werden zwei Vorgehensweisen: Entweder steht die Problemschilderung einzelner Patienten im Vordergrund oder Teamprobleme. Da sich beides überschneidet ist das eine Frage der Gewichtung. Wenn der Chef selbst teilnimmt, wird die Teamsupervision in gewissem Sinne zur Konsultation mit dem auswärtigen Experten, ähnlich wie im Geschäftsleben. Ist der Chef nicht dabei, kann sich die

Gruppe auf ihn als abwesenden Sündenbock einigen, sie kann aber auch unausgesprochene Konflikte unter den Mitarbeiterinnen austragen und zuweilen lösen. Im weiteren kann sie für die Mitarbeiter, wenn diese genug Vertrauen in ihre Kolleginnen haben, zur eigentlichen Selbsterfahrungsgruppe werden, bei der vor allem die eigenen Rollen in den angegangenen Konflikten deutlich werden können.

Die Vorteile einer Teamsupervision im besonderen bei kollektiven Krisen sind deutlich, aber Kritik ist nicht ausgeblieben.

1. Einmal besteht ein großer Unterschied, ob in einer Gruppe Unbekannte zusammentreffen, denen man nur in der Gruppe begegnet, oder ob die Aussprache mit Kolleginnen und Kollegen stattfindet, die sich danach täglich wieder sehen und zusammenarbeiten müssen. Für viele wird das Arbeitssetting dadurch zu intim und zu beengend, da man zu viel über die täglichen Arbeitskollegen weiß. Der Distanzverlust ist für manche Mitarbeiterinnen kaum in Kauf zu nehmen.

2. Zum zweiten führt das fortgesetzte Sich-Versenken in die Gruppenerfahrung zur Ablenkung vom Arbeitsprozeß. Kernberg (1980) hat den narzißtischen Aspekt dieser Selbstschau kritisiert. Er habe den Rückzug aus der Betreuungsarbeit zur Folge und die Hinwendung zum Selbst.

3. Endlich werden bei derartigen Supervisionen Sündenbockphänomene stark. Die Gefahr, daß eine Person diskriminiert wird, ist groß. Das kann bis zur Kündigung, sei es von seiten des Arbeitgebers oder der Mitarbeiterin, führen.

Mehrere Vorsichtsmaßnahmen sorgen für das Überwiegen der positiven Effekte.

1. Die Teamsupervision sollte zeitlich begrenzt sein. Man kann eine gewisse Anzahl Sitzungen vereinbaren oder einen Zeitraum festlegen. Die Begrenzung vermindert das Gefühl des Gefangenseins in der andauernden Nähe der nächsten Arbeitskollegen. Teamsupervisionen wirken bekanntermaßen am besten, wenn eine Krise im Team besteht. Wenn sich die Supervision auf die Lösung der Krise beschränkt, bleibt bei allen das positive Gefühle der Erleichterung bestehen.

2. Die Teamsupervision sollte (abgesehen von Krisen) nicht zu häufig stattfinden. 14tägige oder monatliche Intervalle sind besser als wöchentliche. Damit kann auch zwischen den Sitzungen das eine oder andere geschehen, das Gesprächsthema wird. Häufige Sitzungen

führen zu einem gewissen Druck »Probleme zu finden«, wo vielleicht keine bestehen.

3. Die Gefahr des Sündenbockphänomens sollten von Anfang an im Bewußtsein aller sein. Zweck der Teamsupervision ist nicht auszuloten, wer »es richtig macht« und deshalb zum Team gehört. Sonst führt die Supervision zur Spaltung mit der Folge, daß die eine oder die andere ausscheiden, oder die Supervision muß abgebrochen werden.

4. Es ist uns aufgefallen, daß Autoritätsprobleme wiederholt und ausführlich besprochen werden, während Mann-Frau-Konflikte nur selten zur Sprache kommen.

Dieses Kapitel über die zahlreichen Anwendungsgebiete der Gruppentherapie kann nur eine annähernde Übersicht darüber geben, was mit Gruppen im ambulanten Sektor der Sozialpsychiatrie getan werden kann und auch getan wird. Die Ergebnisse sind wegen der Vielseitigkeit der Aktivitäten sehr ungleich und schwer zu bewerten. Am besten erforscht ist die Gruppenpsychotherapie, die an Polikliniken oder in Praxen ausgeführt wird. Sie wird beinahe ausschließlich von ausgebildeten oder in Ausbildung stehenden Personen geführt. Allerdings ist sie die Modalität der Gruppentherapie, die die wenigsten Menschen berührt. Viele andere Gruppen wie z. B. die Gruppen in der Suchtbehandlung, die sozialisierenden Gruppen oder die teilweise edukativen Gruppen erfassen eine ungleich größere Anzahl Menschen. Die Leiterinnen dieser Gruppen stammen oft nicht aus den Psychiatrie-nahen Berufen, und ihr Stil ist deshalb oft eigenständig und improvisiert, zuweilen sehr gut, zuweilen aber auch amateurhaft. Der gute Wille und die Einsatzbereitschaft muß mangelndes Wissen oder allzu einseitige Erfahrung kompensieren. Viel mehr Wissensvermittlung und Aus- und Weiterbildung sind notwendig.

Gruppenpsychotherapie im stationären, teilstationären und ambulanten Bereich

Teamprozesse wie Milieu haben entscheidenden Einfluß auf die Atmosphäre, in der im stationären, tagesklinischen und ambulanten Bereich Gruppentherapie durchgeführt werden kann. Wie weit Psychotherapie im klassischen Sinne in diesen Gruppen stattfinden kann, hängt davon ab, wie schwer die Krankheitssymptomatik der einzelnen Patienten ist. Verschiedene Autoren haben in diesem Zusammenhang nicht von

Gruppenpsychotherapie, sondern von »Gruppenarbeit« gesprochen (vgl. KAYSER et al. 1981; GREVE in SANDNER 1986). Sowohl was den äußeren Rahmen als auch den Inhalt der Gruppen betrifft, weicht hier vieles von den Erwartungen an Neurosepatientinnen ab. Weil dies wiederkehrende und, insbesondere in der Ausbildung, belastende Fragen sind, werden wir im Folgenden die »Trivialitäten« beschreiben.

Ort und Umstände des Zusammenkommens

Erste Präferenz ist die Konstanz. Das bedeutet, daß nach Möglichkeit derselbe Ort beibehalten wird. In Institutionen, in denen Übergänge von stationärer zu teilstationärer und ambulanter Behandlung möglich sind, können Gruppen während der stationären Behandlung beginnen und sich über die Stabilisierung und Genesung der Patientinnen und Patienten ambulant fortsetzen. Gemischte Gruppen von stationären und ambulanten Patienten sind möglich. Unterschiede werden im Kapitel 13 beschrieben. Hier geht es um die Gemeinsamkeiten. Das Sitzen um einen Tisch erleichtert im besonderen Psychosepatientinnen und -patienten das Zusammenkommen, da er ein wenig Distanz bietet.

Zur Zeit

Auch hier gibt es keine einheitlichen Regeln. Gruppensitzungen zwischen 30-90 Minuten und mit offenem Ende werden angeboten. Ebenso ist die Frequenz unterschiedlich: Während der stationären Behandlung empfiehlt sich eine Frequenz von zweimal pro Woche. Die ambulante Behandlung kann sich auf einmal pro Woche bis einmal vierzehntägig verdünnen.

Zu den äußeren Gepflogenheiten

Da sich insbesondere während der stationären Behandlung Patientinnen und Patienten in unterschiedlichen Phasen ihrer Erkrankung befinden, gibt es immer wieder Patientinnen, die nicht die ganze Sitzung durchhalten. Manche laufen während der Stunde hinaus und kommen wieder; andere bleiben ganz weg oder kommen später hinzu. So lange dies nicht zu viele Patientinnen und Patienten tun, ist dies erstaunlicherweise tolerabel und verhindert die inhaltliche Arbeit nicht. Natürlich wird sie dadurch eingeschränkt. Dies scheint aber für schwerer kranke Patienten die inhaltliche Dichte des Gesprächs auf eine erträgliches Maß zu reduzieren. Unterschiedliche Ansichten gibt es ebenso über die Frage, ob während der Gruppenstunden geraucht werden darf, Kaffee getrunken und anderes. Wir haben die Erfahrung gemacht, daß all dies möglich ist, so lange die Ablenkungen und Aktivitäten nebenher nicht den Inhalt dominieren. GREVE schreibt dazu: »Es geht in der Gruppe recht ungeniert zu. Die Patienten gehen gelegentlich hinaus, um sich Buttermilch oder Tabak zu holen, sie drehen Zigaretten und rauchen. Vereinzelt stehen Patienten auch auf, stellen sich etwa an die Tür oder ans Fenster. Herzhaftes Gähnen oder auch Einschlafen ist steter Anlaß, über die Medikamentenwirkung zu sprechen. Bei all dem greifen die Therapeuten selten ein (z. B. wenn ein Teammitglied einem schwer depressiven Patienten, der den Gruppenraum verlassen hat, nachgeht). Die Regulierung der störenden Verhaltensweisen wird weitgehend den Patienten überlassen und erfolgt auch von selbst in der Weise, daß gröbere Verstösse gegen allgemeine Umgangsregeln von den Gruppenmitgliedern angesprochen werden. Dies ermöglicht dann den Patienten, nun ihre Gründe zu nennen oder nötigt den Therapeuten, eine Erklärung für die übrige Gruppe zu geben. Dies geschieht etwa mit dem Hinweis auf frühere ähnliche Unruhezustände bei einem anderen Gruppenmitglied. Ein solches Erläutern wird unter Umständen zu einem ›Aha-Erlebnis‹ und damit zu einem besseren Verstehen bei allen führen . . . Ein Teil der verschiedenen Aktionen während der Gruppenstunde gewinnt den Charakter eines regelrechten Rituals, das – wie uns scheint – die Vorstufe einer verbalen Kommunikation darstellt, ja zunächst stets die einzige Annäherungsform zueinander bildet . . . Zu den averbalen Kommunikationsformen gehört auch, daß Patienten den Nachbarn oder die Nachbarin, die etwa gequält von Symptomen berichtet hat oder sich über äußere Probleme verzweifelt äußerte, streicheln können. So hat ein gemeinsames Lachen oft sehr viel stärker Verbindendes als viele Worte . . . Ziel der Gruppenarbeit ist es aber, über den averbalen Kontakt hinaus zu kommen . . . « (GREVE 1986/59-60)

Zum Inhalt der Gruppentherapie

Ein wichtiges Ziel ist das Ansprechen und Bearbeiten interpersonaler Konflikte. Mit dem Inhalt geht es jedoch über weite Strecken der Gruppen ähnlich, wie mit dem Verhalten: Themen können wechseln; witzige Geschichten können ernsthafte und gravierende Themen unterbrechen oder gar für eine Sitzung vollständig abbrechen. Lange Schweigepausen treten immer wieder ein. Sie können lähmend wirken. Wir haben die Erfahrung gemacht, daß sie um so schwerer durchbrochen werden, je länger die Schweigepause dauert. Auch hier gibt es keine von allen gleich vertretenen Verhaltensweisen. Wir vertreten die Ansicht, daß der Therapeut oder die Co-Therapeutin lange Schweigepausen vermeiden sollte.

Themen, die sich über längere Abschnitte einer Gruppensitzung erstrecken, können enttäuschend trivial wirken. Immer wieder kann es passieren, daß Therapeutin oder Co-Therapeut sich zu langweilen beginnen. Hier sei noch einmal darauf hingewiesen, daß der Gruppenprozeß bei weitem nicht nur im Inhalt des Gesprochenen aufgeht. Zum zweiten haben wir wiederholt die Erfahrung gemacht (und andere Autoren, z. B. GREVE 1986 bestätigen dies), daß intensive, sehr inhaltsreiche Gespräche nicht nur von Schweigepausen, sondern von öden oder trivialen Gruppensitzungen abgelöst werden. Eine mögliche Erklärung dafür ist, daß insbesondere Psychosepatientinnen nach wichtigen, inhaltsschweren Gesprächen, die sie einander auch sehr nahe bringen, wieder Distanz brauchen. So kann es sein, daß sich in einer Sitzung nach einer unbestimmten Eröffnungsphase Mitglieder gegenseitig die für andere am meisten störende Symptome vorwerfen, z. B. »Du wäschst dich nicht, du stinkst immer, wenn du hier hereinkommst« oder »Du mußt immer den anderen ganz drastisch sagen, womit sie Probleme haben; du störst mich«. Diese Phase kann unscharf übergehen in das Erzählen über das Bedürfnis nach Rückzug ins Bett, wo die Stimmen erträglicher werden; wie das Leben mit Halluzinationen und Stimmen möglich wird und was es bedeutet, die Nähe der anderen auf der Abteilung zu ertragen. Solch ein Austausch schafft zum einen sehr intensive Nähe. Er zeigt den Teilnehmerinnen und Teilnehmern, daß auch andere hinter ihrer Fassade unter schweren Symptomen leiden, und neben dem geteilten Leid durch die Krankheit werden Erfahrungen ausgetauscht, wie diese bewältigbar ist. Es kann vorkommen, daß solch eine Gruppensitzung immer dichter wird und die Therapeutin fast abrupt ein Ende setzen muß mit dem Hinweis darauf, daß in der nächsten Sitzung Gelegenheit sein wird, das Gespräch fortzusetzen. Die nächste Sitzung aber kann vorübergehen mit Schweigen, Witzen, Gedanken zur Freizeitgestaltung oder Anspielungen auf die Schwestern. Es können durchaus mehrere solcher scheinbar leeren Therapiesitzungen vergehen, bis sich die Gruppe wieder zu einem sehr dichten Austausch zusammenfindet.

Die Rolle von Therapeutin und Co-Therapeut

Trotz den scheinbar kurzen Zeiten, in denen inhaltlich etwas geschieht, sind die Gruppensitzungen für Therapeutinnen und Therapeuten sehr belastend. Fast nach jeder Sitzung bleibt der Eindruck, nicht allen gerecht geworden zu sein. Es kann sein, daß die Co-Therapeutin jemandem nachgehen muß, der den Raum verläßt. Wir erachten es als wichtig, und nicht als Fehler der Gruppenleitung, zuweilen auch selbst aktiv zu werden, z. B. im Überbrücken von Pausen oder Angebot von Themen. Zweifellos ist dies nicht immer die richtige Intervention. Im Gegensatz zu Gruppen mit Neurosepatienten scheint es aber in allen sehr schweigsamen, lähmenden oder bedrückenden Situationen wichtig zu sein, daß die Patientinnen und Patienten den Therapeuten als klare konzise Gestalt wahrnehmen. In manchen Sitzungen ist Wachsamkeit geboten, das Thema nicht zu dicht werden zu lassen. Emotionen sollten nicht überkochen. Aufmerksamkeit auf besonders gefährdete oder sich am Rande der Psychose oder noch in der Psychose bewegende Patientinnen ist fast zu jedem Zeitpunkt erforderlich. Nach den meisten Gruppensitzungen bleibt das Gefühl zurück, nicht »genügt« zu haben. Obwohl Autor wie Autorin eine psychoanalytische Ausbildung gemacht haben und sich als Psychoanalytiker und Psychoanalytikerin verstehen, erscheint es uns nicht konstruktiv, solche Phänomene rein psychoanalytisch zu deuten. Zu schwer fällt das psychotische Geschehen ins Gewicht und die Wirkung der Medikamente und die Situation der Patientinnen und Patienten auf Station.

In vielen Situationen ist »Intuition« gefragt. Betrachtet man diese Fähigkeiten näher, so scheint es um angemessene Reaktionen auf die Trivialitäten zu gehen. Eine unserer Hypothesen besteht darin, daß bei Psychosekranken die psychotherapeutische Arbeit an den Trivialitäten des Alltags abgehandelt wird: Am Umgang mit Medikamenten; über die Interaktion im Stationsleben; Reaktionen auf Krankheitssymptome und soziales Verhalten. Deutungen scheinen uns selten passend. Die möglichen psychodynamischen Zusammenhänge muß die Therapeutin in ihrem Kopf abarbeiten. Antworten scheinen günstig, wenn sie in praktische Formulierungen oder gar Handlungskonsequenzen im Umgang mit den Kranken umgesetzt werden können. Für Außenstehende mag dieses Verhalten zeitweise erscheinen, als habe es mit Therapie wenig, mit Psychotherapie schon gar nichts zu tun. Psychodynamische Zusammenhänge, die nicht ausgesprochen; Deutungen, die nicht gemacht werden können, sind jedoch keineswegs überflüssig. Sie sind in erster Linie als Arbeitshypothese, vor allem aber als Denkarbeit im Kopf der Psychotherapeutin und als Probehandeln relevant. Die Langsamkeit mancher Patientinnen und Patienten in der Psychose wie der Rekonvaleszenz und die langen Schweigephasen erscheinen deshalb von Therapeutenseite häufig als notwendige innere Arbeitszeit.

Nach diesen allgemeinen Ausführungen zu Gruppentherapie, sei sie stationär, in der Tagesklinik oder ambulant, wenden wir uns im folgenden Kapitel den spezifischen Situationen und Gruppen zu.

Literatur

ANGERMEYER, M.C. und FINZEN, A. (1984): Die Angehörigengruppe – Familien mit psychisch Kranken auf dem Weg zur Selbsthilfe. Ferdinand Enke Verlag, Stuttgart

BELKNAP, I. (1956): Human problems of a state mental hospital. McGraw Hill, New York

CHRIST, J. (1985): Gruppentherapie in der sozialpsychiatrischen Nachsorge. Gruppenpsychotherapie und Gruppendynamik, Band 21, Heft 2, 113-124

CAUDILL, W. (1958): The psychiatric hospital as a small society. Harvard University Press, Cambridge MA

CUMMING, J. und CUMMING, E. (1979): Ich und Umwelt. Vandenhoeck & Ruprecht, Göttingen

FINZEN, A. (1977): Die Tagesklinik. Psychiatrie als Lebensschule. R. Piper & Co. Verlag, München.

FINZEN, A. (1986): Tags in die Klinik – abends nach Hause. Die Tagesklinik. Psychiatrie-Verlag, Bonn

GANZARAIN, R. (1989): Object relations group psychotherapy. The group as an object, as a tool and as a training base. International University Press, Madison CT.

GOFFMAN, E. (1972): Asyle. Über die soziale Situation psychiatrischer Patienten und anderer Insassen. Suhrkamp, Frankfurt a.M.

HEIGL-EVERS, A.; HENNEBERG-MÖNCH, U.; ODAG, C. und STANDKE, G. (Hrsg.) (1986): Die Vierzigstundenwoche für Patienten – Konzept und Praxis teilstationärer Psychotherapie. Vandenhoeck & Ruprecht, Göttingen

HEIGL, F und NEUN, H. (Hrsg.) (1981): Psychotherapie im Krankenhaus – Behandlungskonzepte und -methoden in der stationären Psychotherapie. Vandenhoeck & Ruprecht, Göttingen

HEIM, E. (1985): Praxis der Milieutherapie. Springer, Berlin

JONES, M. (1976): Prinzipien der therapeutischen Gemeinschaft. Hans Huber, Bern

KISKER, K.P. (1960): Erfahrungen und Methodisches zur Gruppenbildung im psychiatrischen Krankenhaus. Nervenarzt, 31, Heft 9, 392-402

KISKER, K.P. (1988): »Team« – Erfahrungen mit einer problematischen therapeutischen Interaktionsfigur in der Psychiatrie. Psychiatrische Praxis 15, 149-154

LAPP, E.A. (1959): Soziometrie und Gruppentherapie im psychiatrischen Krankenhaus. Nervenarzt, 30, Heft 10, 451-458

LESCHNER, W. (1985): Psychiatrische Anstalten – ein institutionalisiertes Abwehrsystem. Teil I. Psychiatrische Praxis 12, 111-115

PLOEGER, A. (Hrsg.) (1972): Die therapeutische Gemeinschaft in der Psychotherapie und Sozialpsychiatrie. Theorie und Praxis. Georg Thieme Verlag, Stuttgart

POHLEN, M. (Hrsg.) (1972): Gruppenanalyse. Vandenhoeck & Ruprecht, Göttingen

POHLEN, M. und BAUTZ, M. (1972): Eine empirische Untersuchung über die therapeutische Funktion des Schwesternpersonals in einem neuen klinischen Organisationsmodell. Zeitschrift für Psychotherapie und med. Psychologie 22, Heft 5, 161-176

RODENHAUSER, P. und STONE, W.N. (1993): Combining psychopharmacotherapy and group psychotherapy. Problems and advantages. Int. Journal of Group Psychotherapy, Vol. 43, No. 1, 11

ROSE, H.K. (1981): Grundfragen therapeutischer Teamarbeit in der Psychiatrie. Psychiatrische Praxis 8, 87-94

SANDNER, D. (Hrsg.) (1986): Analytische Gruppentherapie mit Schizophrenen. Vandenhoeck & Ruprecht, Göttingen

STEPHANOS, S. ; ZENZ, J. (1974): Die Krankenschwester als therapeutische Bezugsperson und das Nachbehandlungsarrangement im Stationsmodell der Psychosomatischen Klinik, Gießen. Psychother. med. Psychol. 24, 117-131

TÖLLE, R. (1960): Die psychiatrische Station als Gruppe. Zur Gruppentherapie von Schizophrenen. Nervenarzt, 31, Heft 6, 264-266

13. Anwendungsformen der Gruppentherapie im psychiatrischen Alltag

Unabhängig vom Bestehen einer Milieutherapie auf den Stationen ist es möglich, innerhalb der Klinik spezielle Gruppen zu führen, die nach dem Muster der Gruppenpsychotherapie oder dem einer spezifisch zweckgerichteten Kurztherapie geführt werden. Wenn ein Spitalaufenthalt länger dauern muß, kann es eine große Bereicherung für die Patientinnen bedeuten, sich auch mit anderen auseinanderzusetzen, die sie nicht täglich auf der Station sehen. Solche Psychotherapiegruppen, die in der Klinik beginnen, können, wenn die politischen Strukturen es erlauben, auch über den Klinikaufenthalt hinaus fortgesetzt werden und eine gute Stütze in der Nachsorge bedeuten.

Abteilungsübergreifende Gruppenpsychotherapie in der Klinik

Gruppen in der Klinik können sich an bestimmte Kategorien von Patienten wenden. Wohl das bekannteste Beispiel ist die Gruppenaktivität der Anonymen Alkoholiker. Diese können in Zusammenarbeit mit der Klinik Gruppen führen, die dann ebenfalls nach Entlassung aus der Klinik weiterbestehen und stützen können.

Angehörigengruppen sind nicht an die Milieutherapie der Abteilung gebunden, sondern können aus den Angehörigen von Patienten verschiedener Stationen gebildet werden. Es gibt Gruppen von Angehörigen von schizophrenen Patienten und Patientinnen. Bekannt sind auch »Angehörigen-Seminare« für Familienmitglieder von Alkoholkranken, die mit der sogenannten »Alanon«, der Selbsthilfegruppe für Angehörige von Alkoholikern zusammenarbeiten können. Endlich gibt es Elterngruppen an kinderpsychiatrischen Kliniken oder Polikliniken. Alle derartigen Gruppen haben eine leicht durchschaubare gemeinsame Agenda. Sie sind in unserem Sinne natürliche Gruppen und kommen ohne größere Schwierigkeiten zusammen. Sie entwickeln sich mit anfänglicher professioneller Hilfestellung zwanglos zu Selbsthilfegruppen.

Therapeutische Wohngemeinschaften

Während die therapeutischen Gemeinschaften in den Kliniken viele Abstriche vom ursprünglichen Konzept Maxwell Jones, machen mußten, wurde in einzelnen Bereichen seine Idee der therapeutischen Gemeinschaft beinahe unverändert beibehalten. Am bekanntesten sind die therapeutischen Wohngemeinschaften für ehemalige Drogenabhängige, die einen Entzug mitgemacht haben und sich für die monatelange bis Jahre dauernde Entwöhnung im geschützen Milieu aufhalten müssen.

In solch einer therapeutischen Wohngemeinschaft, die zwischen sechs bis über 50 Mitglieder haben kann, wird viel in kleinen Gruppen gesprochen. Destruktives oder konstruktives zwischenmenschliches Verhalten und dessen Konsequenzen wird in der unmittelbaren, tagtäglichen Wirklichkeit real erlebt und möglichst oft thematisiert und reflektiert. Neben den Gesprächen wird *gearbeitet*. Der Tagesablauf bildet die Grundlage für die Wiedereingliederung in die Gesellschaft. Während der Entwöhnungsphase zeigt sich manchmal erst, daß das Verständnis zwischenmenschlicher Beziehungen viel schwerer gestört ist als die Arbeitsfähigkeit. Das größte Hindernis, das es zu bewältigen gilt, ist die Störung des *Vertrauens* in andere und in sich selbst.

Die therapeutische Gemeinschaft in der Langzeitbehandlung schließt alle Lebenssphären ein. Sie ist natürlicherweise sehr intensiv. Durch die therapeutische Gemeinschaft soll nicht nur eine vorübergehende Krankheit geheilt, sondern die ganze Lebensorientierung verändert werden. Psychotherapie allein, während die Patientin noch in ihrer gewohnten Umgebung leben würde, genügt nicht; kurze Hospitalisationen, z. B. zum Entzug, ebenfalls nicht. Die therapeutische Wohngemeinschaft im Suchtbereich fordert, zumindest zu Anfang, den vollständigen Abbruch der früheren Beziehungen. Diese werden langsam und in kleinen Teilschritten wieder erlaubt. Die therapeutische Gemeinschaft wird damit zur *totalen Therapie*. Sie ist viel invasiver als eine einfache Hospitalisation und viel eingreifender als ambulante Gruppentherapie, Psychoanalyse oder individuelle Psychotherapie.

Wo Wohngemeinschaften außerhalb der Drogenentwöhnung und Rehabilitation geschaffen werden, etwa für chronisch psychisch Behinderte oder geistig Behinderte, steht nicht so sehr die Lebensveränderung im Vordergrund, sondern das beschützende Wohnen. Betreute Wohnheime oder Wohngemeinschaften sind selbstverständlich auch

Gemeinschaften. Sie nutzen ebenfalls Gruppengespräche, um die Beziehungen zwischen den Mitgliedern und Betreuerinnen in konstruktive Bahnen zu lenken. Das Ziel ist soziales Lernen und Erwerb von sozialen Fähigkeiten, die zum gemeinsamen Leben oder zu einem späteren Zeitpunkt notwendig werden.

Milieutherapie in Tageskliniken

Mit den Fortschritten der Sozialpsychiatrie sind Tageskliniken zunehmend zu Alternativen zum Klinikaufenthalt geworden. Sie eignen sich gut als Übergangslösung vom Spital zur offenen Gesellschaft. Sie sind vor allem für diejenigen Patientinnen geeignet, die zwar ein Heim zur Übernachtung haben, aber eine Tagesstruktur brauchen. Behandlungen in der Tagesklinik dauern meistens etwas länger als Klinikaufenthalte. Die Kohäsion des Milieus ist deshalb leichter zu realisieren. Die erste Tagesklinik entstand in Deutschland 1960. Beschreibung des Aufbaues und tagesklinisch Konzepte finden sich bei Finzen 1977, 1988; später auch die psychoanalytisch orientierten Tageskliniken; z. B. Heigl-Evers u. a. 1986 (vgl auch Kap. 12).

Tageskliniken haben neben therapeutischen Aufgaben auch *Rehabilitationsaufgaben*. Die Patientinnen, die sich oft außerstande fühlen, die gewöhnlichen Aufgaben eines Haushalts auszuführen, werden in diesen Aktivitäten angeleitet. Das Milieu bestimmt, daß z. B. das Mittagessen und das Einkaufen dafür von den Patientinnen selber getätigt wird. Eine Ergotherapeutin oder ähnlich ausgebildete Person ist in der Tagesklinik anwesend oder sogar in einer leitenden Position. Die ergotherapeutische Aktivität wird zur Arbeit und damit ein Erfolgserlebnis.

Üblicherweise hat die Tagesklinik einen verbindlichen Wochenplan. Dieser enthält neben Gruppengesprächen und rehabilitativen Aktivitäten auch Entspannung z. B. Ausflüge, Besichtigungen etc. Es gibt auch »leere Zeiten«, in denen die Patienten nicht verpflichtet sind etwas Strukturiertes zu tun, aber die Möglichkeit haben auszuruhen, sich mit den gewerblichen Arbeiten zu beschäftigen oder sich mit andern Patientinnen oder Pflegepersonen zu unterhalten. Eine informelle Atmosphäre soll herrschen. Das Zusammensein und -arbeiten gibt Mut weiterzumachen. Wie wichtig die Pause, die scheinbar leeren Zeiten im Tageslauf sind, beschreibt Finzen (1978): Sie sind Zeit zum Hinterher-Denken; Gelegenheiten zum inneren Rückzug und zu Distanzierung nach intensiver Nähe.

Doch laufen Tageskliniken auch Gefahr, zu chronifizieren. Vielen Menschen behagt das unterstützende Milieu, und sie fühlen sich bald in der Tagesklinik mehr zu Hause als in ihrem eigenen Heim. Die Tagesklinik wird dann zur *Tagesstätte* für sozial schwache Menschen. Das Bedürfnis nach Tagesstätten ist durchaus legitim, im besonderen für ältere Menschen, und deren Gründung und Führung ist eine Aufgabe der Sozialpsychiatrie. Eine Tages*klinik* soll aber Durchgangsstation von der Klinik nach außen sein. Sie ist auch der erste Schritt nach der Klinik in Richtung Arbeitsrehabilitation. Von ihr führt der Weg in geschützte Werkstätten oder andere rehabilitative Institutionen.

Die Tagesklinik kann in gewissen Grenzen für *Kriseninterventionen* zur Verfügung stehen, wenn sie mit einer ambulanten akutpsychiatrischen Stelle verbunden ist. Die Tagesklinik kann dann viele Patienten, die eigentlich in eine Klinik eingewiesen werden müßten, ambulant behandeln und ihnen die Spitalerfahrung ersparen. Dies gelingt im besonderen, wenn die Suizidgefahr nicht groß ist, und wenn eine zur Zusammenarbeit bereite Familie da ist.

Ambulante Nachsorge früherer Klinikpatienten und psychisch Behinderter

Die Nachsorge Entlassener kann in der Gruppe geschehen (CHRIST 1985) Die Organisation und Führungstechnik dieser *Nachsorgegruppen* soll wegen ihrer Bedeutung für die ambulante Sozialpsychiatrie ausführlicher beschrieben werden.

Nachsorgeeinrichtungen in sozialpsychiatrischen Diensten schließen die große Lücke in der psychiatrischen Versorgung zwischen Klinik und den Praxen Niedergelassener. Hier bietet sich die Gruppentherapie an. Noch immer findet die Nachsorgegruppe nicht überall Beachtung. Seit der Psychiatriereform mit der Vielzahl von Entlassungen entwickelte sich eine Zweiteilung in der ambulanten Psychiatrie: die Schwerkranken blieben nicht mehr dauernd in der Klinik, fanden aber in der Gemeinde nicht die richtige Betreuung. Die nicht stationär Behandlungsbedürftigen fanden Behandlungsangebote in den Praxen der Psychiater oder Psychotherapeutinnen. Eine große Anzahl der zeitweilig hospitalisierten, meist in der Gemeinde lebenden, jedoch schwer, meist Psychose-Kranken, wurde zu den *psychisch Behinderten*. Die herkömmliche Psychotherapie überfordert sie zugleich und genügt bei ihrer Störung nicht als Behandlungsangebot. Sie brauchen z. B. zusätzlich Hilfe, eine Wohnung oder Wohngemeinschaft zu finden, Rehabilitation, Arbeit oder Beschäftigung. Sie müssen für Renten begutachtet oder sozial wieder eingegliedert werden. Dazu gehört auch, daß sie wieder Kontakte knüpfen, sich in der von ihnen als bedrohlich erlebten Welt bewegen können und Freizeitangebote finden, ohne diskriminert zu werden.

Zu den typischen Charakteristiken dieser Patienten gehören (1) die scheinbar mangelnde Motivation zur Arbeit, auch zur Therapiearbeit. (2) Sie sind schnell ermüdbar und geben leicht auf. (3) Sie halten Termine oft nicht ein, da sie sich von ihren Mitmenschen und damit auch von therapeutischen Kontakten zurückziehen. Sie führen ein einsames und häufig passives Leben. (4) Zuweilen leiden sie an schweren Spannungszuständen. Ihre Leistungen sind unbeständig; sie erscheinen unerwartet nicht zu ihren vereinbarten Terminen. (5) Sie geben körperliche Klagen, wie etwa Kopfweh, als Grund für Versagen an. (6) Spannungen in zwischenmenschlichen Beziehungen sind nicht selten. Manchmal kommt es zu überraschenden Wutausbrüchen oder zu unerklärbaren depressiven Verstimmungen. (7) Das Selbstwertgefühl dieser Patientinnen besteht aus einer eigentümlichen Mischung von Selbstüberschätzung und Selbstentwertung. Sie können die äußere soziale Realität und sich selber nicht richtig einschätzen. (8) Schwierigkeiten mit und Unverständnis bei ihren Angehörigen gehören zu den vielseitigen Belastungen, die Spitalentlassene und andere chronisch psychisch Behinderte tragen müssen.

Eine Gruppe derartiger Patienten und Patientinnen ist eine Herausforderung für Gruppentherapeuten. Die Patientinnen kommen meistens nicht aus eigenem Antrieb, sondern weil man sie angewiesen hat, zur Medikamentenkontrolle und Nachsorge zu erscheinen. Zunächst tut sich gar nichts. Die Kranken haben kein Interesse an einem Gespräch und auf die Frage, wie es ihnen gehe, antworten sie einsilbig, daß alles in Ordnung sei. Sie wüßten nichts anderes. Die Leiterin muß sich, ähnlich wie in der Stationsgruppe (vgl. Kap. 12), sehr aktiv an der Gruppe beteiligen. Der Einstieg mit der sogenannten Befindlichkeitsrunde bewährt sich, da die Teilnehmer sich spontan aus jeder gemeinsamen Aktivität heraushalten möchten. Wie die Stationsgruppe muß die Nachsorgegruppe »von außen her« motiviert werden. Die nachdrückliche ärztliche Zuweisung zur Nachbetreuungsgruppe muß mehrfach betont werden. Wer nicht erscheint, wird durch die »*nachgehende Fürsorge*« betreut. Das heißt: Wegbleiben wird nicht einfach hingenommen und später besprochen. Die Patientinnen werden zu Hause angerufen oder angeschrieben und daran erinnert, ihre Termine einzuhalten. Bei einer schwereren Krise wird ein Hausbesuch gemacht.

Wesentliche Hilfe für das wiederholte Zusammenkommen der Gruppe ist die *medikamentöse Behandlung* (RODENHAUSER und STONE 1993). Da die meisten Patientinnen und Patienten weiter Neuroleptika, Antidepressiva oder andere Medikamente einnehmen müssen, ist die Verknüpfung von Medikamentenabgabe und sozialer Erfahrung, eben der Gruppentherapie, nützlich. Damit wird es dem Patienten klar, daß er nicht nur medikamentös, sondern auch psychologisch und sozial betreut ist. Es ist erwiesen, daß die (mäßig dosierte) Behandlung mit Medikamenten Rückfälle verhindert oder zuweilen deutlich reduziert. Ohne regelmäßige Termine setzen viele Patienten ihre Medikamente ab. Der Stellenwert einer sozialen Betreuung bei der Sozialisierung und im besonderen der nachgehende Fürsorge ist vereinzelt erforscht und als wichtig befunden worden (z. B. Csisy-Boutoud et. al. 1997). Es sei auch darauf verwiesen, daß in Medikamentenstudien Patientinnen und Patienten intensiver als üblich betreut werden und Studienergebnisse meist besser ausfallen, als die Erfolge im klinischen Alltag.

Nachsorgegruppen werden idealerweise interdisziplinär geführt. Der Psychiatriepfleger oder die Psychiatrieschwester, die meist für längere Zeit an derselben Einrichtung tätig sind, wird zur hauptsächlichen Bezugsperson der Patienten. Eine Ärztin oder ein Arzt muß wegen der Medikamentenkontrolle und den Rezepten dabei sein. Die Ärztin muß nicht notwendigerweise die Gruppenleiterin sein. Die medikamentöse Behandlung trägt interessanterweise zum Zusammengehörigkeitsgefühl der Gruppe bei (vgl. ESTROFF 1981).

Häufig finden Nachsorgegruppen vierzehntägig statt. Durch diesen zweiwöchigen Abstand werden die Patientinnen nicht überfordert. Zwei Wochen entsprechen auch der Wirkungsdauer der meisten Depotneuroleptika. Patientinnen holen sich die Spritze, und treffen dabei in der Gruppe Mitpatienten in einer ähnlichen Situation. Die Spritzen sind nicht notwendige Behandlungsgrundlage. Einige Patienten nehmen Tabletten oder gar keine Medikamente.

Die Erfolge solcher kombinierten Nachsorgeprogramme sind beeindruckend. Rückfälle können zwar nicht sicher vermieden werden, aber sie sind deutlich seltener. Die Befunde sind durchaus vergleichbar mit den Resultaten der allerersten Gruppen mit Tuberkulosepatienten, die Joseph PRATT (PRATT 1905, siehe Einführung) beschrieb. Zum Teil beruht die Stabilität auf der Regelmäßigkeit guter menschlicher Kontakte, die die Patienten knüpfen. Patientinnen sind weniger einsam, weniger isoliert und geraten deshalb seltener in Krisen. Zum anderen Teil kann die Gruppe eine sich abzeichnende Krise rechtzeitig erkennen und auffangen, bevor sie zur Hospitalisation führen muß.

Die Stabilität der Nachsorgepatienten in der Gruppe, und damit die Verminderung von Hospitalisationen, ist das erste Anliegen der Nachsorgegruppe. Im Laufe der Jahre wird für die Leiterin nicht nur Stabilität sichtbar. Die Patientinnen ändern ihr Verhalten, und wahrscheinlich entwickelt sich auch ihre Persönlichkeit, was aber oft schwer zu sehen ist. Die Nachsorgegruppe entwickelt über Jahre eine eigenständige Kohärenz, die zwar nie ausgesprochen wird, aber sehr wirksam ist. Die Patienten, die sich anfänglich nur mit größter Distanz begegnen, werden mit der Zeit zur Schicksalsgemeinschaft.

> Eine paranoid-schizophrene Frau von etwa 55 Jahren, die viele Jahre in einer Klinik zugebracht hatte, kam in die Nachsorgegruppe zusammen mit ihrer älteren unverheirateten Schwester, mit der sie zusammenlebte. Die Schwester zeichnete für alles verantwortlich. Sie sprach für sie und disziplinierte sie, wenn sie drohte, wieder in ihr wahnhaftes, zuweilen aggressives oder gar obszönes Reden zu verfallen. Sie kamen zunächst nur dreimonatlich und nur zur Erneuerung des Rezeptes. Schließlich entspannte sich der paranoide Druck und die Symbiose zwischen den beiden Schwestern. Die Patientin kam auch in die Gruppe, wenn sie kein Rezept brauchte und sogar, wenn die Schwester nicht kommen konnte. Sie integrierte sich einigermaßen in die Gruppe und wurde so selbständig, daß sie selber öffentliche Verkehrsmittel benützen und allein einkaufen konnte. Die Gruppe verhielt sich unerschütterlich tolerant und unterstützend.

Sozialtraining – psychoedukative Gruppen

Hier haben sich an verhaltenstherapeutischen Programmen orientierte, zeitlich begrenzte Gruppen mit klar strukturiertem Inhalt durchgesetzt (vgl. Kap. 11). Sie bieten Informations-, Diskussions-, Übungs- und Arbeitsteile zu unterschiedlichen Aspekten der Bewältigung sozialer Folgen der Erkrankung: gezieltes Training von Arbeitssituationen, z. B. Vorstellung, Bewerbung, Umgang mit Kollegen etc ... Im privaten Bereich stehen Wohnungssuche, Kontaktaufnahme, Alltagsorganisation u.ä. auf dem Programm. Das erste deutschsprachige, inzwischen weit verbreitete Programm wurde von einer Berner Arbeitsgruppe entwickelt (Roder, Brenner, Kienzle, Hodel, 3. Aufl. 1995). Spezielle Programme zum Umgang mit der Krankheit, mit Medikamenten, Krisensituationen und nächsten Bezugsgruppen werden mit Arbeitsmaterialien in 12-14 Stunden-Programmen beispielsweise von Kieserg/ Hornung (2. Aufl. 1995) oder Wienberg/Schünemann/Wurmthaler/Sibum (1995) angeboten. Wöchentliche Treffen sind vorgesehen.

Das besondere solcher Gruppen besteht darin, daß die Scheu vor Nähe durch die Aufgabenorientierung und die inhaltliche Vorstrukturierung begrenzt bleibt. Wie nebenbei entsteht im Verlauf der Sitzung, durch die Übungen, z. B. im Rollenspiel, der gegenseitige Kontakt und das Gefühl der Gemeinschaft. Die Kohäsion ist begrenzt. Sie entspricht der zeitlichen Abgeschlossenheit der Treffen. Möchte sich eine Gruppe über das Programm hinaus weiter treffen, wird dies in anderem Rahmen stattfinden.

Gruppen zur Sozialisierung, Begegnungsgruppen und Selbsthilfegruppen

Ähnlich wie mit den Nachsorgegruppen verhält es sich mit den *Patiententreffpunkten*. Sie werden in de Regel durch freiwillige Helfer und Helferinnen in den Gemeinden geleitet. Die Patientinnen treffen sich tagsüber oder abends, meist in ein- oder zweiwöchigem Abstand. In manchen Gruppen gibt es etwas zu essen. Spiele werden gemacht oder gemeinsame Aktivitäten unternommen. Bei oberflächlicher Betrachtung scheint hier keine Therapie stattzufinden. Langfristig wird aber sichtbar, daß diese Art Sozialisierung eine durch nichts ersetzbare Erfahrung ist. Die Treffpunkte haben einen wichtigen Stellenwert im sozialpsychiatrischen Netz. Sie sind für schizophren Kranke nicht selten die einzigen Orte, an die sie gehen können, ohne sich zu schämen oder minderwertig zu fühlen, und damit die einzige Brücke zur Gesellschaft.

Die Gruppen von *freiwilligen Helfern* und vor allem Helferinnen, die entweder Treffpunkte betreuen oder sich mit anderen sozialen Aufgaben in der Gemeinde befassen, können ihrerseits in einem Gruppensetting *supervidiert* oder *beraten* werden.

Beinahe alle Helferinnen, die sich für eine solche Aufgabe einsetzen – es sind meistens Frauen ab 40 Jahren – äußern den Wunsch nach Anleitung oder Beratung, um richtig mit psychisch Behinderten umgehen zu können. Sie nehmen an, daß Wissen über Psychopathologie weiterhelfen würde und bitten um einen »Kurs« von einem Psychiater. Die rein didaktische Ausbildung ist aber ungenügend. Sie brauchen einen emotional sicheren Rahmen, in dem sie eigene Erfahrungen, gute und schlechte, mit anderen in derselben Situation austauschen können. – Was liegt näher als eine Gruppe?

Beratungsgruppen mit freiwilligen Helferinnen (manchmal abschätzig als »Laienhelferinnen« bezeichnet) sind daher Selbsterfahrungsgruppen ähnlicher als einem Kurs. Das häufigste Problem der hilfsbereiten Freiwilligen besteht darin, daß sie sich persönlich zu sehr engagieren und sich überfordern. Sie müssen lernen, Grenzen zu setzen, und für sich selbst gewahr werden, was sie tun und was sie nicht tun können.

Eine andere Gruppenfunktion, die eher der Öffentlichkeitsarbeit angehört, kann Teil des politischen Lebens der Gemeinde werden. Es bewährt sich, alle sozial engagierten Stellen einer Gemeinde in einer kleineren oder größeren *Gemeindegruppe* zusammenzubringen. Die Initiative kann z. B. von der Sozialberatung ausgehen, die die Hilfsstellen in der Gemeinde und eben auch das sozialpsychiatrische Zentrum einlädt, vielleicht mit einem oder mehreren Hausärzten, Pfarrern, Gemeindehelfern oder Behörden. Die Koordination ist vor allem für Patienten nützlich, in deren Betreuung verschiedene Stellen involviert sind. Die Schwierigkeiten werden schneller sichtbar und können besser angegangen werden, wenn die verschiedenen Stellen miteinander kommunizieren. Vertraulichkeit muß dabei gewahrt bleiben. Wieviel im Interesse der Patienten ausgetauscht werden soll, wieviel nicht, bedürfte einer besonderen Erörterung. Jedenfalls erscheint es als Vorwand, aus Gründen der Vertraulichkeit den Kontakt mit anderen Helfern zu verweigern.

In einer Vorortgemeinde einer größeren Stadt fanden sich auf Einladung der Sozialberatung zwei Schulrektoren, Schulpflegemitglieder, ein Schulpsychologe, die Vertreterin einer privaten Familienberatungsstelle, eine Psychiatrieschwester, zwei Kinderärzte, ein Verteter der Drogenberatungsstelle und ein Sozialpsychiater zusammen, um ein Projekt für Kriseninterventon für Schulkinder auszuarbeiten. Nach einigen Sitzungen zur Weiterbildung in Krisenintervention war das Angebot ausgearbeitet.

Lehrerinnen konnten ein Kind in der Krise sofort zur ersten Krisenintervention bringen, ohne die üblichen Wartefristen und die Suche nach dem
richtigen Therapeuten abwarten zu müssen.

Vertrauensbildung ist auch in der Begegnung der Professionellen untereinander erste und wichtigste Aufgabe. Sie entsteht meist als Neben-
produkt einer Gruppendiskussion, die sich auf vielerlei Themen beziehen kann, je nach der Zusammensetzung der Gruppe.

Selbsthilfegruppen haben sich in neuerer Zeit für fast alle Gebiete
gebildet. Die erste Selbsthilfegruppe für eine in gewissem Sinne homogene Bevölkerung, die Alkoholiker, ist die der AA, die Anonymen
Alkoholiker (s. Kap. 12). Sie beruht auf dem Prinzip, daß Betroffene
gezielter anderen Betroffenen Hilfe anbieten können als eine professionelle Therapeutin. Dies hat sich im besonderen im Suchtbereich bewährt. Aber auch andere Leidensgenossen z. B. *Angehörige* von psychisch schwer Kranken oder Behinderten nutzen das Selbsthilfeprin-
zip. Die Gelegenheit, mit anderen zu sprechen, die dasselbe oder etwas
ähnliches mitgemacht haben, ist ja eine der Grundlagen der Gruppentherapie und wirkt als Unterstützung. Selbsthilfegruppen können auch
Fachleute zuziehen, wenn sie das wünschen. Ihre Gruppen werden
aber meistens nicht von Fachleuten geleitet, höchstens gestützt oder
befördert. Besonders zu erwähnen sind Elterngruppen von gestörten
Kindern, Gruppen für Angehörige von schizophren Kranken oder Alz-
heimer-Kranken, aber auch Selbsthilfegruppen von Spitalentlassenen
selbst, also Nachsorgepatienten. Solche Gruppen sind, anders als die
AA, oft organisiert als Verein oder Vereinigung und haben Vorstände
mit Präsidentinnen und Sekretären.

In Deutschland gibt es seit etwa 12 Jahren, in der Schweiz seit zehn,
in Österreich seit etwa 20 Jahren als Vereine organisierte Angehörigen-
gruppen. Zum »Dachverband psychosozialer Hilfsvereinigungen« in
Bonn gehört auch der Bundesverband der Angehörigen, zu dem sich
die Landesverbände zusammengeschlossen haben. Die Basis der
Selbsthilfe sind die regelmäßigen Treffen der Angehörigen-Gruppen.
Über sie hinaus haben die Angehörigen (zumeist Psychosekranker)
rege Aktivitäten entwickelt mit Tagungen, Weiterbildungsangeboten,
Publikationen – nicht zuletzt in und mit dem Psychiatrie-Verlag –,
Beraterfunktionen in Kliniks-Beiräten und gesundheitspolitischen Stel-
lungnahmen.

In der Schweiz ist es vor allem die VASK (Vereinigung der Angehörigen Schizophrenie-Kranker), die in den einzelnen Kantonen aktiv ist, Selbsthilfegruppen, Beratungsstellen und Weiterbildung anbietet. In Österreich hat die HPE, die Hilfe für Angehörige psychisch Erkrankter, vor kurzem ihr zwanzigjähriges Jubiläum gefeiert. Außer den Selbsthilfegruppen und Angehörigentreffen bieten einige Gruppen in den einzelnen Bundesländern Beratungsstellen und Sprechstunden an. Die zwei- bis dreimonatlich erscheinende Zeitschrift „Kontakt" ist nur eine ihrer auch öffentlichkeitswirksamen Aktivitäten.

An dieser Entwicklung wird deutlich, welches Potential im Zusammenschluß von Selbsthilfegruppen steckt. Auch Betroffene selbst (»Psychiatrie-Erfahrene«) haben sich an verschiedenen Orten zu Gruppen zusammengetan, um sich in der klinischen Behandlung und in gesundheitspolitischen Fragen zu Wort zu melden und gegenseitig zu unterstützen.

Begegnungsgruppen (die sogenannten Encountergruppen) hatten im Amerika der 60er und 70er Jahre eine bewegte Vergangenheit. Nicht nur auf psychiatrischem Gebiet Tätige und Patienten fanden sich in Gruppen. Ein Teil der Bevölkerung erwartete von Begegnungsgruppen Hilfe für Probleme aller Art, vom täglichen Verdruß, über milde depressive Verstimmungen bis zu Eheproblemen und eigentlichen psychiatrischen Erkrankungen. Die Gruppen waren nicht immer von Experten geleitet und verliefen zum Teil chaotisch. Die negativen Folgen solcher Gruppen leitete zu den Studien von LIEBERMANN, YALOM und MILES (s. Kap. 6), die so viel klarere Erkenntnisse brachten über die verschiedenen angewandten Therapiemethoden. Encountergruppen der chaotischen Art sind beinahe ganz von der Bildfläche verschwunden, während unterstützend geleitete Begenungsgruppen oder Wochenendworkshops weiter bestehen. Die traditionelle, sozialisierende oder einsichtsorientierte Gruppentherapie hat überlebt und fristet ihr Leben weiter in einer weniger medienträchtigen, dafür aber hilfreicheren Art und Weise.

Spezifisch psychotherapeutische, »einsichtsorientierte« Gruppen in der Poliklinik für Erwachsene und in der Praxis (früher als »eigentliche« Gruppentherapie bekannt)

Polikliniken, sozialpsychiatrische Zentren, große Praxen und Kliniken sind das eigentliche Feld, in dem die meisten Gruppentherapeuten ihr Handwerk gelernt haben. Aus den Polikliniken kommt die nicht in dieser Form beantwortbare Frage nach der Indikation zur Gruppentherapie (vgl. Kapitel 3). In der täglichen Arbeit mit ambulanten Patientinnen müssen die angemeldeten Personen zunächst einer Assistentin oder einem anderen Mitarbeiter zugewiesen werden, der dann entscheidet, ob eine Konsultation ansteht, die Organisation der Nachsorge, ein Gutachten, ein Zeugnis, Hilfe im Kampf mit Behörden oder Arbeitgeber, oder ob es sich um eigentliche Psychotherapie handelt. Da Psychotherapien mit »guten« und motivierten Patienten relativ selten sind, suchen Assistenzärztinnen in Ausbildung zur Psychotherapie derartige Patienten. Sie neigen dazu, sie in Einzeltherapie zu nehmen. Gruppentherapie liegt ihnen zunächst fern. Sie werden, wenn überhaupt ein Gruppenprogramm besteht, vor allem solche Patienten in die Gruppe schicken, die ihnen weniger nahe liegen oder mehr Schwierigkeiten bereiten. Gruppentherapie nimmt deshalb in den allermeisten Polikliniken den zweiten Platz nach der Einzeltherapie ein. Planung und Aufbau der Gruppen bereiten größere Schwierigkeiten und gehen fast immer mit großen Verzögerungen einher.

Man könnte etwas zynisch sagen – und man kann dies von namhaften Psychiatern hören – daß die Indikation zur Gruppentherapie in der Poliklinik häufig der »*unerwünschte Patient*« ist. Die angehende Gruppentherapeutin sollte sich dadurch nicht stören lassen, denn Gruppentherapie kann mit einer Vielzahl von verschiedenen Patienten durchgeführt werden, seien sie selbst motiviert oder nur »geschickt« und deshalb weniger motiviert. Die Indikation für die Gruppe ist, wie im dritten Kapitel beschrieben, weit gefaßt. Unseres Erachtens wäre bei vielen Patientinnen die Gruppentherapie als erste Indikation zu betrachten und Einzelpsychotherapie erst dann zu empfehlen, wenn ein spezifisches, umschriebenes inneres Problem vorliegt.

Zusammenfassend ist Gruppentherapie nach unseren Erfahrungen in der Poliklinik für schwerer gestörte Patienten und Patientinnen am geeignetsten. Störungen im zwischenmenschlichen Bereich stehen bei ihnen im Vordergrund. Einzeltherapie ist dann indiziert, wenn ein innerpersönliches Problem vorliegt, wenn keine schweren familiären oder gesellschaftlichen Einflüsse stören, und das innere Erleben zum Ausdruck gebracht werden kann.

Eine besondere Maßnahme für Polikliniken mit großem Andrang von Patienten ist die in Amerika zuerst beschriebene *Aufnahmegruppe*.

Die Aufnahmegruppe wurde in New York und Baltimore in den 60er und 70er Jahren als »Intake Group« für große und vielbesuchte Polikliniken in Großstädten beschrieben (PECK 1953, STONE 1954). Sie war eigentlich, wie vor vielen Jahren einst die Gruppentherapie selbst, eine Notlösung, da damals noch viel zu wenig Personal vorhanden war, um eine große Poliklinik »richtig« (d. h. individuell orientiert) zu führen. Die Notlösung erwies sich als geeignete Behandlung, zumindest gleichwertig mit dem traditionellen Verfahren der ausschließlich individuellen Aufnahme, mit Einzelgesprächen und eventuell einer späteren Zuweisung zur Gruppe.

In einer Einrichtung, die eine Aufnahmegruppe anbietet, informiert die aufnehmende therapeutische Person die Patientin beim Eintritt sofort, daß neben Einzelgesprächen zur Abklärung auch eine therapeutische Gruppe angeboten wird. Dort können die neuen Patienten sehen, ob sie von einer Gruppe profitieren können, ohne daß sie sich zu einer längeren Teilnahme verpflichten müssen. Die Anweisung, daß sie nicht kommen müßten, wenn sie nicht wollten, machte es den allermeisten Patienten leichter, nicht nur die Aufnahmegruppe zu besuchen, sondern auch wiederholt zu erscheinen und länger dort zu bleiben.

> Eine depressive Frau hätte es beinahe fertiggebracht einen Assistenzarzt zu überzeugen, daß sie wegen Depression in ein Spital eingewiesen werden müßte. Er sandte sie aber in die Aufnahmegruppe, die gerade stattfand. Zu seiner eigenen und der Überraschung anderer erlebte er, wie sich dieselbe Frau in der Gruppe nicht nur aggressiv, sondern auch sehr kompetent und angepaßt verhalten konnte. Sie mußte nicht eingewiesen werden und kam weiterhin in die Gruppe zur Behandlung.

Ein Gewinn aus der Aufnahmegruppe ergibt sich auch für die Ausbildung von Mitarbeitern in Gruppentherapie. Da die Aufnahmegruppe sich fortdauernd vergrößert, müssen von Zeit zu Zeit eine Anzahl Teilnehmer, die jetzt beinahe als Therapiegruppe eine gewisse Kohäsion erreicht haben, an einen neuen Mitarbeiter weitergegeben werden. Ein Assistent oder eine Psychologin sitzt in der Aufnahmegruppe als Cotherapeutin. Wenn eine neue Therapiegruppe so geformt wird, kann die Cotherapeutin jetzt selbständig weiterarbeiten mit Patientinnen, die sie schon kennen, und mit denen sie ihrerseits schon bekannt ist. So kann sich ein tragfähiges Gruppentherapieprogramm entwickeln, ohne daß wie sonst üblich, überall nach Gruppenpatienten gesucht werden muß. Die Patientinnen, die im Anfangsstadium einer Gruppe ausfallen, sind bereits ausgeschieden, da sie keine Verpflichtung eingehen mußten. Aufnahmegruppen können nur in größeren Polikliniken mit vielen

Neuanmeldungen entstehen. Die ersten Berichte über Aufnahmegruppen kamen aus Großstädten wie New York und Baltimore. Der Autor organisierte und leitete in Boston und Atlanta Aufnahmegruppen (Christ 1974).

Problemzentrierte Gruppen und Kurzgruppen

Diese werden als Behandlungsangebot für ein bestimmtes Problem angekündigt. Außer Gruppen für Alkoholkranke oder Drogenabhängige werden auch Gruppen für Depressionen, Borderline-Persönlichkeitsstörungen, Eßstörungen oder für psychosomatische Patienten angeboten. Auch der Zusammenschluß von fremdsprachigen Patienten, wie Italienisch sprechende oder Türkisch sprechende Gruppen, hat sich bewährt. Frauengruppen, die auch von einer Frau geleitet werden, haben in den letzten Jahren zugenommen.

Die problemzentrierten Gruppen werden oft als *Kurzgruppen* geführt und sind in der Poliklinik und vor allem im sozialpsychiatrischen Zentrum organisierbar. Der relativ homogene Charakter der Probleme sorgt für eine baldige Kohäsion und eine relativ einfache strukturelle Phase der Gruppe. Das Gemeinsame, das diese Patientinnen zusammenbringt, ist offensichtlich und wird schon bei der Einführung klar. Wegen der Homogenität ist der anfängliche Widerstand geringer als bei einer mehr heterogenen eigentlichen Psychotherapiegruppe (s. Kap. 3). Zuweilen kann eine solche Kurzgruppe, die vielleicht acht, zwölf oder 20 Sitzungen vereinbart hat, sich fortsetzen und zu einer zeitlich unbeschränkten Gruppe werden. Es ist ja bekannt (s. Kap. 10), daß Gruppen sich nicht gerne auflösen.

Eine Schwierigkeit stellt sich für problemzentrierte Gruppen in Polikliniken wie in Praxen: Es entspricht nicht der medizinischen Tradition, irgendwelche Werbung für angebotene Leistungen zu machen. Jedoch muß den eventuellen Mitgliedern klar sein, wo und für welche Art Probleme Gruppen bestehen. Über professionelle Gesellschaften, Koordinationsstellen oder andere helfende Agenturen muß die *Information* verbreitet werden, wann Gruppen welcher Art angeboten werden. Ein sozialpsychiatrisches Zentrum hat die Aufgabe, nicht nur für die angestammten Patienten dazusein, sondern auch *sichtbar* für diejenigen zu werden, die sich noch nicht als Patienten sehen und Hilfe brauchen könnten. Oft fehlt die nötige Öffentlichkeitsarbeit.
Seminare oder Kurse zur Bewältigung von Lebensproblemen, wie z. B.

Ehescheidung oder Trauer nach Verlust, werden meist nicht als Therapiegruppen, sondern eher in didaktischer Weise angeboten. Von einem sozialpsychiatrischen oder familienberatenden Zentrum sollten solche Kurse angeboten werden. Der Übergang vom Lehren und Lernen zur Therapie ist fließend. Die Grenze sollte aber nicht überschritten werden, ohne daß dies transparent gemacht wird. Die Einführende muß sich zunächst als kompetente Lehrerin erweisen und mit dem zu behandelnden Material vertraut sein. Das bedeutet, daß sie auf sachliche Fragen nicht mit Gegenfragen antwortet, sondern bereitwillig Auskunft gibt. Wenn der Übergang von einem Kurs zu einer quasi-therapeutischen Veranstaltung in der Art einer Selbsterfahrungsgruppe gewünscht wird, kann das geschehen, muß aber thematisiert werden.

Für problemzentrierte Gruppen, Kurse oder Seminare können Kursgelder verlangt werden. Sollte aber der Übergang in eine therapeutische Arbeit stattfinden, muß klar sein, daß die Krankenkassen im allgemeinen die Kosten nicht übernehmen werden. Denn kassenpflichtig sind nur »echte medizinisch diagnostizierte Krankheiten«. Eheprobleme oder Probleme von Angehörigen, sind trotz ihrer großen Bedeutung für Therapie und Vorbeugung, bis jetzt nicht kassenberechtigt(YALOM 1989).

Gruppen für Paare und Gruppen für Familien

Das Aufkommen der Familientherapie zu Anfang der 60er Jahre hat die Gruppentherapie für Paare sehr befördert. Paargruppen gab es schon früher. Man muß sich allerdings darüber im klaren sein, daß es bei Paargruppen auch um Familientherapie geht. Gewisse Qualitäten der Familientherapie, etwa die unmittelbare Gegenwart des Partners oder der Partnerin, spielen eine gewichtige Rolle. Da schon eine enge Beziehung zwischen den Partnern besteht, haben die Interaktionen mehr Brisanz und Tiefgang. Familientherapie mit mehreren Familien kombiniert die Charakteristiken beider Therapieformen und gilt deshalb als sehr mächtige Therapie. Sie ist schwer zu organisieren, aber wenn es gelingt, sehr effektiv.

Paargruppen

Behandelt werden drei bis sechs Paare, die sich aus irgend einem Grunde gemeldet haben, am häufigsten wegen Eheproblemen. Das wichtigste an der Vorbereitung für die Gruppe ist, daß die Motivation sich nicht auf Hilfe oder Therapie allgemein beschränkt, sondern die *gemeinsame* Therapie mit dem Partner mitmeint. Dies ist an sich eine Vorbedingung für alle Ehetherapien, die eine Behandlung von Problemen und nicht nur Abklärung oder Entscheidungshilfe für oder gegen Trennung sein sollen. Beide Beteiligte müssen sich darüber im klaren sein, daß sie *mit der Partnerin zusammen* die anstehenden Probleme angehen wollen.

Paargruppen kommen relativ schnell zusammen. Die Aufbauphase ist unkompliziert. Dafür sind die folgenden Faktoren verantwortlich:

1. Die *Homogenität* in der Paargruppe ist durch die allen gemeinsamen Paarprobleme gegeben. Die leichte und frühzeitige Identifikation der Mitglieder miteinander liegt nicht in individuellen Eigenschaften, sondern in der Entdeckung, daß andere Paare auch Probleme haben. Die Paare identifizieren sich miteinander in der gestörten Paarbeziehung.

2. Da die Paare zu einer Familie gehören, deren Mitglieder sich sehr gut und intim kennen, werden mit den Paarproblemen sehr brisante Themen angesprochen, die alle betreffen. Es ist ja ein bekanntes Phänomen der Familientherapie, daß die Probleme *sofort offen daliegen*. Die Schwierigkeiten bestehen nicht in ihrer Entdeckung, sondern im *Umgang* mit ihnen.

3. Beide Faktoren bewirken, daß Paargruppen im wörtlichen Sinn keine Zeit und keine Geduld haben, sich mit den üblichen Problemen der Anfangsstadien einer Gruppe zu beschäftigen. Natürlich wird es von Zeit zu Zeit Monopolisten geben oder Profilierungs- und Konkurrenzsüchtige, aber der Umgang mit diesen Eigenschaften ist für die Paargruppe ungleich leichter. Einmal ist der Ehepartner auch anwesend und kann, wenn nötig, mit absoluter Treffsicherheit den eigenen Partner auf seinen Platz verweisen. Damit haben defensive Gruppenspiele, wie etwa die Ausstoßung eines Sündenbocks, wenig Raum gegenüber dem vordringlichen Ziel, Verständnis für die Ehesituation zu finden. Die *Kohäsion* der Gruppe ist beinahe unmittelbar vorhanden. Das Ausscheiden von Mitgliedern ist fast nie ein Problem.

4. Im Anfangsstadium ist es also leichter, eine Paargruppe zu leiten, als eine heterogene Gruppe aus Individuen zusammenzustellen. Was Therapeutinnen hindern mag, eine solche Paargruppe zu leiten, ist eher die mangelnde Erfahrung mit Paartherapie und mit Eheproblemen. Die Gruppenprozesse selbst sind einfacher zu behandeln als in Gruppen von Individuen.

Die Paargruppen weichen von den gewöhnlichen, individuellen Gruppen in den folgenden Punkten ab:

1. Am Anfang sitzen die Ehepartner nebeneinander. Sie spielen die Rolle des *geeinten Paares* und sprechen mit *einer* Stimme für beide. In gewissem Sinne sind sie auch eins, denn sie kommen gemeinsam zur Gruppe und sind bereit, gemeinsam an ihrer Beziehung zu arbeiten. Das Gespräch kann sich zunächst auch auf Themen außerhalb der Beziehung verlagern, z. B. den Umgang mit den Kindern. Auch dabei wird das sprechende Paar viel Widerhall bei den anderen Paaren finden.

   Eine Paargruppe entwickelte sich nach einem derartigen Anfang sofort in Richtung einer gesellschaftlichen Gruppe. Schon nach der ersten Sitzung trafen sich die Paare außerhalb der Poliklinik und danach besuchten sie sich häufig zu Hause. Alle hatten offenbar schnell – wir dachten zu schnell – gute Freunde gefunden. Wir mußten auf den eigentlichen Zweck der Gruppe hinweisen und das viele Sozialisieren außerhalb der Gruppe begrenzen.

2. Erst mit der weiteren Entwicklung der Gruppe beginnen sich die einzelnen Mitglieder mehr und mehr als *Individuen* zu zeigen. Die Sitzordnung lockert sich auf, Mann und Frau sind nicht mehr notwendigerweise zusammen. Es bilden sich flüchtig andere Allianzen, je nach den Charaktereigenschaften der Personen.

   Ein Beispiel aus einer Gruppe, die mit zwei Paaren begann, zeigt dies deutlich. Einer der Männer sprach in belehrender Weise davon, daß es nach seiner Meinung zweierlei Menschen gebe, die einen seien Tänzer, die anderen »Arschlöcher«. Er war der Tänzer – seine Frau das andere. Erstaunlicherweise stimmte das andere Paar sofort zu, nur war in ihrem Fall die Sache umgekehrt. Die Frau war die Tänzerin. Dies lieferte viel gemeinsamen Gesprächsstoff über die Interaktion der zwei Arten von Menschen – damit über Macht und Kontrolle in der Ehe.

3. Die Gefahr, daß kreuzweise Affären oder Partnerwechsel in derartigen Gruppen stattinden, ist nach vielfacher klinischer und nach unserer eigenen Erfahrung sehr gering, ja viel geringer als in anderen Gruppen. Die Partnergruppe bildet offenbar einen stabilen Rahmen.

4. Es ist möglich, daß sich im Verlauf einer langjährigen Paargruppe ein Paar trennt. Den Partnern bleibt überlassen, wer in der Gruppe

bleibt. An sich spricht im fortgeschrittenen Zustand nichts dagegen, daß einzelne weiterhin mitmachen. Mit der Individuation hat sich die Paargruppe mehr und mehr einer Gruppe aus verschiedenartigen einzelnen Menschen angenähert, und die einzelnen haben eine Rolle im Beziehungsnetz der Gruppe gefunden.

Gruppen aus mehreren Familien

Sie sind von einigen Autoren beschrieben worden. Sie gelten als sehr »starke« und »aufwühlende« Therapien, da Familien direkt mit ihren Familienproblemen konfrontiert sind, wie in jeder Familientherapie. Dazu können sie sich aber auch mit den Problemen anderer Familien identifizieren und sich mit ihnen auseinandersetzen.

Beinahe durch Zufall ergab sich für den Autor die Gelegenheit, an einer solchen Gruppe als Leiter zusammen mit zwei Teammitgliedern einer sozialpsychiatrischen Stelle teilzunehmen. Die Gruppe kam durch die konsultative Arbeit der sozialpsychiatrischen Stelle in einer Mittelschule zustande, zu der seit einiger Zeit eine gute Beziehung bestand. Das sozialpsychiatrische Team war bereit, dort bei Krisen einzuspringen und hatte damit einige Erfolge erzielt. Es hatten auch mehrere Weiterbildungsveranstaltungen mit Lehrern und Diskussionsgruppen mit Schülern stattgefunden.

Bei dieser guten schulnahen Präsenz der sozialpsychiatrischen Stelle kamen die multiplen familientherapeutischen Sitzungen auf Veranlassung der Rektorin zustande. Der Plan war, daß Kinder, die wegen irgendwelche Übertretungen dreimal bestraft worden waren, für drei Dienstagabende zu einer Besprechung mit dem Team, einer Heilpädagogin, einem Psychologen und einem Psychiater, mit ihren Eltern in die Schule kommen sollten. Nicht nur die Kinder, sondern auch die Eltern mußten also gewissermassen »nachsitzen«. Die Schulautoritäten blieben der Sitzung fern. Der Zweck war nicht herauszufinden, ob die Bestrafung gerecht war oder nicht. Es gab kein Untersuchungsverfahren, sondern Kommunikationsübungen zwischen Halbwüchsigen und Eltern.

Die Familien brachten das Gespräch schon anfangs auf die Kommunikation zwischen den Eltern und ihren 13-15jährigen Kindern. Wiederholt war es vorgekommen, daß ein Kind, das sich in der Schule etwas hatte zu Schulden kommen lassen, am Morgen in ungelösten Spannungen zwischen ihm und der Mutter oder dem Vater weggegangen war. Die Jugendlichen waren beschimpft oder abgewertet worden ohne darauf reagieren zu können, da sie sofort in die Schule mußten. Die einfache Lösung bestand darin, Konflikte auszutragen, wenn auch das Kind Zeit hatte zu reagieren, nicht wenn es in der nächsten Minute, mit einer Wut im Bauch, weggehen und sich in der Schule durch schlechtes Verhalten entlasten mußte.

Nicht hilfreiche oder gar schädigende Familienstrukturen waren oft schon in der Sitzordnung abzulesen.

Ein Mann saß dicht neben seiner 15jährigen Tochter und eine andere Mutter dicht neben ihrem 14jährigen Sohn. Um eine lebendige Kommunikation zwischen Kind und Elternteil überhaupt in Gang zu bringen, mußten die (öipalen) Paare getrennt werden, damit sie sich sehen und ansprechen konnten. Einige Familien fanden die Sitzungen so hilfreich, daß sie fragten, ob sie noch länger als für die drei verpflichtenden Sitzungen bleiben dürften, was ihnen zugestanden wurde.

Gruppen für Halbwüchsige und ihre Probleme

Adoleszente sind nicht leicht in therapeutische Gruppen einzugliedern. Sie haben ihre eigenen Gruppen, die ihnen sehr viel mehr wert sind. Sie wollen sich nicht mit irgendwelchen Fremden, die ja »Feinde« sein könnten, engagieren. Je nach der Situation und zuweilen mit Druck von außen (der Eltern, der Schule, des Gerichtes) ist es möglich, Gruppen von Jugendlichen zusammenzubringen, meist unter einem besondern Aspekt, also als homogene Gruppen. Die häufigsten Probleme sind Disziplin oder Delinquenz. Aber auch Gruppen aus vereinsamten und isolierten Adoleszenten sind sinnvoll, ebenso wie aus Jugendlichen, die an schweren körperlichen Krankheiten leiden.

In keinem Fall, erst recht nicht bei dissozialen Jugendlichen, kann die Therapeutin mit der bei Erwachsenen üblichen Abhängigkeitssituation rechnen, in der alle Initiative von der Therapeutin kommen muß. Adoleszentengruppen organisieren sich beinahe unmittelbar nach dem Prinzip der Kampf-Flucht-Grundannahme (s. Kap 7). Der Therapeut wird deshalb nicht als Leiter anerkannt. Vielmehr wird ein interner Leiter oder Leithammel gewählt, der die Gruppe in aggressiver oder flüchtender Weise leiten wird.

In einer ersten Gruppensitzung mit Adoleszenten, die vom Gericht zur Therapiegruppe gesandt worden waren, zeigte sich schon in der ersten halben Stunde die Fluchtneigung der jungen Leute. Der Gruppenraum hatte trotz seiner geringen Ausmaße sieben Türen. Jedes der sieben Gruppenmitglieder bediente sich eines der Ausgänge. Auffallend war, daß keiner das Gebäude verließ. Alle wurden nach kurzer Zeit gefunden und zurückgebracht. Die Botschaft war allerdings klar. Keine Handlung des Therapeuten hielt die Gruppe zusammen. Der Leiter mußte sich, wie üblich in solchen Gruppen, zunächst darauf beschränken, in neutraler Weise den Gruppenmitgliedern den Raum zu verschaffen, in dem sie sich treffen konnten; sich in ihre Diskussionen moderierend und gerecht einzuschalten und mit ihnen zu planen, was zu geschehen habe, z. B. ob man während der Sitzung oder nachher etwas zu essen haben könne.

Die Rolle des Essens ist in Kinder- und Adoleszentengruppen nicht zu unterschätzen. Wenn nämlich nichts Konkretes passiert und man »nur Worte« hat, verlieren Adoleszente bald das Interesse an der Gruppe. Nach der Auffassung mancher Adoleszententherapeuten wird sich für den Adoleszenten in der Therapie nichts entwickeln, wenn er nicht das Gefühl hat, daß etwas für seinen Komfort nützliches herauskommt.

In einer Gruppe von jüngeren, etwa 12-13jährigen Jungen mußte zusätzlich Bewegung stattfinden, durch ein Basketballspiel, bei dem sich die einzelnen profilieren konnten. Nach einiger Zeit allerdings wurde auch der verbale Teil der Gruppenzusammenkunft interessanter und lebendiger. Die Kinder »lernten« in einem schnell vorangehenden Prozeß nicht nur, durch Taten, z. B. Anpöbeln miteinander umzugehen, sondern auch zu sprechen und sich über ihre Gefühle und Beziehungen zu Eltern etc. in Worten auszudrücken.

Der Schwierigkeit des anfänglichen Kampf-Flucht-Prozesses folgt eine rasche Weiterentwicklung des Gruppenprozesses in Richtung Konkurrenzverhalten und nach einiger Zeit zu konstruktivem Zusammenhalt. Die Teilnehmer finden sich zuerst nur in Aktionen zusammen, wie etwa gemeinsamer Flucht oder allgemeinem Konkurrenzkampf von jedem gegen jeden. Später folgt die Veränderung von Aktionen in Worte und damit in eine eher normale Gruppentherapie. Allerdings bleibt die Notwendigkeit, überschießende Aggressivität zu strukturieren, z. B. in Brettspielen. Aggressionen präsentieren sich immer wieder im Verlaufe der Therapie. Eingespielte Rituale, wie etwa beim Essen, werden gehütet. Sie können nicht willkürlich verändert werden, da sie einen Teil der

Gruppenkohäsion ausmachen und damit auch zum Rahmen der Gruppe gehören.

Strukturieren und Grenzen setzen ist in der Therapie von Adoleszenten recht eigentlich die Hauptarbeit und bedeutet für die Therapeutin eine weitaus größere Herausforderung (Jacobs 1967) als das Anfangsstadium abhängiger Erwachsenengruppen. Letztere nehmen Normen und Grenzen leicht an. Sie bleiben aber abhängig und arbeiten zeitweise nur unverbindlich mit. Von Adoleszenten wird die Abhängigkeit massiv verdrängt. Konkurrenz- und Protestverhalten ist aber verbindlich. Abhängigkeit wird nicht gezeigt.

Eine Spitalgruppe aus sozial gestörten jungen Leuten, einige am Rande der Delinquenz oder der Psychose, hatte dem Anschein nach einige Monate ohne große Ergebnisse gearbeitet. Die Interaktionen waren zwar intensiv, dabei aber defensiv und durch Konkurrenz, Selbstrechtfertigungen und Klagen über die Umwelt gekennzeichnet. Als der Leiter bekannt gab, daß er nur noch zwei weitere Sitzungen mit der Gruppe werde abhalten können, reagierte die Gruppe kaum. Die übliche Großsprecherei ging weiter. In der nächsten, zweitletzten Sitzung war zur nicht geringen Überraschung des Leiters alles anders. Alle waren in depressiver Stimmung, einige zeigten ihre Gefühle deutlich und waren dem Weinen nahe, die meisten sprachen von Hilflosigkeit und Verlassenwerden. Der Leiter hatte nicht geglaubt, daß er und die Gruppenerfahrung seinen jungen Patienten so viel bedeutet haben könnte. Er war selbst nicht gewohnt, in dieser Gruppe seine Rolle als Betreuender und Helfer zu finden. – In der letzten Sitzung hatten die jungen Leute ihre üblichen Abwehrmechanismen wieder aufgebaut. Es war wieder wie immer. Man versicherte sich gegenseitig des eigenen Wertes. Erwartungen an den Leiter schien es nicht zu geben.

Daß solche Gruppen langfristig Spuren hinterlassen, selbst wenn während der Sitzungen die übliche Kampf-Fluchtstellung aufrechterhalten wird, steht außer Zweifel (vgl. z. B. Cramer-azima und Richmond 1993).

Kindergruppen

Gruppen sind für Kinder ein natürliches Medium. Ihr Sozialverhalten ist in der Schule sowohl im Klassenzimmer wie im Pausenhof leicht zu beobachten. Therapeutische Spielgruppen sind schon seit längerer Zeit bekannt und richteten sich urspünglich nach der psychoanalytischen Lehre und Technik. Die Therapeutin konzentrierte sich darauf, wenig einzugreifen und statt dessen herauszufinden, was das Kind zur einen oder anderen Haltung motivierte. Diese »permissive« Haltung eignet sich nicht zum Umgang mit schwerst aggressiven Kindern. Bei ihnen sind Strukturen und klare Grenzen notwendig. Da die meisten Äußerungen non-verbal sind, muß sich auch die Therapeutin mit non-verbalen Techniken vertraut machen. Sie wird z. B. selten nur auf ihrem Sessel sitzenbleiben, sondern sich in die Nähe der Kinder begeben, die in einer Krise oder unentschlossen sind. Das aggressive Kind erwartet, daß man Distanz nimmt und es vielleicht wegschickt. Wenn eine Therapeutin statt dessen ihm näherkommt, bedeutet dies eine neue Erfahrung. Aggression bewirkt also nicht eine endgültige Trennung. Sie kann auch im Zusammensein gelöst werden. Auch bei Kindern ist der Zusammenhalt der Gruppe unmittelbar gegeben (vgl. z. B. RIESTER und KRAFT 1993).

Gruppenmethoden im Bereich der Abhängigkeit (Alkohol-, Medikamenten- und Drogenabhängige)

Die Gruppe »Alcoholics Anonymous«, AA, die »anonymen Alkoholiker« haben die Auszeichnung, die erste in ihrer Wirksamkeit erkannte und propagierte *Selbsthilfegruppe* zu sein. In den Dreißigerjahren dieses Jahrhunderts kamen zwei amerikanische Männer, beide Alkoholiker, auf Geschäftsreisen zusammen und beschlossen, etwas gegen ihren Alkoholismus zu tun. Aus dieser Zusammenkunft von »Bob« und »Bill« entstand eine weltweite Bewegung, die eine klare und eindeutige *Ideologie* als gemeinsames Glaubensgut hat und diese auch in konkreten Schritten (die zwölf Schritte und die zwölf Traditionen) zur Heilung der Alkoholkrankheit in die Praxis umgesetzt hat. Der Inhalt ist im sogenannten blauen Buch niedergelegt.

Viele Alkoholrehabilitationsprogramme arbeiten mit den AA zusammen. Ihr großer Beitrag zur Verbesserung wird allgemein anerkannt. Statistiken werden von den AA allerdings keine geführt. Politik wird von ihnen auch nicht gemacht. Sie konzentrieren sich auf die Rehabilitation der einzelnen.

Die Gruppen der AA verlaufen nach einem bestimmten Verfahren: Zunächst stellt sich jeder nur mit seinem Vornamen vor und fügt hinzu »Ich bin Alkoholiker«. Damit ist das Abstreiten oder Bagatellisieren des

Problems, das bei Alkoholikern so verbreitet ist, zu Ende. Der erste Schritt in der Rehabilitation, nämlich die Erkenntnis, daß man an einer dauerhaften Krankheit leidet und Hilfe dafür *benötigt,* wird damit jedes Mal neu vollzogen. Ebenfalls wird die Identifikation mit der Gruppe aller Alkoholikerinnen jedesmal zugesichert. Nicht-Alkoholiker sind nicht zugelassen. Die Identifikation miteinander reicht über Orts- und Staatsgrenzen hinweg. Man findet auch an einem fremden Ort eine freundlich gesinnte und unterstützende AA Gruppe.

Jedermann darf seine »Story« erzählen, d. h. wie er dazugekommen ist, von seinem Trinken wegzukommen und wie es ihm seither besser gegangen ist. Das Beispiel macht Schule. Neue Mitglieder lassen sich beeindrucken von dem, was andere mitgemacht haben. Neue Hoffnung kann in ihnen erwachen. Anfänglich sollte man täglich eine Gruppe besuchen. An einigen Orten gibt es »fortgeschrittene Gruppen«, in denen nicht mehr »Stories« erzählt werden, sondern sich eine zusammenhängende psychotherapieähnliche Gruppe entwickelt hat, deren Teilnehmerinnen sich gegenseitig gut kennen.

Eine spezifische Leitung der Gruppen gibt es nicht. Man findet zwar Leute, die mehr Verantwortung übernehmen als andere, aber es gibt keine formellen Ämter, keine Präsidenten, Kassierinnen, Sekretäre etc. Alle formellen Angelegenheiten werden ehrenamtlich gemacht.

Mit der AA verbunden ist die »Alanon«, die Vereinigung und Selbsthilfegruppe der Angehörigen von Alkoholikern, seien sie nun Mitglied oder Nichtmitglied der AA. Die Probleme der Alanon, als Partner von Alkoholikern, sind die der Co-Abhängigkeit, d. h. alle die größeren oder kleineren Verhaltensweisen, die den Alkoholismus der Ehegatten befördern oder zumindest nicht abbremsen. Co-Abhängigkeit enthält Doppelbotschaften an die Alkoholikerin. Sie wird zugleich verachtet wegen ihres »Lasters«, wird aber wie eine arme Kranke versorgt, wenn sie betrunken nach Hause kommt und sich schwach gibt. Wenn er, als Alkoholiker, sich stark und aggressiv gibt, wird das nicht ihm, sondern dem Alkohol zur Last gelegt und die Gattin betont, wie gut er sei, wenn er nüchtern sei. Inzwischen kann sich die Frau als »Leidende« auf hoher moralischer Ebene profilieren. Manche Frauen sagen nach einer erfolgreichen Entgiftung über ihre Männer aus, daß sie, seit sie gesund sind, wegen ihrer Gemütsschwankungen viel schwerer zu behandeln seien, als damals, als sie noch tranken. Die Ermutigung, wieder mit dem Trinken anzufangen liegt auf der Hand. Alanon geht im besonderen dieser zweideutigen Haltung nach und unterbindet damit die Co-Abhänigkeit.

Neben AA und Alanon gibt es auch »Alateen«, d. h. eine Vereinigung von Teenagers, die alkoholische Verwandte, meistens Eltern haben. Sie sind ebenfalls eine Selbsthilfegruppe, die sich vor allem um die sozialen Konsequenzen des Alkoholismus bekümmert, der den Heranwachsenden oft schwere Lasten aufbürdet. Im besonderen sei hier die Scham erwähnt, die solche Kinder wegen des Verhaltens ihrer Eltern empfinden, eine Scham, die zuweilen zu Lügen führen kann. Sie fühlen, daß sie vor ihren Kameraden nicht bestehen können und werten damit nicht nur ihre Eltern, sondern auch sich selbst ab.

Die AA sind der Prototyp der Selbsthilfegruppen geworden, besonders derjenigen im Suchtbereich. Ihre Wirksamkeit als Gruppe besteht im gegenseitigen Verständnis und der gegenseitigen Unterstützung in der Absicht, nüchtern zu bleiben, die ohne Moralisieren von Außenseitern erreicht wird. Ihre Ideologie bietet viel nützliche Orientierungsmöglichkeiten, die von Psychotherapeuten unterschrieben werden können. Z.B. findet sich als einer der Schritte das sogenannte »moral inventory«, (ein inneres Inventar) oder die Besinnung, bei der man sich über sich selbst klar wird, sich Rechenschaft gibt über das bisherige Leben und Pläne macht für die Zukunft. Dies geschieht mit einer andern Person zusammen und entspricht einer verbindlichen, therapieähnlichen Sitzung.

Der zwölfte und letzte Schritt endlich gilt der Hilfe für andere, die mit Alkoholproblemen kämpfen. Dieser Schritt soll nicht frühzeitig erfolgen und damit die grandiosen Ideen des noch wenig geförderten Alkoholikers bestärken, sondern eine natürliche Hilfeleistung am Mitmenschen sein, nachdem er oder sie selbst eine gewisse Reife und Selbstlosigkeit erlangt hat.

Die Selbsthilfe, d. h. die Hilfe durch andere Betroffene, wird zum zentralen Punkt jeder Hilfeleistung. Die meistenteils demokratische Organisation der Selbsthilfegruppen gibt jeder und jedem Gelegenheit, sich zu profilieren und sein Selbstgefühl zu stärken.

Suchtgruppen in den Bereichen der *Medikamentenabhängigkeit* werden nach dem Modell der AA geleitet. Die Behandlung ist aber komplizierter. Zur Abhängigkeit führende Medikamente, wie etwa Benzodiazepine oder andere Sedativa, wurden in der Regel von Ärzten verschrieben. Aus einer beabsichtigten kurzfristigen Behandlung wurde der Dauerkonsum. Medikamentenabhängige haben ein Talent, sich bei vielen Ärzten und Apotheken einzudecken. Mit der Zeit führt der Gebrauch von benzodiazepinhaltigen Produkten bei zur Sucht prädisponierten Menschen zu einer merklichen Depression, die sich zuletzt in Suizidversuchen manifestieren kann. Die Entgiftung, meist in einer Klinik, und die anschließende Entwöhnung ist spätestens dann angezeigt.

Drogenabhängige werden in der Regel in Gruppen behandelt. Die Techniken der Erfassung der Gruppenmitglieder sind sehr verschieden und hängen von der Verfügbarkeit der Drogenberatungsstellen ab. Der Kontakt kann informell beginnen in einer als »Drop-In« oder »Kontakt« bezeichneten Anlaufstelle. Dort wird Beihilfe zur Resozialisierung geleistet. Wenn die Motivation zur Entwöhnung von der Droge vorhanden ist, bieten sich mehr oder weniger formell strukturierte Gruppen an, die einer beschränkt oder unbeschränkt dauernden Gruppenpsychotherapie sehr ähnlich werden.

Die Gruppentherapie aller Substanzabhängigen kennt eine große Vielfalt von Ansätzen. Sie gehen aus von der einfachsten Sozialisierungsgruppe, über verhaltensorientierte Gruppen (AA z. B. hat ein klares Verhaltensziel) bis zu zeitbegrenzten oder sogar zeitunbegrenzten Gruppen, die Einsicht in die eigene Problematik vermitteln helfen und zur Individualisierung und Heranreifung des vormals abhängigen Individuums beitragen. Die totale Therapie einer therapeutischen Wohngemeinschaft ist oft vonnöten, um die gesamte Lebenshaltung des Substanzabhängigen zu verändern.

Gruppenmethoden im Bereich der Rehabilitation von Strafgefangenen

Im Zuge der Humanisierung des Strafvollzugs wurde die Frge immer wieder gestellt, ob und welche Straftäter krank oder persönlichkeitsgestört sind. Psychiatrisch orientierte Rehabilitationsmaßnahmen wurden entwickelt, vor allem sozialpädagogischer und sozialtherapeutischer Art. Einzelpsychotherapie durch Therapeuten von außen wurde versucht. Von einigen außergewöhnlichen Erfolgen abgesehen, entstand aber immer wieder die Situation, daß der Straftäter sich mit der Therapie nicht innerlich zu verändern suchte, sondern den Therapeuten benützen wollte, um seine äußeren Lebensumstände im Gefängnis zu verbessern. Er nutzte seine soziale Kompetenz; versuchte einen Konflikt zwischen der Anstalt und dem externen Therapeuten zu schüren, der die Umstände im Gefängnis nicht kannte und verständlicherweise ebenso verabscheute wie der Gefangene selber. Therapeutische Arbeit konnte kaum stattfinden. Sie hätte aus der Sicht der Anstalt dazu dienen müssen, den Insassen an das bestehende System anzupassen – eine fragliche Aufgabe. Dabei wuchsen Ärger und Verwirrung auf der Anstaltsseite und Hilflosigkeit auf der Seite des Therapeuten. Von therapeutischer Seite wirkt die Vorstellung naiv, daß die Behandlung Straffälliger ebenso verlaufen könne, wie die anderer Patienten. Die Sache ist ähnlich wie bei Adoleszenten:»Wenn der Therapeut nichts Gutes bringen kann, das mir *jetzt* hilft, dann brauche ich keine wohlgemeinten Worte.«

In der Gruppentherapie sind die Ausgangsbedingungen andere. Hier sitzen neben dem potentiell manipulierbaren Therapeuten andere Straftäter in der gleichen Lage. Sie würden es kaum erlauben, daß einer etwas bekommt, was der andere nicht hat. Auf diese Weise werden Konflikte mit den Anstaltsautoritäten nicht direkt ausagiert, sondern zum Thema innerhalb der Gruppe. Die Gruppe bietet die Möglichkeit, die sozialen Schwierigkeiten nicht nur gegenüber den Autoritäten oder der Gesellschaft zu sehen, sondern auch mit den Kameraden. Erstes Lernziel in der Gruppe ist, *miteinander auszukommen*. Beschränkte Selbsthilfe ist möglich. Wenn der Therapeut geschickt ist, kann er ein *Sozialtraining* durchführen. Das Verhalten der einzelnen wird als *Rollenverhalten* in der Gruppe erkannt und damit zur sozialen Selbsterfahrung (s. Bild Fig. 9, S. 69).

Derartige Gruppen sind an einigen Orten mit Erfolg eingesetzt worden. Der Therapeut grenzt sich schon am Anfang von der Institution ab. Er akzeptiert die Schweigepflicht, läßt aber keinen Zweifel daran, daß er sprechen wird, wenn Gewalt gegen andere oder gegen sich selbst (Suizid) angedroht, oder wenn ein Ausbruch geplant wird. Die Gruppen können in freiwilliger Form oder verpflichtend angeboten werden. Erfahrungen im Staate Massachusetts der Vereinigten Staaten haben ergeben, daß bei einem offenen Beratungsangebot 75 % der Sträflinge das Angebot für kürzere oder längere Zeit nutzen (N. NEIBERG, persönliche Auskunft). Die Evaluation sozialtherapeutischer Ansätze weist auch im deutschen Sprachraum darauf hin, daß solche Therapiekonzepte die Rückfälligkeit verringern können. Die Ergebnisse waren jedoch nicht überwältigend wie erwartet. Mehrere Untersucher weisen darauf hin, daß in den Konzepten nur ein Ausschnitt des Systems einbezogen wurde, z. B. nur die Gruppentherapie oder die Wohn-

222 Anwendungsformen der Gruppentherapie im psychiatrischen Alltag

gruppe und nicht die ganze Institution (STELLER, DAHLE, BASQUÉ (Hrsg.) 1993).

Eine Weiterführung dieser Therapiekonzepte für Strafgefangene bietet die *therapeutische Gemeinschaft* im Maßregelvollzug (LOBOS 1983). Wenn man den üblichen Konflikt zwischen Gefangenen und Gefängnisautorität und die verwirrenden und nutzlosen Spiele mit auswärtigen Therapeuten vermeiden will, *muß die ganze Institution therapeutisch gestaltet* werden. Damit muß auch das Personal daran teilhaben (BUNDI 1996). Die Institution zeigt dann nicht mehr die Spaltung zwischen Wärtern auf der einen Seite und Gefangenen auf der anderen, sondern ist eine totale Gemeinschaft, bei der alle versuchen, ihr Verhalten zu verbessern und innere Reifung zu erlangen. Niemand ist perfekt und weiß schon alles, alle sind sich einig in der Aufgabe, voneinander zu lernen. Jedes Verhalten wird, wie in therapeutischen Gemeinschaften üblich, durch die Gruppe reflektiert. Es besteht zwar eine gewisse Freiheit – Gitter sind nicht mehr nötig –, aber es besteht auch letztliche Verantwortung für das eigene Verhalten, sei es nun destruktiv oder konstruktiv.

Der dieser Art therapeutischen Gemeinschaft zugrundeliegende Gedanke ist der, daß Straftäter durch ihr Verhalten von der Gesellschaft schon verurteilt und ausgeschlossen sind, lange bevor sie vom Gericht für ihr gegenwärtiges Verbrechen verurteilt wurden. Sie haben durch Familie oder Umfeld schon dauernd Zurückweisungen und Verletzungen erfahren, was sie zu weiterem aggressivem Verhalten veranlaßte. Um diesem Teufelskreis zu entkommen, bedarf es der *geschützten Gesellschaft*, die nicht so reagiert wie die Gesellschaft draußen, also nicht die früheren Verwundungen wiederholt. Sie soll aggressives Verhalten nicht mit Ausschließung quittieren, sondern durch die Gruppe versuchen, das Verhalten sowie die daraus folgenden Konsequenzen durchsichtig zu machen.

Soweit der Gedanke, die Ideologie, die einer Rehabilitation von Straftätern in einer therapeutischen Gemeinschaft zugrunde liegt. Es mag utopisch klingen, und die praktische Ausführung eines solchen Projektes ist beinahe eine »mission impossible« – ein Ding der Unmöglichkeit. Viel erzieherische Arbeit mit allem Personal ist nötig, Frustrationen sind immer vorhanden, aber mit der Zeit bringt die therapeutische Gemeinschaft als eine *totale Therapie* Resultate, die anderweitig nicht erreicht werden können (LOBOS 1993).

Während andere Arbeitserziehungsanstalten im Maßnahmenvollzug nur geringe Erfolge und hohe Rückfallquoten berichten, konnte eine auf das therapeutische Milieu ausgerichtete und durch einen besonders geschickten Psychiater geleitete Anstalt über die Hälfte ihrer Eingewiesenen rehabilitieren. Ein bemerkenswerter Umstand ist auch, daß die früheren Insassen dieser Institution ihren Aufenthalt dort nicht als Absitzen einer Strafe erlebten, sondern als eine positive und sie verändernde Lebenserfahrung. Sie leugneten ihre Erfahrung nicht und zeigten sich stolz darauf, Insassen ihrer Institution gewesen zu sein.

Das Ideal der totalen Therapie der Delinquenten ist eine sehr aufwendige und ebenso delikate Angelegenheit. Sie erfordert neben Glück, viel Sachkenntnis und Verständnis seitens der Leiter und auch der übergeordneten juristischen Behörden. Jede Gruppe, auch eine therapeutische Gemeinschaft, findet in einem weiteren Umfeld statt, dem Rechnung getragen werden muß. Dies beginnt mit der Therapiegruppe im Spital, dessen Leitung es akzeptieren muß, daß so gearbeitet wird, und geht bis zur therapeutischen Gemeinschaft im Rahmen z. B. der Drogenpolitik. Die gewählte Regierung muß deren Funktion anerkennen, verstehen, akzeptieren und unterstützen.

Gruppenmethoden im Bereich der Ausbildung (Schulen, Erwachsenenbildung, Seminarangebote für Lebensprobleme)

In der *Schule* fallen Probleme von Kindern und Halbwüchsigen häufig zuerst auf. Lehrerinnen bemerken vor den Eltern, daß mit dem Sohn oder der Tochter etwas nicht stimmt. Wir denken etwa an ausgeprägte Aggressionen anderen Kindern gegenüber, dann aber auch an Lernschwierigkeiten, am Leistungsniveau unter den eigenen Möglichkeiten, Isolation etc. Ist das Problem erkannt, wird die notwendige Therapie, einzeln oder in der Familie, vom Experten angeboten. Kindergruppen sind hier eine Möglichkeit unter anderen.

Wo eine gemeindenahe sozialpsychiatrische Versorgung besteht, ist es auch möglich, *in der Schule selbst* gewisse Funktionen wahrzunehmen. Eine sozialpsychiatrische Stelle kann Kriseninterventionen anbieten und damit den Lehrern eine gewisse Sicherheit im Umgang mit Kindern und Eltern vermitteln. Sie kann auch Weiterbildungen veranstalten, um den Lehrern die normale psychologische Entwicklung des Kindes und die Psychopathologie des Kindesalters näherzubringen, von der in den Lehrerinnenausbildungen wenig gesprochen wird. Sie kann endlich auch verschiedene andere Gruppenfunktionen wahrnehmen. Beispiele sind Diskussionsgruppen mit Teenagern, in denen alle Fragen zur Sprache kommen, für die die Lehrer keine Zeit oder kein Interesse haben, wie Alkoholgebrauch, Sex, Drogen und Delinquenz.

Die Wirkung einer derartigen Gruppe, die durch eine psychiatrisch gut geschulte Heilpädagogin zusammen mit einer Lehrerin als Beisitzerin geführt wurde, war, daß mit der Zeit mehrere Lehrer auf die dringenden Anliegen der Jungen aufmerksam wurden und besser lernten, auf das zu hören, was die Kinder ihnen zu sagen hatten.

Eine eigentliche Gruppentherapie konnte mit sechs 12-13jährigen Jungen durchgeführt werden, die als »prädelinquent« oder jedenfalls durch Disziplinprobleme aufgefallen waren. Die Therapie fand während der Schulzeit und im Schulgebäude statt und war verpflichtend. Bei der ersten Evaluation fiel auf, daß alle sechs die Vaterfigur in ihren Zeichnungen wegließen. Biographisch stellte sich heraus, daß zwei der Väter Suizid begangen hatten, drei wegen Scheidung abwesend waren und einer eine randständige Rolle in der Familie spielte.

Die Gruppe wurde von einem älteren Psychiater und einer Heilpädagogin gemeinsam geführt und verlief in den von einer Adoleszentengruppe zu erwartenden Bahnen. Wegen der hohen Motorik der Jungen mußten Ballspiele gemacht werden. Erfrischungen wurden zum Gesprächsteil mitgebracht. Ein bezeichnender Vorfall fand am Anfang statt: Die Jungen baten die Heilpädagogin, das Erfrischungsgetränk einzugießen, denn, wenn sie es selber täten, gäbe es keine Gerechtigkeit und vielleicht eine große Unordnung. Am Ende der Gruppe, nach einigen Monaten, hatten sie alle gelernt, sich selber zu versorgen ohne andere zu benachteiligen . . . Fluchtversuche aus den Sitzungen gab es natürlich auch. Der nicht ausgesprochene aber ausagierte Wunsch war, vom »Vater«, dem älteren Therapeuten, entdeckt und zurückgebracht zu werden, am besten mit viel körperlichem Kontakt. Sehr bald standen auch Fragen der Familien und der eigenen Entwicklung zur Diskussion. Viele Aussagen wurden nur bruchstückhaft in die Runde geworfen. Trotz (oder vielleicht wegen?) des zuweilen chaotisch anmutenden Verlaufes der Gruppe war das Feedback von der Schule nach ein paar Monaten, daß sich eine deutliche Besserung eingestellt hatte. Der wichtige Entwicklungsschritt der männlichen Frühadoleszenz, Angenommen-Werden von Gleichgeschlechtlichen (auch vom Vater), war für die Jungen möglich geworden.

Der Wert der Gruppen in der *Erwachsenenbildung* und der Hilfe bei Lebensproblemen wurde schon besprochen. Die Verwandtschaft von pädagogisch-orientierten Gruppen und therapeutischen Gruppen ist durchaus vorhanden, jedoch sollte die Rolle des Lehrers nicht zugunsten einer »therapeutischen« Haltung aufgegeben werden, ohne daß dabei der Unterschied zwischen Lernen und »Therapiert-Werden« verdeutlicht wird. Am deutlichsten kann sich dies bei der Beantwortung von Fragen zeigen. Die Seminarlehrerin bemerkt natürlich, wenn sie auch Therapeutin ist, den neurotischen Beitrag des Fragenden, kann diesen aber nicht ansprechen, sondern muß sich zunächst mit dem Inhalt der Frage auseinandersetzen. Erst nach guter Vorbereitung und nur mit dem Einverständnis der Teilnehmerinnen wird es möglich, deren eigene Beiträge zum Problem der Fragenden in einer quasi therapeutischen Weise anzugehen. »Wilde« Therapie, die von psychiatrisch Tätigen in Lehrveranstaltungen zuweilen eingebracht wird, verfehlt meistens das Ziel und kann zu narzißtischen Verletzungen führen.

Spezifische Sensibilisierung und Ausbildung für Gruppenprozesse (Trainingsgruppen, Selbsterfahrungsgruppen für die Ausbildung in Gruppenarbeit oder im gesamten Gebiet der Therapien und der Pflege)

Erfahrungen in Gruppen, gewissermaßen »am eigenen Leib«, sind seit den fünfziger Jahren bekannt und zum Teil beliebt. Viele Psychotherapieausbildungen haben die Selbsterfahrung übernommen und bieten sie den Auszubildenden in Analogie zur psychoanalytischen Lehranalyse an. Auch Assistentinnen in der Psychiatrie oder angehende Psychologen haben oft eine Gruppenerfahrung als Teil ihres Curriculums zu absolvieren. Meistens sind diese Gruppenerfahrungen von beschränkter Dauer, z. B. 12 oder auch 20 Sitzungen von je anderthalb Stunden, oft durch den Semesterablauf bestimmt.

Die Selbsterfahrungsgruppe ist nicht als therapeutisch, sondern als Ausbildung gedacht. Der Akzent liegt auf der Interaktion im »Hier und Jetzt«. Was geschieht, wenn eine Gruppe versucht, bewußt zu beobachten, was innerhalb ihres Kreises vorfällt, wenn sie sich mit ihrem Zusammensein auseinandersetzen muß? Die üblichen Gruppenmanöver, die uns vom Anfangsstadium der Gruppe bekannt sind (s. Kap. 5), kommen zum Tragen und werden als mehr oder weniger schmerzlich oder auch erleichternd erlebt. Einsicht in das eigene Rollenverhalten ist der Hauptgewinn einer solchen Gruppe und unterscheidet diejenigen, die eine Gruppe mitgemacht haben von anderen, die vielleicht ebenso geschickt und mächtig sind, aber ihre eigene soziale Rolle nie reflektiert haben.

Gefahr besteht, wenn eine derartige Gruppenfunktion eine absolute Verpflichtung ist. Es gibt Menschen, die sich vom Gruppenprozeß sehr bedroht fühlen und nicht mitmachen können. Dies sind nicht Psychosekranke oder Borderline-Persönlichkeisgestörte. Letztere reagieren auf Gruppenprozesse sehr gut. Es sind viel eher Menschen, die ein Geheimnis mit sich tragen, dessen Offenlegung sie befürchten, also solche, die etwas abzuleugnen oder zu verbergen haben, wie etwa eine Schuld oder Scham von früher her. »Gruppenversagen«, das sich im besonderen als akute depressive Störung manifestiert, kann auftreten, wenn plötzlich Unverarbeitetes aus der Vergangenheit zum Vorschein kommt.

> Eine 37jährige verwitwete Frau nahm an einer zehntägigen Selbsterfahrungsgruppe, verbunden mit einem gruppendynamischem Workshop, teil und brach aus zunächst unerfindlichen Gründen nach einigen Tagen zusammen, mit dauerndem Weinen und großer Hilflosigkeit. Es zeigte sich, daß sie ihren Ehemann, als erst kurz Verheiratete, elf Jahre zuvor bei einem Wassersport-Unfall verloren hatte. Sie konnte damals nicht trauern, sondern lebte für längere Zeit in einem etwas entrückten und irrealen Zustand. Eine zeitweilige Einzelpsychotherapie hatte nur wenig geholfen. Die Gruppe brachte ihr die andauernde Präsenz ihres schweren Erlebnisses nahe. Mit zwei zusätzlichen Krisengesprächen konnte sie ihre Gruppenerfahrung bis zum Ende durchhalten und fühlte sich später viel stärker.

Zusammenfassend wird die Gruppenerfahrung als wesentliche Bereicherung der Ausbildung erlebt, ob sie nun Psychiaterin, ob er Psychologe, Krankenpfleger, ob sie Ergotherapeutin ist, oder einen anderen Beruf hat, in dem sie mit Menschen zu tun hat.

Literatur

ANGERMEYER, M.C.; FINZEN, A. (1984): Die Angehörigengruppe – Familien mit psychisch Kranken auf dem Weg zur Selbsthilfe. Ferdinand Enke Verlag, Stuttgart

BUNDI, H.P. (1996): „Im Knast habe ich die Freiheit gelernt". Die Geschichte des Arxhofes. Rotpunkt Verlag, Zürich

CHRIST, J. (1975): On the intake or diagnostic group. In: Gruppentherapie und Soziale Umwelt. UCHTENHAGEN, A., BATTEGAY, R. und FRIEDEMANN, A. (Hrsg.): Hans Huber, Bern Stuttgart, Wien, 41-46

CHRIST, J. (1985): Gruppentherapie in der sozialpsychiatrischen Nachsorge. Gruppenpsychotherapie und Gruppendynamik Band 21, Heft 2, 113-124

CSISY-BOUTOUD, M., HOFFMANN-RICHTER, U., KEEL, P., FINZEN, A. (1997 im Druck): Pflegegestützte ambulante Nachsorge: Reduktion der Hospitalisierungs- und der Suizidversuchsrate bei Psychosekranken. Psychiatrische Praxis

CRAMER-AZIMA, F. und RICHMOND, L. (1993): Adolescent Group Psychotherapy. Monograph 4 of the American. Group Psychotherapy Association. International University Press, Madison CT. USA

DEGER-ERLENMAIER, H. (Hrsg.) (1992): Wenn nichts mehr ist, wie es war . . . Angehörige psychisch Kranker bewältigen ihr Leben. Psychiatrie-Verlag, Bonn

ESTROFF, S.E. (1981): Making it Crazy. An Ethnography of Psychiatric Clients in an American Community. University of California Press, Berkeley, Los Angeles, London

JACOBS, M.A. (1967): Structuring and limit setting as techniques in the group treatment of adolescent delinquents. Community Mental Health Journal, Vol. 3, No. 3, 237-244

KAYSER, H., H. KRÜGER, K. DAMASCHKE, C. HAERLIN; K. HOLLAND-MORITZ-KRÜGER; E. LELLAU; V. MÄVERS; P. PETERSEN; M. ROHDE; H.-K. ROSE; G. THEINE; A. VELTIN; V. ZUMPE (1981): Gruppenarbeit in der Psychiatrie. Thieme, Stuttgart

KERNBERG, O. (1980): Regression in Group. In: Internal world and external reality. Jason Aronson, New York und London, 211

KIELSTEIN, V. (1991): Indikationskriterien und Prinzipien der ambulant/tagesklinischen Therapie von Alkholkranken. SUCHT 37, 114-120

KIESERG, A. und HORNUNG, W.P. (Hrsg.) (1994): Psychoedukatives Training für schizophrene Patienten (PTS). Materialie Nr. 27. dgvt-Verlag. Tübingen, 2. Auflage 1995

Lobos, R. (1983): Psychotherapie delinquenter Jugendlicher: Struktureller Hintergrund. Ein Schweizer Modell, In: Praxis der Psychotherapie und Psychosomatik. 1. Bd. 28, Springer Verlag, Wien/New York

Lobos, R. (1993): Delinquenz als Ausdruck des Narzissmus und Borderline-Leidens. Institutionelle und einzeltherapeutische Behandlungselemente. In: Psche, I. 47. Jahrg. Klett-Cotta, Stuttgart

Mann , J. (1978): Psychotherapie in 12 Stunden. Zeitbegrenzung als therapeutisches Instrument. Walter V., Freiburg/Br.

Mattke, D., Tschuschke, V., Greve, W., Rudnitzki, G., Wolpert, E. (1996): Gruppenpsychotherapie in der Psychiatrie – Ergebnisse einer Pilotstudie und Perspektiven. In: Psychiatrische Praxis 23, 126–131

Peck, H. (1957): An application of group therapy to the intake process. American Journ. of Orthopsychiatry Vol. 23, 338

Plessen, U., Postzich, M. Wilkman (1985): Zur Bedeutung expertengeleiteter Angehörigengruppen in der Psychiatrie. Psychiatrische Praxis 12, 43-47

Pott, W. (1996): Die Angehörigen-Gruppe bei schizophrenen Erkrankungen. Psychiatrische Praxis 23, 219–225

Pratt, J.H. (1963): The tuberculosis class: an experiment in home treatment. Abgedruckt in: Rosenbaum, M. und Berger, M. (Hrsg.): Group Psychotherapy and Group Function. Basic Books, New York und London, 111-122

Revenstorf, D. (1993): Gruppen-, Paar- und Familientherapie. Bd. 4 der Psychotherapeutischen Verfahren. 2. Auflage, Kohlhammer, Stuttgart

Riester, A.E. und Kraft, I. (1993): Child Group Psychotherapy. Monograph 5 of the American Group Psychotherapy Association. International Universities Press, Madison CT. USA

Rodenhauser, P. und Stone, W.N. (1993): Combining psychopharmaco-therapy and group psychotherapy. Problems and advantages. Int. Journ. of Group Psychotherapy. Vol. 43, No. 1, 11

Roder, V., Brenner, H.D., Kienzle, N. und Hodel, B. (Hrsg.) (1995): IPT Integriertes Psychologisches Therapieprogramm für schizophrene Patienten. Beltz Psychologie Verlags Union, Weinheim

Sandner, D. (Hrsg.) (1986): Analytische Gruppentherapie mit Schizophrenen. Vandenhoeck & Ruprecht, Göttingen

Schwoon, D.R., Veltrup, C. und A. Gehlen (1989): Ein mehrstufiges Behandlungsangebot für Alkoholkranke: Inanspruchnahme und Behandlungsergebnisse. Psychiatrische Praxis 16, 161-170

SIMON, H. (1979): Zit. N. SCHNIDLER, R.: Gruppenpsychotherapie auf psychiatrisch-klinischen Stationen. Die Psychologie des 20.Jahrhunderts. VIII, 938-944, Zürich

STELLER, M., DAHLE, K.-P. und BASQUÉ, M. (Hrsg.) (1994) Straftäterbehandlung. Centaurus-Verlagsgesellschaft, Pfaffenweiler

STONE, A.E., PARLOFF, M.B. und FRANK, J.D. (1954): The use of »diagnostic« groups in a group therapy program. Int. Jour. of Group Psychotherapy, Vol. 4, 274

STRAUSS, B. und BURGMEYER-LOHSE, M. (1994): Stationäre Langzeitgruppentherapie. Ein Beitrag zur empirischen Psychotherapie-Forschung im stationären Feld. Asanger, Heidelberg

WIENBERG, G., SCHÜNEMANN-WURMTHALER, S. und SIBUM, B. (1995): Schizophrenie zum Thema machen. Psychoedukative Gruppenarbeit mit schizophren und schizoaffektiv erkrankten Menschen/PEGASUS. Manual. Psychiatrie-Verlag

YALOM, I.D. (1989): Existentielle Psychotherapie. Edition Humanistische Psychologie, Köln. Orginalausgabe (1980): Existential Psychotherapy, Basic Books, New York

14. Nachbetrachtung:
Werte und Ideologien

Unser Ziel war es, Gruppenprozesse als allgemeines Phänomen zu beschreiben und für die klinische Arbeit nutzbar zu machen. Wir haben dabei keine bestimmte Therapieform bevorzugt, sind uns aber bewußt, daß wir als Autor und Autorin sozialpsychiatrisch und psychoanalytisch geprägt sind. Werte und Normen sind zur Orientierung unerläßlich. Das gilt auch für Gruppen. Wenn die Gruppenleiterin Strukturen festlegt, wenn der Leiter im Verlauf des Prozesses Persönlichkeitszüge von sich offenbart, tragen beide ihre persönlichen Werte in die Gruppe hinein. Sie prägen die für alle Mitglieder gültigen Normen wesentlich. Es ist naiv anzunehmen, daß der Gruppenleiter »neutral« sein könnte. Seine Persönlichkeitszüge werden in der Gruppe schneller und deutlicher sichtbar als in der Einzeltherapie. Persönliche Kommentare sind nicht zufällig in der Gruppentherapie weniger verpönt als in der Einzelbehandlung.

Für die erfolgreiche Gruppenbehandlung ist nicht entscheidend, was die Therapeutin persönliches zu berichten hat – ob sie verheiratet ist oder nicht, wie sie lebt, ob sie Kinder hat ... Entscheidend ist der Zeitpunkt, die Gelegenheit und die Art der Darstellung. Persönliches der Leiterin bewegt sich zwischen Herstellung emotionaler Nähe mit den Mitgliedern und Ausnutzen der Gruppe für persönliche Probleme. In analoger Weise gibt es keine allgemeingültig »gute« oder »richtige« Umgangsweise mit der eigenen theoretischen und weltanschaulichen Orientierung. Leitlinien gibt es allemal:

Für die Mitglieder sollte die theoretische Orientierung spätestens dann deutlich werden, wenn sie danach fragen. Auseinandersetzungen mit dem praktizierenden therapeutischen Ansatz sind nur möglich, wenn klar ist, worum es geht. Weder therapeutische Theorie noch persönliche Weltanschauung sollten als Glaubensbekenntnis propagiert werden, dem sich die Mitglieder anzuschließen haben.

Die Atmosphäre der Offenheit, eigene Vorstellungen einzubringen, sich denen anderer anzuschließen oder sich von ihnen abzugrenzen, muß möglich sein, ohne daß die Angst vor dem Auseinanderfallen der

Gruppe die Themen dominiert. Dies gilt sowohl für Fragen des Glaubens oder der lebensweltlichen Orientierung wie für die Alltäglichkeiten der Gruppe – ob ein Mitglied zu einer bestimmten Frage etwas sagen möchte oder nicht. Auch die Freiheit, die eigenen Gefühle auszudrücken, kann nicht verordnet werden. Für den Gruppenprozeß unerläßlich ist die Unterstützung der Gemeinsamkeit, des Verbindenden. Das bedeutet aber nicht, daß alle gleich denken, fühlen handeln oder sich entscheiden müssen.

Ein neuer Text über Gruppenpsychotherapie aus den USA beginnt mit den uns von PLATO überlieferten Dialogen des SOKRATES (ETTIN 1992). Ohne viel Zwang können in der Tat die Gruppen der Philosophie-Schüler auf der athenischen Agora mit unseren persönlichkeitsfördernden, langfristigen Gruppenpsychotherapien verglichen werden. Beide Male wollen motivierte Menschen etwas Neues kennenlernen, im einen Falle die Welt der Gedanken und Ideen, im anderen Falle das Fühlen und Denken des eigenen Selbst. In beiden Fällen sind Gesellschaft und menschliche Beziehungen (einschließlich der Selbstkenntnis) ein vordringliches Thema. Zur guten Gruppenpsychotherapie wie zur Philosophie gehört das gemeinsame Suchen nach der Wahrheit. In einer offenen Atmosphäre entsteht neben dem Verständnis noch die emotionale Sicherheit, die von einem begnadeten Lehrer, einer guten Therapeutin oder von der Gruppe selbst ausgehen kann.

Die Sozialpsychiatrie hat zwar die natürlichen Gruppen nicht erfunden, vielleicht nicht einmal wiederentdeckt, jedoch hat sie sie in den psychiatrischen Diskurs einbezogen. Die sozialpsychiatrische Leiterin natürlicher Gruppen, wie etwa Selbsthilfegruppen, ist nicht Gründerin oder Schöpferin einer neuen Gruppe, sie ist vielmehr zugezogen, um der Gruppe zu ihrem Ziel und Zweck zu verhelfen. Die Kohäsion ist nicht durch die Leiterin gegeben, sondern auf den beabsichtigten Zweck gerichtet. Das Abhängigkeitsproblem ist viel geringer als in der Gruppenpsychotherapie.

Das Wissen um Gruppen ist deshalb nicht allein psychiatrisches Anliegen. Die moderne interdisziplinäre und sozialpsychiatrisch orientierte Psychiatrie sollte sich zum Anliegen machen, »die Gruppe« in allen ihren Aspekten zu untersuchen.

Die Zukunft der Gruppentherapie ist noch ungewiß. Nach einer gewissen Blütezeit in den 60er und 70er Jahren, scheint das Interesse an der Gruppenpsychotherapie erlahmt zu sein. Eine aktuelle Erhebung belegt jedoch, daß Gruppentherapie in den psychiatrischen Institutionen einen hohen Stellenwert hat: Aus der Umfrage im Auftrag der DGPPN (Deutsche Gesellschaft für Psychiatrie, Psychotherapie und Nervenheilkunde) 1994 ging hervor, daß die am häufigsten vertretenen Gruppen soziotherapeutische sind. Die Autoren fassen sie als »Aktionsgruppen« und »Problem- und konfliktorientierte Aussprachegruppen«. Sie sind in 90-95 % der antwortenden Kliniken vertreten. Spezielle Therapieformen werden zwischen 35-75 % angeboten. Leider geht aus der Untersuchung nicht hervor, wie und für welche Kliniken die Umfrage repräsentativ ist. Auch als richtungsweisendes Ergebnis bestätigt die Erhebung unsere eingangs betonte Annahme, daß Gruppen in dieser Form so selbstverständlich in den klinischen Alltag eingegangen sind, dass über sie kaum nachgedacht wird. Die Autoren verstehen ihre Erhebung als Beitrag zur zukünftigen Förderung der Gruppentherapie in Wissenschaft, Klinik und Lehre. Auch betonen sie, daß gerade hier das ideale Feld für die Integration psychotherapeutischer Arbeit in psychiatrische Einrichtungen gegeben ist. Dem können wir uns nur anschließen. Wir verstehen dieses Buch als Beitrag zur Ausbildung und Hilfe im klinischen Alltag.

Literatur

ETTIN, M. (1992): Foundations and Applications of Group: Psychotherapy. Ally and Bacors, Boston, London, Toronto

KAYSER, H. et al. (1981): Gruppenarbeit in der Psychiatrie. Thieme, Stuttgart

MATTKE, D., TSCHUSCHKE, V., GREVE, W., RUDNITZKI, G., und WOLPERT, E. (1996): Gruppenpsychotherapie in der Psychiatrie – Ergebnisse einer Pilotstudie und Perspektiven. In: Psychiatrische Praxis 23, 126-131

Empfohlene Zeitschriften und Publikationen zur Gruppentherapie

FORUM SUPERVISION, edition diskord

GRUPPENPSYCHOTHERAPIE UND GRUPPENDYNAMIK, Vandenhoeck und Ruprecht

INTERNATIONAL JOURNAL OF GROUP-PSYCHOTHERAPY, The Guildford Press New York & London

PSYCHIATRISCHE PRAXIS, Thieme Verlag

DIE PSYCHOTHERAPEUTIN, Edition Das Narrenschiff im Psychiatrie-Verlag

SOZIALPSYCHIATRISCHE INFORMATIONEN, Psychiatrie-Verlag

Stichwortverzeichnis

Thomas Keller/Nils Greve (Hg.)

Systemische Praxis in der Psychiatrie

»Die systemische Therapie etablierte sich schon zu Beginn ihrer Entwicklung vor nunmehr 50 Jahren dort, wo sich überwiegend chronische Patienten ansammelten. Auch die Autorinnen und Autoren dieses Buches fanden ihr Tätigkeitsfeld eher auf den »Abstellplätzen« der Psychiatrie. Sie geben in bester systemischer Tradition den direkten Blick in ihre therapeutische »Werkstatt« frei. Sie vermitteln, daß systemisches Arbeiten erstaunlich erfolgreich sein und Spaß machen kann.Vielleicht wird der Band Zeichen setzen für einen systemischen Neubeginn in der Psychiatrie. Gewiß aber ist er ein Tonikum für alle, die in der Routine ihres psychiatrischen Alltags nach starken positiven Reizen suchen.« (Aus dem Vorwort von Helm Stierlin)
Dieser Band gibt einen spannenden Überblick über den derzeitigen Stand des systemischen Denkens und Handelns in der Psychiatrie der Bundesrepublik sowie einen Einblick in die Praxis amerikanischer und europäischer Systemiker.

Mit Beiträgen von:
Tom Andersen • Harlene D. Anderson • Daniel Blymyer • Judith A. Booker • Luigi Boscolo • Gianfranco Cecchin • Klaus G. Deissler • Laura Fruggeri u.a. • Anne Gerlach • Nils Greve • Ivar Hartviksen • Thomas Keller • Peter Kruckenberg • Kurt Ludewig • Wilhelm Rotthaus • Jochen Schweitzer-Rothers • Jaako Seikkula • Steve de Shazer • Carlos E. Sluzki

»Ich halte dieses Buch für einen bahnbrechenden Beitrag sowohl für das sozialpsychiatrische wie für das systemische Feld. Eine derart umfassende Diskussion der Möglichkeiten systemischen Arbeitens im Kontext der (Versorgungs-)Psychiatrie wird für den deutschsprachigen Raum hiermit erstmals vorgelegt.«   *Dr. Tom Hegemann*

ISBN 3-88414-186-4, 425 Seiten, 39.80 DM

Psychiatrie-Verlag • Thomas-Mann-Str. 49a • 53111 Bonn

Manfred Zaumseil/Klaus Leferink (Hg.)

Schizophrenie in der Moderne
Modernisierung der Schizophrenie

Es bedeutet heute etwas anderes, psychisch krank oder gesund zu sein, als noch vor wenigen Jahren. Es bedeutet ebenfalls etwas anderes, sich als psychisch krank oder gesund zu verstehen und gesellschaftlich entsprechend behandelt zu werden. Der Umgang mit psychisch Kranken, das Verständnis ihrer Probleme und auch das Selbstverständnis der Normalen und der Professionellen haben sich in den letzten Jahrzehnten ebenso unmerklich wie tiefgreifend gewandelt.

Es ist, mit einem Wort, »moderner« geworden. Dies ist kein isolierter Wandel gewesen; er ist eng verknüpft mit allgemeinen Veränderungen unserer Lebensformen, mit veränderten Vorstellungen über Gesundheit und Krankheit, Normalität und Abweichung. Die AutorInnen legen mit diesem Buch eine Studie vor, die sozialwissenschaftlich fundiert ist, in der die Kranken, ihre Angehörigen und ihre Therapeuten ausführlich zu Wort kommen. Ein Buch, das fasziniert und das zu denken gibt.

Aus dem Inhalt:

- Leferink: Sympathie mit der Schizophrenie – Die Moderne und ihre psychische Krankheit
- Leferink: Die Alltäglichkeit des Wahnsinns – Der Lebensalltag chronisch psychisch kranker Menschen in einer sich wandelnden Kultur
- Zaumseil: Modernisierung der Identität von psychisch Kranken?
- Nikolaus Melcop: Eine lebensgeschichtliche Betrachtung sozialer Beziehungen bei psychisch Kranken
- Schürmann: Beziehungsformen zwischen Langzeitnutzern und Professionellen im Kontext der Moderne
- Vivian Heitmann: Modernisierung der Schizophrenie in Ostberlin? Formen der Krise und Neuorientierung bei Helfern in einem Ostberliner Stadtbezirk

ISBN 3-88414-280-1, 360 Seiten, 44.00 DM

Psychiatrie-Verlag • Thomas-Mann-Str. 49a, 53111 Bonn